权威·前沿·原创

皮书系列为
"十二五""十三五"国家重点图书出版规划项目

资产证券化蓝皮书

BLUE BOOK OF
ASSET SECURITIZATION

中国资产证券化发展报告（2017）

ANNUAL REPORT ON CHINA'S ASSET SECURITIZATION DEVELOPMENT (2017)

主　编／纪志宏
执行主编／朱烨东

社会科学文献出版社
SOCIAL SCIENCES ACADEMIC PRESS (CHINA)

图书在版编目(CIP)数据

中国资产证券化发展报告.2017/纪志宏主编.--北京：社会科学文献出版社，2017.11（2017.12 重印）
（资产证券化蓝皮书）
ISBN 978-7-5201-1593-3

Ⅰ.①中… Ⅱ.①纪… Ⅲ.①资产证券化-研究报告-中国-2017 Ⅳ.①F832.51

中国版本图书馆 CIP 数据核字（2017）第 250228 号

资产证券化蓝皮书
中国资产证券化发展报告（2017）

主　　编 / 纪志宏
执行主编 / 朱烨东

出 版 人 / 谢寿光
项目统筹 / 恽　薇　高　雁
责任编辑 / 高　雁　史晓琳　李　佳

出　　版 / 社会科学文献出版社·经济与管理分社（010）59367226
　　　　　　地址：北京市北三环中路甲 29 号院华龙大厦　邮编：100029
　　　　　　网址：www.ssap.com.cn
发　　行 / 市场营销中心（010）59367081　59367018
印　　装 / 北京季蜂印刷有限公司

规　　格 / 开　本：787mm×1092mm　1/16
　　　　　　印　张：16.75　字　数：221 千字
版　　次 / 2017 年 11 月第 1 版　2017 年 12 月第 2 次印刷
书　　号 / ISBN 978-7-5201-1593-3
定　　价 / 89.00 元

皮书序列号 / PSN B-2017-660-1/1

本书如有印装质量问题，请与读者服务中心（010-59367028）联系

▲ 版权所有 翻印必究

"资产证券化蓝皮书" 编委会

顾　　　问　李　扬

主　　　编　纪志宏

执 行 主 编　朱烨东

副　主　编　郭　濂　李　凯　郭杰群

执行副主编　伍旭川　窦荣兴　王天宇　王慧萍
　　　　　　　查　松　赵建业　肖　蕾

编 委 成 员（按姓氏拼音排序）
　　　　　　　曹　彤　陈　剑　范小云　符　健
　　　　　　　郭子睿　黄桂田　黄余送　李　燕
　　　　　　　李月琪　刘澜飚　刘　粮　柳　煜
　　　　　　　马　捷　潘　明　彭岑宇　王　芳
　　　　　　　王晓宇　王一兵　翁文辰　郑承乾
　　　　　　　邹　昊

支 持 单 位　中国人民银行金融市场司
　　　　　　　中国人民银行金融研究所
　　　　　　　清华大学五道口金融学院
　　　　　　　中国支付清算协会
　　　　　　　中国社会科学院金融研究所

中国支付清算协会
中国社会科学院金融研究所
北京市海淀区人民政府
中关村科技园区管理委员会
南开大学金融学院
上海高级金融学院
北京区块链技术应用协会
北京中科金财科技股份有限公司
大连金融资产交易所
安徽金融资产交易所

主要编撰者简介

纪志宏 博士,中国人民银行金融市场司司长。先后毕业于中国人民大学、中国人民银行研究生部和中国社会科学院,分别获得学士、硕士和博士学位。在《经济研究》《世界经济》等权威期刊上发表多篇学术论文。

朱烨东 经济学博士。北京中科金财科技股份有限公司董事长,北京区块链技术应用协会会长;中国软件和信息服务业十大领军人物,中国上市公司十大创业领袖人物;清华五道口全球创业领袖导师、长江商学院MBA导师。主编《中国金融科技发展报告》《中国区块链发展报告》等。

摘 要

从全球主要金融市场的发展经验来看，资产证券化是推动金融市场深入发展的重要组成部分。经过10余年的发展，我国资产证券化市场发行日趋常态化，基础资产类型持续丰富，参与主体更加多样，流动性明显提升，服务实体经济的能力日益增强，已经成为我国债券市场的重要组成部分。

2016年资产证券化市场飞速发展，发行量和交易量均明显提升，资产证券化市场存量首次突破万亿元大关。发行主体更加多元化，基础资产类型更为丰富，创新品种不断涌现。从ABS产品种类来看，信贷资产证券化不再是企业贷款资产支持证券（CLO）一家独大，个人住房抵押贷款（RMBS）、汽车抵押贷款、个人消费类产品资产证券化的发行量和规模均出现明显的上升。

随着制度体系的持续优化，预计2017年资产证券化市场继续深化发展，市场机构参与度和成熟度不断提升，除了基础资产类型以外，资产支持票据的重装上阵，PPP项目资产证券化的创新推出，消费金融资产证券化产品的强劲发展，不动产类ABS项目的较大发展，将使产品多元化的格局逐渐形成。

关键词： 资产证券化　基础资产　资产支持票据　消费金融

目 录

Ⅰ 总报告

B.1 中国资产证券化的发展与展望 ………… 纪志宏　马　捷 / 001
　　一　中国资产证券化实践与意义 ………………………… / 002
　　二　2016年资产证券化市场总体发展情况 ……………… / 016
　　三　2017年资产证券化市场发展展望 …………………… / 030

Ⅱ 分报告之资产篇

B.2 2016年资产证券化主要业态的发展
　　　…………………… 刘澜飚　郭子睿　刘　粮 / 038
B.3 推进资产证券化创新大力发展标准化公积金MBS
　　　…………………… 陈　剑　翁文辰　柳　煜 / 065
B.4 资产证券化对于我国商业银行财务绩效的影响
　　　…………………………………… 王　芳　彭岑宇 / 090

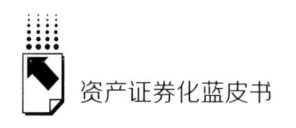

Ⅲ 分报告之法律篇

B.5 资产证券化的法律环境 …… 范小云　邹　昊　李月琪 / 110
B.6 资产证券化监管框架及政策解析 …………… 黄余送 / 134
B.7 资产证券化中的信用评级 …………… 李　燕　王晓宇 / 157

Ⅳ 分报告之市场篇

B.8 资产证券化对资本市场的影响 ………………… 符　健 / 184
B.9 2016年中国资产证券化的市场分析与展望 …… 郭杰群 / 195

Abstract ………………………………………………………… / 232
Contents ………………………………………………………… / 233

总报告
General Report

B.1 中国资产证券化的发展与展望

纪志宏　马捷

摘　要： 经过十余年探索，我国信贷资产证券化市场建立了适合我国国情的制度框架和市场体系，市场规模大幅提升、监管机制不断完善、产品设计日趋成熟，逐步步入常态化发展阶段。同时，随着内涵的不断丰富和外延的不断扩大，我国资产证券化市场整体发展迅速，市场参与主体对资产证券化产品的认可度逐步提高，市场总体保持良好发展势头。为了更好地推进下一步工作，应在总结发展经验的同时，理性和全面地理解资产证券化市场发展的内在逻辑，深入探讨未来发展方向，进一步发挥资产证券化在服务实体经济中的积极作用。

关键词： 资产证券化　信贷资产证券化　利率市场化

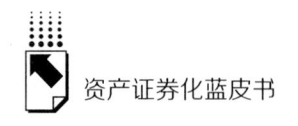

一 中国资产证券化实践与意义

从全球主要金融市场的发展经验看，资产证券化是推动金融市场深入发展的重要组成部分，作为成熟债券市场的重要品种，在分散信用风险、降低融资成本等方面发挥了积极作用。2005年，国务院正式批准中国人民银行牵头开展信贷资产证券化试点，这标志着我国资产证券化市场正式起步。经过10余年的发展，我国资产证券化市场发行日趋常态化，基础资产类型不断丰富，参与主体更加多样，流动性明显提升，服务实体经济的能力日益增强，已经成为我国债券市场的重要组成部分。截至2016年末，我国资产证券化市场的累计发行规模接近2万亿元，其中金融机构累计发行信贷资产支持证券的金额超过1.1万亿元，企业发行资产证券化产品近8000亿元。

（一）资产证券化市场在我国发展的现实意义

近年来，在我国经济结构调整、利率市场化改革加快推进等背景下，资产证券化作为拓展金融体系"宽度"的创新手段，对于盘活存量资产、优化资源配置、丰富金融市场产品序列、引导资金投向实体经济的重点领域具有重要的意义。从长远来看，资产证券化市场的发展，更是加大金融对实体经济支持力度、维护金融系统稳定、落实宏观政策调控的重要手段。

第一，有利于发展多层次资本市场，充分发挥市场配置资源的基础性作用。我国社会融资结构长期存在间接融资占比过高的问题，从国际发展经验来看，过度依赖间接融资不利于资源的优化配置和金融稳定，发展直接融资、推动金融体系由单一银行体系向多元化市场体系过渡是必然趋势。资产证券化可为金融市场提供新的投资品种，使投资者通过证券化产品间接投资于住房贷款、企业贷款、基础设施等领域，且证券化产品的风险收益特征和期限结构安排与国债、金融债等具有较大差异，有助于投资者合理配置金融资产，促进多层次资本市场的发展与完善。同时，资产证券化产品对于投资者风险判断、风险识别、风险管理能力的要求较高，也有助于提高投资者对主体信用和资产信用的辨别能力，推动投资者风险控制模式形成，风险控制能力进一步提升。

第二，有利于缓解金融机构资本补充压力，促进盈利模式转变，更好地服务实体经济发展。我国以间接融资为主的格局短期内难以改变，实体经济资金主要来源于商业银行等金融机构。开展信贷资产证券化业务，将信贷资产由表内转到表外，有以下功能。一是有利于盘活存量资产，提高资金使用效率，减少资本占用，优化资金投向，继续加大对重点行业建设的融资支持；二是有助于金融机构根据证券化业务的规模和结构来制定相应的负债目标，提升主动调整贷款资产地区分布与行业结构的能力，发挥资产证券化在资产负债管理方面的作用；三是为金融机构进行风险管理、开展综合经营提供了新的金融工具和技术手段，有利于改变以净利息差为主要盈利来源的传统盈利模式，提高中间业务收入，提高资本收益率；四是有利于为金融机构开辟新的融资渠道，商业银行等金融机构可以以更低的成本获取资金，降低融资成本。

第三，有利于拓宽企业融资渠道，盘活存量资产，降低企业融资成本。我国大部分企业融资渠道单一，主要依赖间接融资，资产证券化作为可实现资产信用融资的工具，可在一定程度上弥补信贷市场、资本市场在信贷功能、融资功能等方面的不足。特别是我国民营中小企业自身积累不足、抵御风险能力较弱，长期面临融资难度大、融资成本高等问题，将优质资产进行"证券化"从而融资，可有效缓解融资难、融资贵等问题。此外，与传统融资方式相比，资产证券化在盘活企业存量资产的同时并不增加企业的负债，可有效提升资金的使

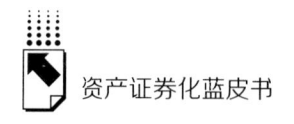

用效率及周转速度，降低企业负债率。

第四，有利于我国金融市场"软环境"建设及进一步对外开放。随着资产证券化市场的深入发展，资产证券化产品的复杂性和创新性不断提升，主承销商、会计师事务所、律师事务所等参与机构的数量不断增多，市场的扩容对各中介机构的创新能力、业务能力提出更高的要求，有助于提升机构整体水平。同时，资产证券化产品可以为投资者提供更加丰富的投资品种，包括不同期限、不同信用品质、不同利率敏感度的资产支持证券，培养投资者的风险辨别及定价能力，促进我国金融市场纵深发展，提升我国金融市场的吸引力，加深与国际市场接轨程度，提高对外开放水平。

（二）信贷资产证券化市场发展回顾

2004年国务院出台《国务院关于推进资本市场改革开放和稳定发展的若干意见》（国发〔2004〕3号），为多层次资本市场的发展指明了方向，明确提出"积极探索并开发资产证券化品种"。按照国务院要求，中国人民银行对资产证券化的可行性方案进行了深入研究和探讨，牵头成立"信贷资产证券化试点协调小组"，具体负责组织协调信贷资产证券化试点相关工作。2005年3月21日，信贷资产证券化试点协调小组第一次会议召开，我国信贷资产证券化试点工作正式启动。首轮试点期间，信贷资产证券化的法律框架、会计处理、抵押权变更登记、征税原则、投资主体、信息披露以及资产支持证券的登记、托管、交易、结算等相关的政策法规出台，制度体系基本搭建，首批试点150亿元额度基本使用完毕。

2007年，在首轮试点取得的阶段性成果的基础上，国务院批准增加试点机构和扩大发行规模。扩大试点期间，协调小组认真研究制定扩大合格机构投资者范围，加强基础资产池信息披露，规范引导信用评级机构评级行为等制度措施。这一轮扩大试点期间共发行

538.56亿元，加上首批试点的发行金额，截至2008年末，我国信贷资产支持证券共发行667.86亿元。

随着2008年美国次级抵押债券风险暴露，我国资产证券化市场承受了较大的舆论压力，信贷资产证券化试点变得更加谨慎。虽然在2008年后，试点过程中一度没有新项目发行，但在此期间国内相关部门和市场参与机构充分地总结、反思并消化了美国资产证券化模式的利弊得失，为再次开展信贷资产证券化试点奠定了基础。2012年5月17日，中国人民银行、银监会和财政部联合印发《关于进一步扩大信贷资产证券化试点有关事项的通知》（银发〔2012〕127号），信贷资产证券化试点正式重新启动，试点额度为500亿元。结合国际金融危机以后国际资产证券化业务监管的趋势性变化，试点重启在基础资产、风险自留、信用评级、信息披露等方面强化了相关要求，从而可以切实防范风险，维护市场稳定。

试点重启后，信贷资产证券化市场相关制度建设和市场实践均平稳推进，结合金融市场整体发展阶段和实体经济发展诉求，进一步推进证券化发展的经济市场环境已经初步具备。2013年8月28日，国务院第22次常务会议决定在严格控制风险的基础上，扩大信贷资产证券化试点，新增3000亿元试点规模。根据会议精神，中国人民银行会同相关部门按照"坚持真实出售，破产隔离；总量控制，扩大试点；统一标准，信息共享；加强监管，防范风险；不搞再证券化"的基本原则推动相关工作，引导通过信贷资产证券化盘活的信贷资源向经济发展的薄弱环节和重点领域倾斜，研究信贷资产证券化产品在银行间市场和交易所市场上市交易，并完善相关法律法规。截至2015年4月末，金融机构共发行89单信贷资产支持证券，累计3550亿元，余额2972亿元，新增的3000亿元试点规模已基本用完。

为进一步促进信贷资产证券化持续健康发展，提高发行管理效率，中国人民银行发布《中国人民银行关于信贷资产支持证券发行

管理有关事宜的公告》（〔2015〕第7号），在信贷资产证券化管理制度框架下，结合证券化产品特征，进一步完善发行管理制度，提高发行管理效率和透明度，同时强化信息披露等市场约束机制的作用。2015年5月13日，国务院第92次常务会议决定，新增5000亿元信贷资产证券化试点规模，继续完善制度、简化程序，鼓励一次注册、自主分期发行；规范信息披露，支持证券化产品在交易所上市交易。

通过不断探索、改进和完善相关制度规范，我国的信贷资产证券化市场初步建立了适合国情的制度框架，信贷资产证券化由政策驱动逐渐转向市场驱动，市场体量持续扩大，市场功能不断优化，总体保持良好的发展态势，信贷资产证券化市场成为我国债券市场的重要组成部分。

（三）企业资产证券化市场发展回顾

我国企业资产证券化市场与信贷资产证券化市场基本同时起步，2004年4月，证监会启动了以证券公司专项资产管理计划为载体的企业资产证券化业务研究论证工作，并于2005年8月开始证券公司企业资产证券化业务试点。试点期间，证监会先后制定《关于通报证券公司企业资产证券化业务试点情况的函》及《证券公司企业资产证券化业务试点指引（试行）》，对企业资产证券化业务试点相关政策及监管要求进行了明确。2013年3月，在对前期试点情况进行研究总结的基础上，证监会制定出台了《证券公司资产证券化业务管理规定》，将证券公司资产证券化由试点业务转为常规业务。2014年9月26日，《证券公司及基金管理公司子公司资产证券化业务管理规定（修订稿）》及配套规则发布，规定券商、基金子公司统一以专项资产管理计划为载体开展资产证券化业务，并将原有的审批制改为有负面清单的备案制，缩短了项目的发行时间。

同期，中国银行间市场交易商协会于2012年8月3日发布《非金融企业资产支持票据指引》，推动非金融企业资产证券化在银行间市场的发展，加强了金融支持实体经济的力度、提高了及时性。随着市场环境的变化，资产支持票据产品由于制度规定较为宽泛、结构设计较为单一、基础资产遴选标准等规定暂不明确等原因，未能充分发挥其市场功能。自2014年以来，中国银行间市场交易商协会启动了资产支持票据的创新工作，在扩大基础资产规模、完善交易结构、细化信息披露、加强风险管理等方面取得了重大进展，《非金融企业资产支持票据指引（修订稿）》及《非金融企业资产支持票据公开发行注册文件表格体系》于2016年12月12日正式发布，引入以信托为特殊目的载体，可充分实现"真实出售、破产隔离"，极大地推动了资产支持票据市场的发展。

（四）资产证券化市场制度框架

1. 信贷资产证券化市场

信贷资产证券化以2005年4月中国人民银行与银监会联合发布的《信贷资产证券化试点管理办法》以及2005年11月银监会发布的《金融机构信贷资产证券化试点监督管理办法》为基础性制度，建立了涉及机构准入、发行管理、登记托管、会计处理、税务处理、信息披露等的一系列配套制度（见表1）。

在风险自留方面，美国和欧洲的风险自留制度主要有两种，一是垂直型，指发起机构持有由其发起的各档次资产支持证券，持有比例不低于各档次发行规模的5%；二是水平型，指发起机构持有最低档次资产支持证券，持有额不低于该单证券化产品发行规模的5%。由于发起机构需要对其持有的证券化产品计提资本，并且持有不同档次、不同信用评级的证券化产品，资本占用也不一样，因此风险自留方式直接影响证券化释放信贷资源的效果。特别是，依据证券化产品结构的设计原理，最低档次证券现金偿付顺序列最后，因此采

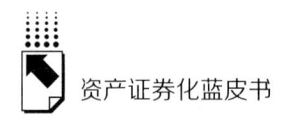

表1　信贷资产证券化市场监管体系一览

性质	名称	生效年份	制定/主管机关	内容概述
上位法	《银行法》	1995	全国人民代表大会	—
	《信托法》	2001		—
	《银行业监督管理法》	2004		—
基础性制度	《信贷资产证券化试点管理办法》	2005	中国人民银行、银监会	
	《金融机构信贷资产证券化试点监督管理办法》	2005	银监会	—
	《关于进一步扩大信贷资产证券化试点有关事项的通知》	2012	中国人民银行、银监会、财政部	扩大试点阶段的要求
	《关于信贷资产证券化备案登记工作流程的通知》	2014	银监会	备案制流程
	《关于信贷资产支持证券发行管理有关事宜的公告》（〔2015〕第7号）	2015	中国人民银行	注册发行流程
配套制度	《资产支持证券发行登记与托管结算业务操作规则》	2005	中央结算公司	发行登记、托管结算
	《关于规范信贷资产证券化发起机构风险自留比例的文件》	2013	中国人民银行、银监会	风险自留要求
	《资本充足率管理办法》	2004	银监会	资本计量
	《商业银行资本管理办法（试行）》附件9	2013	银监会	资本计量
	《信贷资产证券化试点会计处理规定》	2005	财政部	会计处理
	《企业会计准则》（第23号）	2007	财政部	会计处理
	《关于信贷资产证券化有关税收政策问题的通知》	2006	财政部、国家税务总局	税务处理
	《银行间债券市场债券交易管理办法》	2000	中国人民银行	交易、结算
	《关于资产支持证券质押式回购的有关通知》	2007	中国人民银行	质押回购

续表

性质	名称	生效年份	制定/主管机关	内容概述
信息披露	《资产支持证券信息披露规则》	2005	中国人民银行	—
	《关于信贷资产证券化基础资产池的信息披露有关事项的公告》	2007	中国人民银行	—
	《个人汽车贷款资产支持证券信息披露指引(试行)》	2015	交易商协会	信息披露指引
	《个人住房抵押贷款资产支持证券信息披露指引(试行)》	2015	交易商协会	信息披露指引
	《棚户区改造项目贷款资产支持证券信息披露指引(试行)》	2015	交易商协会	信息披露指引
	《个人消费贷款资产支持证券信息披露指引(试行)》	2015	交易商协会	信息披露指引
	《不良贷款资产支持证券信息披露指引(试行)》	2016	交易商协会	信息披露指引
	《微小企业贷款资产支持证券信息披露指引(试行)》	2016	交易商协会	信息披露指引
	《信贷资产支持证券信息披露工作评价规程(试行)》	2016	交易商协会	信息披露指引

用水平型自留方式时，发起银行持有最低档次证券实际上保留了基础资产的大部分风险，证券化资产无法实现出表，风险并未实质性转移。这虽然能在更大程度上避免道德风险，但限制了发起机构的积极性。

在借鉴国际经验并结合我国金融市场发展实际的基础上，中国人民银行及银监会制定发布《中国人民银行 中国银行业监督管理委员会公告》（〔2013〕第21号），明确了信贷资产支持证券的风险自留要求，发起机构可以根据自身需求，灵活选择采用垂直型、水平型等多种方式进行风险自留。依据证券化产品结构的设计原理，最低档

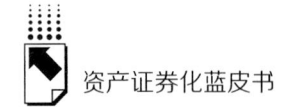

次证券现金偿付顺序列最后，采用水平型自留方式时，发起机构持有不低于该单产品发行总规模5%的最低档次证券，实际上约50%的基础资产风险无法出表，盘活信贷资源有限。如果采用垂直型自留方式，发起机构持有各档次证券，比例为各档次证券规模的5%，实际上只保留了5%的基础资产风险，释放信贷资源的效果显著提高。

在信息披露方面，从国际市场经验来看，资产证券化市场的生命力与其监管制度安排的持续、完善密切相关，尤其是信息披露机制的建立和完善。以美国为例，美国资产支持证券发行管理采用注册制，以完全信息披露为核心，在发行环节，监管部门仅对证券发行所公开信息的真实性进行审查，不对证券发行人的实质条件做限制，发行人将证券相关重要信息如实详尽地公布于众，不得有虚假、误导和重大遗漏。总体来看，美国的资产支持证券信息披露制度框架主要由两部分内容组成：一类是适用于所有证券发行和交易的信息披露要求；另一类是专门针对资产支持证券信息披露的监管规则。就其具体内容来看，美国资产支持证券信息披露制度在以下几方面值得关注：一是实行差异化信息披露制度，不同证券化产品及发行方式下信息披露的要求不同；二是在基础资产逐笔披露的原则下实行分产品安排，明确不同产品所应披露的信息要点；三是借助不同载体向投资者提供信息，在发行阶段将注册表格和募集说明书作为信息披露载体，在存续期将定期报告作为信息披露载体，确保投资者能够及时准确地获得相关信息；四是建立信息披露约束机制，促使义务人尽职履责。

为进一步提高信贷资产支持证券注册发行管理效率和市场透明度，更好地推动信贷资产证券化市场规范化、常态化发展，中国银行间市场交易商协会自2015年以来，在借鉴美国资产证券化信息披露要求的基础上，结合我国信贷资产支持证券信息披露内容，先后制定发布《个人住房抵押贷款资产支持证券信息披露指引（试行）》、《个人汽车贷款资产支持证券信息披露指引（试行）》、《棚户区改造项目贷款资产支持证券信息披露指引（试行）》、《个人消费贷款资产支持证券信息披露指引（试行）》、《不良贷款资产支持证券信息披露指引（试行）》及《微小企业贷款资产支持证券信息披露指引（试行）》，强化信息披露，健全市场化约束和激励机制，有效促进了信贷资产证券化市场的发展。

在完善资产证券化产品注册发行信息披露要求的同时，加强存续期间信息披露及报告要求，建立事中、事后评价机制，有利于提高信息披露质量和市场运行规范性，从而进一步促进资产证券化市场的健康发展。2016年11月17日，中国银行间市场交易商协会发布了《信贷资产支持证券信息披露工作评价规程（试行）》，在工作机制上，搭建"自评－市场机构评议－专业委员会评议"的评价框架；在考察内容上，重点考察信息披露是否真实、准确、完整、及时，信息披露是否有效、充分、清晰地反映该期证券情况，是否落实不同产品信息披露要求和投资者关系管理情况（包括对投资者信息披露、召开持有人大会等需求的回应），以及制度和资源配置情况（包括是否制定信息披露事务管理制度、人员配备等）；在处罚机制上，以自律管理作为行政监管的有效补充，推动建立市场化的信息披露工作后续跟踪评价机制。

2. 资产支持专项计划市场

资产支持专项计划相关业务规则的起草和修订由证监会负责，基础性制度为2014年9月26日证监会修订发布的《证券公司及基金管理公司子公司资产证券化业务管理规定》，开展资产证券化业务的证券公司、基金管理公司子公司需要具备客户资产管理业务资格，参照《证券公司客户资产管理业务管理办法》进行监管（见表2）。资产支持专项计划采取备案制发行，具备客户资产管理业务资格的证券公司及基金子公司可发行资产支持专项计划，具体挂牌转让规则由交易所制定，服从基金业协会的备案管理规定，基础资产由基金业协会进行负面清单管理。

表2 资产支持专项计划市场监管体系一览

性质	名称	生效年份	制定/主管机关	内容概述
上位法	《证券法》	1999	全国人民代表大会	—
	《证券投资基金法》	2002		
	《银行业监督管理法》	2014	证监会	—
基础性制度	《证券公司客户资产管理业务管理办法》	2012	证监会	客户资产管理业务资格要求
	《证券公司及基金管理公司子公司资产证券化业务管理规定》	2014	证监会	—
	《资产支持专项计划备案管理办法》	2014	基金业协会	备案制流程
配套制度	《证券公司及基金管理公司子公司资产证券化业务尽职调查工作指引》	2014	证监会	尽职调查
	《资产证券化业务基础资产负面清单指引》	2014	基金业协会	资产负面清单
	《资产证券化业务风险控制指引》	2014	基金业协会	风险控制
文本标准	《资产支持专项计划说明书内容与格式指引(试行)》	2014	基金业协会	—
	《资产支持证券认购协议与风险揭示书(适用个人投资者)》	2014	基金业协会	—
	《资产支持证券认购协议与风险揭示书(适用机构投资者)》	2014	基金业协会	—
信息披露	《证券公司及基金管理公司子公司资产证券化业务信息披露指引》	2014	证监会	—
挂牌转让规则	《上海证券交易所资产证券化业务指引》	2014	上交所	在上交所挂牌相关要求
	《深圳证券交易所资产证券化业务指引》	2014	深交所	在深交所挂牌相关要求
	《机构间私募产品报价与服务系统资产证券化业务指引》	2015	报价系统	在报价系统挂牌相关要求

（五）资产证券化市场最新实践

1. 不良资产证券化

21世纪初，为有效处置不良资产，资产管理公司和国有商业银行开始了试点前的不良资产证券化业务探索。在信贷资产证券化试点前，受政策所限，我国主要以离岸模式和信托模式开展早期不良信贷资产证券化业务的探索，为我国不良资产证券化试点后的正式启动奠定了基础。2005~2008年，在首轮信贷资产证券化试点和推广阶段，信达资产、东方资产和建设银行共计完成了4单不良资产支持证券产品的实践，发行规模达134亿元，截至目前，4单不良资产证券化产品的优先级证券本息均已正常兑付，未出现违约现象。

2015年以来，随着国内经济增速的放缓，银行不良资产处置压力上升。2016年2月，中国人民银行等八部门联合发布《关于金融支持工业稳增长调结构增效益的若干意见》，提出"在审慎稳妥的前提下，选择少数符合条件的金融机构探索开展不良资产证券化试点"。2016年4月，银行间交易商协会发布《不良贷款资产支持证券信息披露指引（试行）》，对不良贷款资产证券化在基础资产、参与机构、交易结构、估值定价等方面的信息披露提出了明确的要求。在相关政策支持下，银行开始探索以证券化的方式处置不良资产。

截至2016年末，共有6家银行发行14单不良资产证券化产品，发行规模达156.1亿元。从资产类型来看，入池不良资产已涵盖对公、信用卡、小微、房贷等多种类型。

2. 公积金贷款资产证券化

近年来，住房公积金贷款规模快速增长，公积金运用率呈上升趋势，全国公积金呈现"总体过剩、局部紧张"的局面。快速攀升的住房公积金贷款需求对公积金流动性管理提出了更高要求，但各地区为应对公积金流动性不足问题采取的措施缺乏统一的管理制度和规范、信息不透明、成本较高，并存在一定的法律风险，难以形成正规的、持续性的机制安排。与此相比，以住房公积金贷款开展资产证券化，可以盘活公积金贷款存量资产，能够有效缓解住房公积金管理中心的流动性压力，保障职工基本住房需求。同时，募集资金全部用于住房公积金个人住房贷款的再投放，有利于改善居民住房条件、降低居民住房成本，推动社会经济发展。

为支持公积金中心正常放贷，发挥公积金贷款对稳投资、促消费的作用，住建部提出允许部分运作规范、资金使用效率较高的住房公积金管理中心在银行间债券市场发行个人公积金住房贷款资产支持证券。2014年10月，住建部、财政部、中国人民银行联合发布《关于发展住房公积金个人住房贷款业务的通知》（建金〔2014〕148号），明确提出"有条件的城市，要积极探索发展住房公积金个人住房贷款证券化业务"；2015年9月，住建部又牵头发布《关于切实提高住房公积金使用效率的通知》（建金〔2015〕150号），再次明确指出"有条件的城市要积极推行住房公积金个人住房贷款证券化业务，盘活住房公积金贷款资产"。

在中国人民银行、住建部和财政部的大力推动下，2015年12月9日，中国银行间市场首单住房公积金个人住房贷款资产支持证券创新项目——沪公积金2015年第一期个人住房贷款资产支持证券成功发行，发行总规模达69.63亿元。截至2016年末，全国范围内已有4家住房公积金管理中心，发行了7单资产支持证券，总发行规模超过400亿元。

3. 房地产信托投资基金（以下简称REITs）

我国早在2008年就开始对REITs进行探索。2008年12月3日国务院常务会议提出了九条促进经济增长的政策措施，其中首次提出"通过并购贷款、房地产信托投资基金及股权投资基金等多种形式，拓宽企业融资渠道"。2008年12月13日，国务院办公厅印发《关于当前金融促进经济发展的若干意见》（国办发〔2008〕126号），再次明确提出"开展房地产信托投资基金试点，拓宽房地产企业融资渠道"。中国人民银行于2009年初牵头设计了REITs试点的总体构架，并初步拟定了"REITs试点管理办法"，主要以信托的方式发行，不以公募基金形式挂牌交易，REITs设计中可以加入内部增信措施，即信托受益权可区分为优先级受益权和次级受益权，优先级受益权应当为固定收益产品，可在银行间债券市场进行转让。

2015年1月，住建部发布《关于加快培育和发展住房租赁市场的指导意见》，明确表示将积极推进REITs试点，从政策层面对REITs发展进行松绑，并逐步在各城市推进REITs试点。2016年10月10日，国务院在《关于积极稳妥降低企业杠杆率的意见》（国发〔2016〕54号）的文件中专门提到有序开展企业资产证券化，支持房地产企业通过发展房地产信托投资基金（REITs）向轻资产经营模式转型。2016年3月，国务院《关于2016年深化经济体制改革重点工作的意见》（国发〔2016〕21号）中明确提出要"研究制定房地产投资信托基金规则，积极推进试点"；10月国务院印发的《关于积极稳妥降低企业杠杆率的意见》提出"支持房地产企业通过发展房地产信托投资基金向轻资产经营模式转型"。

截至2016年末，以"中信启航REITs"和"苏宁云商REITs"为代表的一系列"类REITs"产品在上海证券交易所、深圳证券交易所发行。2016年12月14日，"兴业皖新REITs"获得中国人民银行行政许可批复，成为银行间债券市场首单公开发行的REITs产品。

4. 信用风险缓释工具嵌入资产证券化产品创新

中信建投证券股份有限公司以"农盈2016年第一期不良资产支持证券"优先档资产支持证券作为标的债务，创设"中信建投证券

2016年第一期信用风险缓释凭证"（简称"16中信建投CRMW001"），成为自2010年我国信用风险缓释工具正式推出以来首次以不良资产支持证券作为标的的信用风险缓释凭证。将信用风险缓释凭证嵌入不良资产证券化产品，由投资者支付一定比例的信用保护费用，当不良资产支持证券出现支付违约时，按照约定由信用保护卖方承担损失，支付给投资者相应的金额。在信用保护卖方以及不良资产支持证券同时违约的情况下才造成买方的损失，且由于信用保护卖方往往是信用等级较高的金融机构，拥有相对雄厚的资本及较强的信用管理能力，违约概率较小，因此，信用风险缓释凭证对投资者起到了较好的风险转移和规避作用。"16中信建投CRMW001"创设金额面值为8亿元，约定每个支付日、法定到期日或出现信托目的已经无法实现，信托依法判定为撤销或终止，相关监管部门依法做出信托终止决定，信托财产全部实现并清算完毕等任一情形后的10个工作日内，"农盈2016年第一期不良资产支持证券"优先档证券的应付本息未得到足额支付且未足额支付的本息累计超过500万元时发生支付违约，触发信用事件。

二　2016年资产证券化市场总体发展情况

2016年，我国资产证券化市场延续了快速扩容、稳健发展的态势，各类市场共发行资产证券化产品近9000亿元。其中，信贷资产支持证券化产品共发行108单，规模为3908.53亿元，占市场发行总量的46.37%；证监会主管的企业资产证券化产品共发行385单，规模为4630.26亿元，同比增长138%；资产支持票据产品共发行8单，规模为166.57亿元，同比增长87.52%，占市场发行总量的1.83%；保监会主管并在保交所发行的资产证券化产品1单，规模为10亿元。

（一）信贷资产证券化市场

1. 发行规模

2016年共发行信贷资产支持证券108单，发行规模为3908.53亿元，市场存量达到5756.9亿元，同比增长8.66%（见图1）。

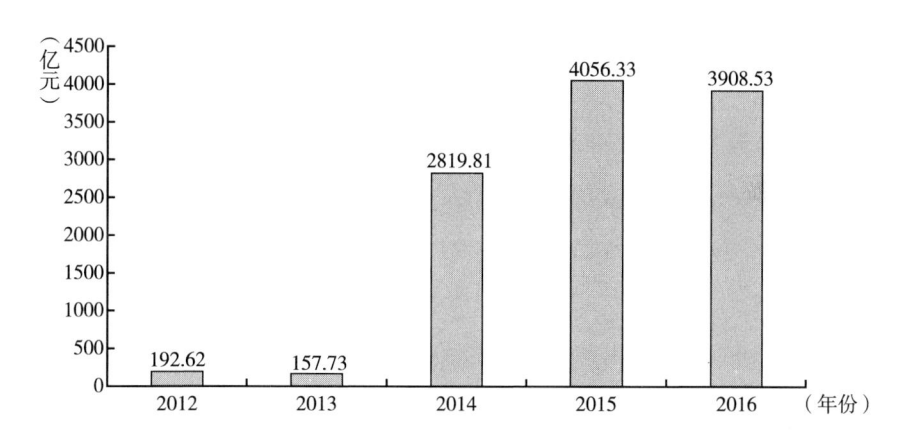

图1　2012～2016年信贷资产支持证券发行规模统计

资料来源：根据公开资料整理。

2. 注册规模

自2015年中国人民银行公告〔2015〕第7号明确提出鼓励符合条件的金融机构"一次注册、自主分期发行"以来，截至2016年末，共有31家机构进行了注册，注册额度总计7370亿元，基础资产包括个人住房抵押贷款、个人汽车贷款、个人消费贷款以及棚户区改造贷款。其中，2016年共注册3060亿元（见表3），发行37单，使用额度1871.29亿元，发行单数及额度分别为2015年同期的2倍和2.5倍。从基础资产来看，2016年基础资产为个人住房抵押贷款的资产证券化产品注册申请额度最高，合计为1150亿元。

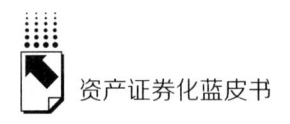

表3 2016年信贷资产支持证券注册情况

基础资产类型	注册期数	注册金额(亿元)	注册额占比(%)
个人住房抵押贷款	7	1150	37.58
个人汽车贷款	8	1060	34.64
个人消费贷款	5	650	21.24
棚户区改造贷款	1	200	6.54
总计	21	3060	100

资料来源：根据公开资料整理。

3. 产品类型

2016年企业贷款资产支持证券（CLO）共计发行43单，金额占比37.16%，同比下降约40个百分点（见表4）。在"一次注册、自主分期发行"推广以及信息披露表格体系发布等相关配套政策不断完善的前提下，个人住房抵押贷款资产支持证券、个人汽车贷款资产支持证券、个人消费贷款资产支持证券等同质化高的零售类贷款资产证券化产品在2016年的发行量均明显增加，发行量同比增加1025.38亿元，发行金额占比较2015年上升了27个百分点。总体来看，CLO产品一家独大的局面明显改善，各类产品发行逐渐均衡化，信贷资产证券化产品市场运行渐趋常态化。

表4 2015年及2016年各类型资产支持证券发行情况对比

类型	2016年 数量(单)	2016年 金额(亿元)	2016年 金额占比(%)	2015年 数量(单)	2015年 金额(亿元)
CLO	43	1452.75	37.16	76	3131.28
个人汽车贷款	19	572.68	14.65	12	424.01
个人住房抵押贷款	15	1049.43	26.84	8	259.80
个人消费贷款	8	200.32	5.12	4	113.24
融资租赁资产	4	130.87	3.35	4	61.91
公积金贷款	5	347.14	8.88	2	69.63
不良资产	14	156.10	3.99	—	—
总计	108	3909.29	100	106	4059.87

资料来源：根据公开资料整理。

信贷资产支持证券产品基本以AAA级和AA+级的高信用等级产品为主，虽然近两年信用层次更加多样，但仍以优良基础资产为主。2016年发行的信贷资产证券化产品信用评级为AA级及以上的高等级产品发行额为3402亿元，占比达87%，同比上升2.7个百分点。值得注意的是，虽然在试点阶段入池资产信用资质普遍较好，但在经济转型期、去产能、银行不良率快速上升、债券市场违约频发的背景下，企业贷款资产支持证券的基础资产池中贷款笔数偏少、大额资产占比过大、行业区域集中度过高等风险需要持续关注。

2016年，企业贷款资产支持证券入池资产整体信用水平较高，但集中度较高。一是多数产品的借款人加权平均信用等级在BBB+附近，整体信用水平较高，但在基础资产加权平均信用等级和借款人加权平均信用等级上跨度较大；二是在资产池集中度方面，不同企业贷款资产支持证券品种入池资产笔数与入池借款人户数差距较大，从11户、17笔贷款到1847户、1850笔贷款不等；三是已发行产品的加权平均贷款利率为4.23%~10.87%，且大部分为5%~7%，平均加权贷款利率为5.19%，个别基础资产信用质量较差的产品加权平均贷款利率较高；四是企业贷款资产支持证券的加权平均剩余期限平均值为1.34年，剩余期限较短，这在一定程度上能减少基础资产信用风险的暴露时间。

2016年，个人住房抵押贷款资产支持证券发行数量较2015年大幅增长，发行15单共计1049.43亿元，是2015年发行规模的4倍多。公积金贷款资产支持证券发行规模增长也较快，2016年发行5单，总发行规模为347.14亿元，是2015年发行规模的近5倍。个人住房抵押贷款资产支持证券与公积金贷款资产支持证券一样，基础资产笔数较多，集中度风险较低，基础资产有一定的账龄，能够增加借款人的违约成本，剩余期限较长，风险暴露周期较长，但加权平均贷款利率一般，容易产生负利差。

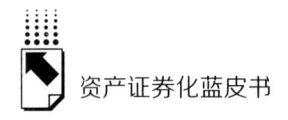

个人汽车贷款资产支持证券 2016 年发行了 19 单,总发行规模为 572.68 亿元,同比增长 35.06%。加权平均剩余期限为 1.52~2.5 年,剩余期限一般。利率跨度较大,加权平均贷款利率为 3.34%~14.29%。加权平均借款人年龄为 30~40 岁,借款人多处于职业及收入上升期,还款能力相对较强。加权平均初始贷款价值比为 57%~66%,整体水平一般。基础资产笔数为 14000~110000 笔,笔数较多,资产池分散性好。

4. 不良资产证券化

不良资产支持证券是 2016 年的发行亮点,随着经济下行,银行不良率不断攀升,不良资产证券化在拓宽不良资产投资者范围、提升不良资产价格发现能力等方面的作用逐步显现,有力地支持了不良资产的市场化处置。截至 2016 年末,共有工行、农行、中行、建行、交行和招行六家机构成功发行 14 单不良资产支持证券,发行总规模为 156.1 亿元,涉及不良资产本金为 460.9 亿元。其中,零售类不良资产支持证券发行规模为 71.68 亿元,涉及不良资产本金为 164.3 亿元;对公类不良资产支持证券发行规模为 84.42 亿元,涉及不良资产本金为 296.6 亿元(见表 5)。

表 5　2016 年发行不良资产证券化产品总结

项目名称	年限(年)	贷款类别	贷款笔数(笔)	入池本息(亿元)	回收率(%)	发行量(亿元)	优先级/入池本息(%)
和萃 16-1	2.0	信用卡	60007	20.98	15.90	2.33	8.96
中誉 16-1	4.8	对公	72	12.54	33.89	3.01	18.73
和萃 16-2	4.6	小微	1193	11.55	51.34	4.7	31.17
农盈 16-1	5.0	对公	1199	107.27	37.41	30.64	19.22
工元 16-1	2.5	对公	549	45.21	27.99	10.77	14.68
建鑫 16-1	4.5	对公	245	24.46	34.91	7.02	18.97
建鑫 16-2	5.0	个人住房	7980	29.93	80.94	15.6	40.09

续表

项目名称	年限（年）	贷款类别	贷款笔数（笔）	入池本息（亿元）	回收率（%）	发行量（亿元）	优先级/入池本息（%）
和萃16-3	4.3	对公	253	23.62	33.16	6.43	16.93
交诚16-1	4.7	对公	1331	56.89	33.79	15.8	20.21
工元16-2	1.0	信用卡	152598	31.29	13.03	3.51	8.34
工元16-3	2.5	个人住房、个人消费、个人经营	9512	75.30	66.89	40.80	40.64
中誉16-2	2.1	对公	304	31.54	26.75	6.15	13.27
建鑫16-3	0.5	信用卡	122157	28.10	23.20	4.74	12.95
和萃16-4	2.6	对公	253	23.62	33.16	4.60	14.82

资料来源：根据公开资料整理。

从基础资产回收率来看，回收率最高为建鑫16-2不良资产支持证券，回收率最低为工元16-2不良资产支持证券，回收率的差异主要源于入池贷款类型的不同。个人住房抵押贷款以个人住房为抵押物，对资产池回收可靠性和预期回收水平形成了较好的支撑，所以回收率相对较高；对公贷款抵押物多为厂房和土地，流动性相对较低，且有一定比例的贷款是有信用保证的，回收率较低；信用卡贷款是纯保证贷款，没有抵押物，回收率最低。

5. 产品发行利率

2014年以来，债券市场整体收益率持续走低，资产证券化产品的发行利率也随之下行。同时，随着证券化产品不断被市场接受并逐渐成为机构关注的投资品种，资产证券化产品与其他可比债券产品的发行利差持续收窄。2016年底，随着债券市场整体收益率的上扬，资产证券化产品的发行利率也随之上行。2016年信贷资产支持证券优先A档证券最高发行利率为4.7%，最低发行利率为2.45%，平均发行利率为3.49%，全年累计下降41个基点；优先B档证券最高发

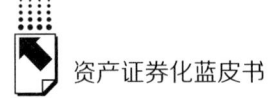

行利率为5.1%，最低发行利率为3.29%，平均发行利率为4.11%，全年累计下降89个基点。

从基础资产类型来看，优先档证券的发行利率自低向高依次为个人汽车贷款资产支持证券、企业贷款资产支持证券、个人消费贷款资产支持证券、个人住房抵押贷款资产支持证券、融资租赁资产支持证券、不良资产支持证券和公积金贷款资产支持证券，利差间距基本体现了投资者对于不同基础资产支持证券的风险判断和溢价要求。

在信用利差方面，信贷资产支持证券的利率与市场利率先抑后扬的走势保持一致。期限较短的信贷资产支持证券较短期融资券的流动性溢价基本消失，且2016年下半年多次出现负利差现象；期限较长的信贷资产支持证券较同期限的中期票据存在流动性折价。从信贷资产支持证券发行利率与同期限短期融资券和中期票据的利差分析中可见，分散度高、发起机构信用资质较好的信贷资产支持证券成为资金配置的主要关注对象之一（见图2、图3）。

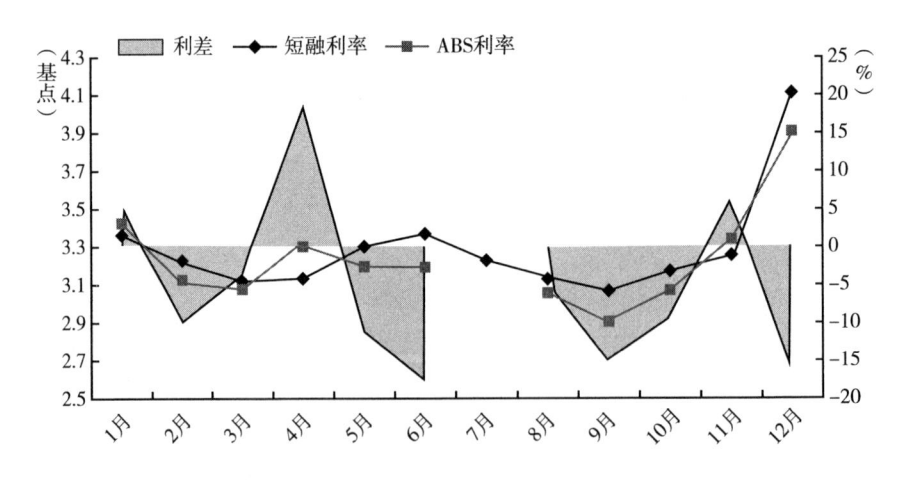

图2　2016年信贷资产支持证券与短期融资券的利差分析（1年以内）

资料来源：根据中债资信资料整理。

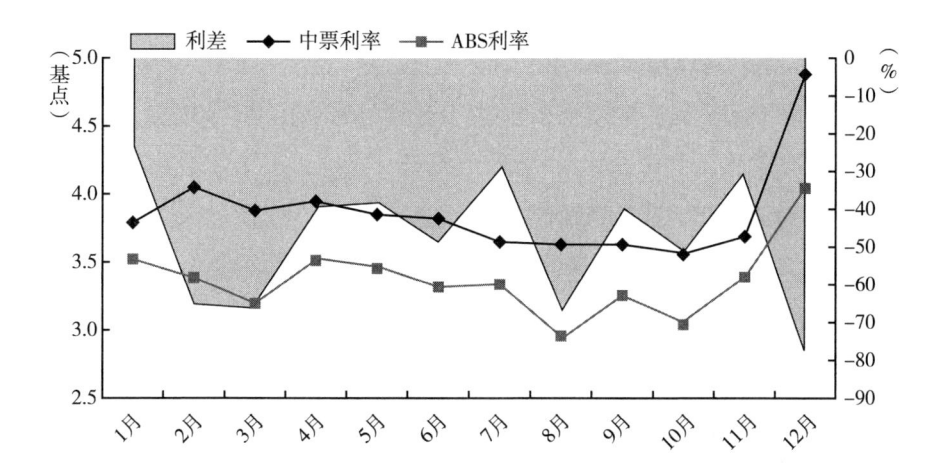

图3　2016年信贷资产支持证券与中期票据的利差分析（1～5年）

资料来源：根据中债资信资料整理。

6. 市场参与主体

在发起机构及贷款服务机构方面，2016年共有66家金融机构发行了信贷资产支持证券，排名前十的发起机构共发行2323.73亿元，占总发行规模的59.45%，其中发行规模最大的国家开发银行股份有限公司占比为10.51%。

在受托机构方面，2016年受托机构即发行人数量达到22家，与2015年基本持平。其中2016年排名前三的受托机构发行规模达1879.53亿元。

在主承销商方面，2016年机构数量达到23家，其中招商证券股份有限公司参与发行规模最大，发行规模占比接近30%。

在资金保管机构方面，2016年参与资产证券化资金保管的机构共有25家，排名前十的机构总保管资金规模为3163.44亿元，占总规模的80.94%。

在投资者方面，截至2016年末，在中债登托管的信贷资产证券化产品总量为5756.9亿元，其中持有规模前三位的投资者类型分别为：基金持有规模为2743.12亿元，占比为47.65%；商业银行持有规模为2573.71亿元，占比为44.71%；非银行金融机构持有规模为204.05亿元，占比为3.54%。基金类包含了以证券基金、证券公司资产管理计划、信托计划、社保基金、商业银行理财产品、年金和基金公司特定客户资产管理计划等非法人机构投资者，如果将银行理财及自营合并考虑，则银行在资产支持证券的投资者群体中的占比将进一步提升。总体来看，基金类投资者的持有规模占比持续上升，使得商业银行投资者一家独大的局面得到改善，投资者结构多元化趋势明显。此外，QFII、RQFII、境外人民币业务清算行和参加银行等境外投资者也积极参与投资零售类贷款证券化产品。

7. 二级市场流动性

随着投资人对信贷资产支持证券的理解不断加深和认可度不断提高，信贷资产支持证券二级市场的交易流通活跃程度明显提升。2016年共发生交易1181笔、金额1435.28亿元，较2015年的286笔、金额394.29亿元，交易笔数增加了3.13倍，交易金额增加了2.64倍，信贷资产支持证券的流动性明显改善。在中国人民银行公告〔2015〕第7号明确受托机构、发起机构可与主承销商或其他机构通过协议约定信贷资产支持证券的做市安排后，做市商制度的引入对引导证券化市场理性报价、活跃市场交易、提高市场流动性和交易效率、保证债券市场稳定运行具有重要意义。

（二）企业资产证券化市场

1. 发行规模

近年来，得益于各项政策规则、规定的不断补充完善，专项计划产品迎来了快速的发展期。2016年，资产支持专项计划产品的发行数量与发行规模分别为385单和4630.26亿元，分别是2015年发行数量与发行规模的1.93倍与2.38倍。

2016年12月《非金融企业资产支持票据指引（修订稿）》以及《非金融企业资产支持票据公开发行注册文件表格体系》的正式发布，进一步夯实了资产支持票据的制度基础。2016年共计12家企业注册发行资产支持票据，注册规模达216.32亿元，发行规模为166.57亿元。

2. 产品类型

2016年资产支持专项计划产品的基础资产种类进一步丰富，基础资产大类方面依然分为债权类与收益权类，细分种类则由2015年的24种增加到了2016年的28种。其中，收益权类新增了票据收益权、林权收益权、环保处理基金收益权、地下通信空间收益权等；债权类新增保理融资债权、保单质押贷款、企业债权和委托贷款等。按大类基础资产来看，以债权类基础资产发行的资产支持专项计划产品，发行总规模和发行数量均明显高于以收益权类基础资产发行的资产支持专项计划产品。

2016年以债权类基础资产发行的资产支持专项计划共计301单，发行金额达3740.43亿元，占全年所有产品发行总规模的80.78%，继续成为资产支持专项计划市场中的主要产品类别。在细分品类中，以融资租赁租金为基础资产的资产支持专项计划的发行规模与发行数量均占据首位，以应收账款为基础资产的资产支持专项计划的发行数量排在第二位。以小额贷款为基础资产的资产支持专项计划延续了2015年的增长态势，以消费类贷款为基础资产的资产支持专项计划发行量呈现井喷态势（见表6）。

2016年以收益权类基础资产发行的资产支持专项计划共计84单，发行金额为889.83亿元（见表7），对比上一年度的发行数量和发行规模有明显的提升，基础资产类型集中于公用事业、交通运输、房地产等几大行业领域。公用事业行业主要包括以热、电、水、天然气

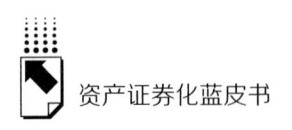

表6 按债权类基础资产所属行业统计发行规模与发行数量

基础资产类型	发行数量(单)	发行规模(亿元)
租赁租金	121	1093.61
信托受益权	42	730.39
应收账款	56	694.70
消费贷款	27	556.44
企业债权	8	172.63
委托贷款	5	151.84
小额贷款	18	84.54
保理融资债权	8	66.73
融资融券债权	4	54.50
商业房地产抵押贷款	2	53.51
住房公积金	6	52.27
股票质押回购债权	3	24.27
保单质押贷款	1	5.00
总计	301	3740.43

资料来源：根据公开资料整理。

收益权为基础资产的专项计划，属于城市建设的基础型行业，整体投资规模庞大，建设周期长，资金回收期长，收费权属于自然垄断行业，消费需求和价格均比较稳定，能够产生稳定、可预测的现金流。在运输行业中，以车辆通行费收益权和公交经营收费收益权为基础资产的专项计划发行规模相对较大，主要原因是公路路产一般具有相对稳定的现金流。房地产行业中物业收费权与REITs发行规模均较大，对前者而言，物业合约通常期限较长、服务收费产生的现金流也较为稳定，发行企业ABS是较为合适的大规模融资渠道。

表7 按收益权类基础资产所属行业统计发行规模与发行数量

基础资产类型	发行数量(单)	发行规模(亿元)
公用事业		
电费收益权	10	90.18
热费收益权	12	62.66
水费收益权	8	45.08
天然气收益权	2	13.65
环保处理基金收益权	1	5.40
交通运输		
通行费收益权	3	88.80
公交经营收费收益权	5	35.35
航空票款收益权	1	20.50
公路客运收费收益权	1	3.80
房地产		
物业费收益权	18	172.59
REITs	8	257.05
其他类型		
票据收益权	11	60.31
门票收益权	2	16.10
林权收益权	1	15.00
地下通信空间收益权	1	3.36
总　计	84	889.83

资料来源：根据公开资料整理。

2016年发行的资产支持票据基础资产的主要类型为债权类下的应收账款或应收租金，应收账款类资产的资产支持票据包括九州通医药集团股份有限公司2016年度第一期信托资产支持票据、中国铁塔股份有限公司2016年度第一期信托资产支持票据和中国中车股份有限公司2016年度第一期信托资产支持票据；应收租金类资产的资产支持票据包括中电投融和融资租赁有限公司2016年度第一期信托资产支持票据和远东国际租赁有限公司 2016 年度第一期信托资产支持票据。

3. 产品发行利率

由于交易所证券化产品的基础资产类型较多，同一类型的融资主体差异较大，加之各个产品的结构、增信措施等市场认可度不同，整个市场产品发行利率的离散程度较高。与银行间相比，交易所市场产品以 AAA 和 AA＋评级为主，同时期同评级产品发行利率分布区间较广，但总体来说，随着债券市场收益率的走低，发行利率呈现下降趋势。

4. 市场参与主体

在发行人方面，2016 年资产支持专项计划发行人分布于 18 个行业（Wind 行业分类）。按基础资产大类分，收益权类基础资产的发行人集中于公用事业行业、房地产行业、多元金融行业和运输行业（见表 8）；债权类基础资产的发行人则集中于多元金融行业，其中又细分为融资租赁、消费贷款、小额贷款等行业。

表 8　按发行人所属行业统计发行规模与发行数量

发行人行业 （Wind 行业分类）	发行数量 （单）	发行数量变化情况（单）	发行规模 （亿元）	发行规模变化情况（亿元）
多元金融	220	－288	2793.97	1980.17
银行	39	－6	508.96	369.04
房地产	35	－15	415.98	313.00
资本货物	16	－61	233.51	31.84
公用事业	31	－139	200.62	－24.53
运输	12	－123	171.31	－110.02
软件与服务	10	4	105.00	85.00
商业和专业服务	3	－24	48.16	29.97
消费者服务	4	－23	28.94	－0.26
材料	4	－5	28.43	－12.47

续表

发行人行业 （Wind 行业分类）	发行数量 （单）	发行数量变化情况（单）	发行规模 （亿元）	发行规模变化情况（亿元）
医疗保健设备与服务	2	2	27.16	27.16
能源	2	-38	20.60	-26.93
零售业	1	-3	18.47	-29.38
食品与主要用品零售	2	2	13.00	13.00
媒体	1	1	5.55	5.55
保险	1	1	5.00	5.00
汽车与汽车零部件	1	-1	3.60	0.72
制药、生物科技与生命科学	1	1	2.00	2.00
总计	385		4630.26	

资料来源：中债资信。

从发起人/原始权益人机构来看，2016年，阿里巴巴集团旗下小微小额贷款公司，以蚂蚁金服的"借呗"和"花呗"等小额债权作为基础资产，当年合计发行29单资产支持专项计划，发行规模总额达到637.80亿元，占全年总发行额的13.77%。参与专项计划的发行人/计划管理人数量由2015年的65家增加到2016年的83家。

在投资者方面，根据2016年12月末上交所资产支持证券投资者结构统计，在上交所托管的企业资产支持证券中，一般法人是主要的投资群体，当前一般法人中，也包含以银行为代表的金融机构法人。一般法人投资规模为2291.61亿元，占上交所托管资产支持证券总体规模的73.69%，券商资产管理规模为422.55亿元，占比为13.59%，信托投资规模为168.94亿元，占比为5.43%。

2016年，资产支持票据共公开发行5单产品，原始权益人分别属于多元金融行业，制药、生物科技与生命科学行业，机械与设备制造行业，以及技术硬件与设备行业，具体包括中电投融和融资租赁有限公司、远东国际租赁有限公司、九州通医药集团股份有限公司、中

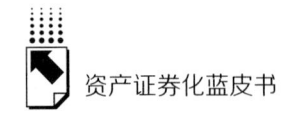

国铁塔股份有限公司、中国中车股份有限公司。

5. 二级市场流动性

从整体上看，上交所综合协议交易平台上资产支持证券的现券买卖成交金额与交易证券规模占存量资产支持证券比例呈现同向变化，2016年12月交易规模达128.1亿元，创历史新高，占比为4.12%。与非公开发行公司债交易量仍存在一定的差距，以2016年12月数据为例，非公开发行公司债交易总量为2073.89亿元，占托管总量的23.1%。

三 2017年资产证券化市场发展展望

我国资产证券化市场总体发展趋势良好，市场对于资产证券化的需求较为强烈，监管制度体系和配套制度体系不断完善，市场参与主体不断成熟，对我国资产证券化市场的发展起到了积极推动作用。随着我国利率市场化进程不断加快，资产证券化市场在联通货币市场、资本市场、信贷市场方面的作用得以发挥，使利率之间的传导得以畅通，成为我国金融体系的重要一环。监管制度和政策环境的不断完善，制度体系的持续优化，市场机构参与度和成熟度的不断提升，市场创新热情的保持，投资者群体的不断扩大和投资热情的持续提升，二级市场配套机制的完善，均将继续推动我国资产证券化市场深入发展。同时，应在加强风险防范和信用风险管理的基础上，坚持市场化、规范化、透明化的发展方向，引导确定资产证券化市场的功能定位。

1. 监管制度和政策环境不断完善，资产证券化市场有望进一步规范发展

资产证券化作为盘活存量资产、优化资源配置的重要工具，近年来得到监管政策的大力支持，特别是2016年，国务院及相关部委连续发文支持养老服务、基础设施、消费等领域开展资产证券化，支持以物业租金、应收账款等为基础资产发行资产证券化产品。保监会《关于修改〈保险资金运用管理暂行办法〉的决定（征求意见稿）》则明确提出保险资金可以投资资产证券化产品，进一步扩大了资产证券化产品的投资者范围。2017年政府工作报告提出"促进企业盘活存量资产，推进资产证券化"，为资产证券化市场的进一步发展奠定了政策基调，明确了要充分发挥资产证券化在盘活存量、调整信贷结构、促进信贷政策和产业政策协调配合等方面的作用，通过资产证券化产品市场发行常态化推进重点行业改革发展，更好地配合供给侧改革任务的落实。

2017年2月，中央财经领导小组第十五次会议强调，防控金融风险，要加快建立监管协调机制，加强宏观审慎监管，加强统筹协调能力，防范和化解系统性风险；要及时弥补监管短板，做好制度监管漏洞排查工作，参照国际标准，提出明确要求；要坚决治理市场乱象，坚决打击违法行为。要通过体制机制改革创新提高金融服务实体经济能力和水平。在此背景下，相关监管部门出台了一系列政策，对现有的制度进行了系统梳理、归类和重申，旨在引导市场机构规范开展各项业务，"开正门，堵旁门"，切实防范金融风险。在此背景下，市场参与主体有动力规范开展资产证券化业务，在推动市场创新发展的同时，坚持以"真实出售、破产隔离"为核心，不搞再证券化，推动资产证券化市场进一步沿着标准化、规范化、市场化的方向发展，成为我国多层次资本市场体系的重要组成部分。

2. 制度体系持续优化，资产证券化市场有望继续深化发展

随着产品规模的不断增长、参与机构的日益丰富、交易结构的逐步成熟，资产证券化市场的制度体系有望进一步优化完善。一是加大对基础资产的差异化信息披露要求，强化底层数据的披露和使用，通过动态的数据信息，提升产品估值定价的便利性、及时性和一致性，促进二级市场流动性提升，同时将信息披露继续延伸至整个产品周期，继续加强完善信息披露的市场化评价。二是规范合同文本条款，提升产品设计通用性，在产品设计结构日益成熟的情况下，标准化合同文本的推出有助于规范市场行为，提升产品发行效率，完善争议解决、危机处置等投资人保护条款，进一步加强对投资人的保护。三是加强中介机构自律和市场机制建设，资产证券化产品法律关系和结构设计较为复杂，对中介机构的尽职履责提出更高要求，进一步发挥信用评级机构在引导市场方面的作用，发挥投资人和中介机构在产品设计方面的主观能动性，有助于促进资产证券化市场朝交易型、主动管理型的方向发展。

3. 市场机构参与度和成熟度不断提升，资产证券化市场规模有望进一步扩大

在信贷资产支持证券方面，产品发行日趋常态化，市场规模保持稳定，产品种类更加丰富，产品结构不断优化，市场参与机构成熟度不断提升。在相关政策的支持下，预计2017年信贷资产证券化产品的发行量和发行规模会进一步提升，特别是同质性强、标准化程度高的零售类贷款资产证券化产品的发行量和发行规模将进一步增加。随着参与不良资产证券化试点机构范围的扩大，不良资产证券化产品的发行量和发行规模将进一步提升，基础资产类型有望进一步丰富。

在企业资产支持证券方面，资产支持票据在2016年虽然发行数量数不多，但是发行规模同比增长了近50%，在交易结构优化和基础资产扩充的利好下，更多的非金融企业将有更大动力选择发行资产支持票据来实现资产出表和融资，2017年预计资产支持票据将实现发行数量和发行规模的较大提升。2016年资产支持专项计划产品发行规模大幅增加，预计2017年仍会保持较大的发行规模及一定的增速，但在经济下行压力持续加大的情况下，部分企业、基础资产类型的信用质量可能会恶化，审批力度会在一定程度上收紧，同时在资金成本保持高位的背景下，市场发行会有所放缓。

4. 产品供给端持续发力，市场创新热情有望继续保持

除了基础资产类型外，资产证券化产品可在支付结构、利率结构、存续期限、投资风险等级等多方面满足不同风险偏好投资者的多样需求。2017年，资产证券化市场创新热情有望继续高涨，产品供给有望朝着更加多元化的方向发展。

一是在入池基础资产类型方面。2016年，信贷资产证券化、资产支持票据、资产支持专项计划的发展都有若干新亮点和新趋势。就信贷资产证券化而言，个人贷款类证券化产品发行规模显著增加，改变了我国信贷资产证券化市场以CLO为主的状况，对公不良贷款、信用卡不良贷款、小微不良贷款资产支持证券产品的陆续推出，为不良资产提供了市场化处置渠道；就资产支持票据而言，以信托作为特殊目的载体和基础资产的扩大，为资产支持票据在银行间市场的加速发展做好了制度和规则上的准备，未来资产支持票据有望在基础资产、交易安排等方面继续创新；就资产支持专项计划而言，2016年发行规模大幅度增长，基础资产种类进一步丰富，债权类资产占比保持绝对优势，达到80%以上，其中，以消费类贷款为代表的个人类贷款基础资产的资产支持专项计划产品发行量大幅增长。2017年，预计债券类资产依然会是企业资产证券化市场的主流，个人消费贷款、个人汽车贷款、个人住房抵押贷款等零售类贷款由于具有同质性、小额分散的特点，以此为基础资产的信贷资产证券化产品信用风险相对更低，更受投资人欢迎，具有较大的发展潜力，有望继续成为资产证券化市场的发行主力。

二是在交易结构方面。随着产品复杂程度的增加和入池资产类型的不断丰富，为了与入池资产的违约风险和现金流特点匹配，交易结构在设计上将有所创新，如在交易结构中引入双SPV结构等。同时，随着投资者类型的不断丰富和投资者成熟度的不断提升，投资者可能

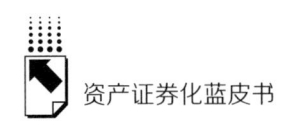

对夹层证券和次级档证券等高收益产品提出需求，为了满足投资者的风险偏好，实现风险和收益的平衡，预计未来交易在结构设计上将不断有所创新。

三是在特定类型产品方面。一方面，PPP项目资产证券化有望落地。2016年12月，国家发改委、证监会联合下发《关于推进传统基础设施领域政府和社会资本合作（PPP）项目资产证券化相关工作的通知》，要求各省级发展改革部门大力推动传统基础设施领域PPP项目资产证券化，首批PPP资产证券化项目已于2017年初获批；2017年6月，财政部、中国人民银行、证监会联合下发《关于规范开展政府和社会资本合作项目资产证券化有关事宜的通知》，进一步明确PPP项目资产证券化的范围和标准，发起主体包括项目公司、为项目公司提供融资支持的各类债权人、提供建设支持的承包商以及项目公司股东，同时强调严格筛选开展资产证券化的PPP项目，完善相关工作程序，着力加强对PPP项目资产证券化监督管理，坚持"真实出售、破产隔离"，合理分担成本收益，切实防范刚性兑付风险，充分披露相关信息，营造良好发展环境。预计，PPP项目资产证券化将于2017年有进一步发展。另一方面，2016年，以REITs或者商业地产抵押按揭贷款证券化（CMBS）方式融资的房企不断增加，CMBS已成为抵押贷款证券化中除了个人住房抵押贷款证券化外的另一大类证券化产品，并在资产支持专项计划市场有所实践。2017年，在房地产市场政策收紧的背景下，盘活商业地产存量、改善资产流动性的需求凸显，在市场环境和相关配套政策进一步成熟的前提下，预计CMBS和REITs将有新的市场实践。

5.投资者群体不断扩大，投资热情持续提升，资产证券化市场需求端有望进一步成熟

在资产证券化市场进一步深化发展的背景下，市场有望发挥投资人在产品设计方面的主观能动性，推动资产证券化市场朝交易型、主动管理型的方向发展。预计 2017 年，资产证券化市场的投资者群体将进一步扩大，投资热情进一步提升。

一方面，投资者群体将进一步扩大。就银行间市场而言，2016年资产证券化产品的合格投资者队伍进一步丰富，银行间信贷资产支持证券投资机构在银行理财、银行自营、公募基金、券商资管、保险机构、QFII、RQFII 等基础上进一步扩充，境内非法人类机构投资者增幅较大。同时，随着不良资产证券化产品的发行，国有四大资产管理公司、地方资产管理公司和私募基金都积极地参与到各不良资产证券化产品次级档的投资中，境外机构投资者也对不良资产证券化产品保持持续关注，预计未来随着不良资产证券化产品常态化的发行，参与次级档投资的机构会进一步增多。

另一方面，投资热情将更加高涨。近年来债券市场出现了一些信用风险事件，在保持债券投资收益的同时降低债券投资的信用风险将是债券市场投资者今后很长时间将要面临的问题。资产证券化产品通过严格的交易结构设计和结构化安排，实现了主体信用与资产信用的隔离，成为一种具有分散和弱化资产信用风险效果的固定收益产品，而且与同信用等级同期限的其他债券品种相比，资产证券化产品收益具有一定优势，因此得到市场投资者的青睐。同时，资产证券化市场已经过了十余年的发展，投资者日趋成熟，对资产证券化产品的风险识别、风险判断、风险承担能力不断提升，接受度逐渐提高。2017年，资产证券化产品需求端有望进一步成熟，且投资需求的分化将更加显著，优先 A 档、优先 B 档以及次级档证券将对应不同的投资者群体，特别是基础资产同质性强、分散度较高的证券化产品将更受青睐，对于国际投资者也有较强的吸引力。

6. 市场配套机制有望完善，提升二级市场流动性

在一级市场发行规模不断扩大的同时，资产证券化二级市场也开始逐步活跃，尽管银行间市场和交易所市场的现券交易和质押式回购的绝对成交金额相较于传统债券占比依然很小，但市场自身的发展趋势已经有所体现，流动性有所改善。资产证券化的快速发展正在吸引更多的投资者进入，新的交易模式、产品设计和获利机会正在出现，同时随着信息披露机制的进一步完善、市场历史数据的积累以及定价分析工具的出现，资产证券化二级市场的产品定价和估值机制将逐渐发展完善，做市商制度的逐渐建立和安排也将引导市场收益率曲线形成，促进价格发现，促进资产证券化二级市场各项制度完善及流动性的提升。

7. 创新与风险并存，资产证券化产品信用风险管理将受关注

2016年，在银行间市场，信贷资产证券化产品尚未出现过证券违约，只是基础资产出现了少量的逾期或违约情况，但由于企业贷款资产证券化产品具有基础资产笔数较少、集中度较高的特点，一定量基础资产的违约将有可能影响资产池现金流，触发相关的加速清偿等事件、影响次级证券的收益和本金回收甚至会影响优先级证券的兑付，风险值得关注。交易所市场出现了一些信用风险事件，包括大成西黄河大桥资产支持专项计划违约、永利热电资产支持专项计划信用级别下调、南方水泥租赁资产支持专项计划资产服务机构解体、渤钢租赁资产支持专项计划信用级别下调等。同时，资产证券化市场的创新热情高涨，新的基础资产、交易结构层出不穷，特别是与市场信用风险相关的创新，如化解信贷市场不良贷款信用风险的不良资产证券化创新和化解资产证券化产品本身信用风险的信用风险缓释工具（CRM）创新。2017年，个别信用风险事件可能会继续发生，并可能通过基础资产传导至资产证券化市场，从而增加资产证券化市场的信用风险。因此，预计2017年资产证券化市场将继续出现对信用风险进行管理和化解的创新和举措，如加强对某些具有高风险特征的基础资产和交易结构的审视，加强对资产笔数较少、集中度较高的证券化产品的关注。针对资产证券化产品的信用风险缓释工具创新也有望继续，特别是对于一些评级较低的夹层证券、期限较长的资产支持证券或者基础资产风险较大的资产支持证券，有望进行风险缓释尝试。

参考文献

［1］中国人民银行金融市场司编《中国资产证券化探索与发展——信贷资产证券化试点十年发展回顾和展望》，中国金融出版社，2017。

［2］冯光华等编著《中国资产证券化市场发展报告2017》，中国金融出版社，2017。

分报告之资产篇
Asset Reports

B.2
2016年资产证券化主要业态的发展

刘澜飚　郭子睿　刘粮*

摘　要： 资产证券化是指发行主体将流动性较差的资产通过特殊目载体进行一系列组合打包，使得该组资产在未来可以产生相对稳定的现金流，然后通过分级等一系列信用增级方法提高资产的信用质量或评级，最终将该组资产的预期现金流收益权转化为可以在金融市场上交易的债券技术和过程。资产证券化有助于提高降低发行主体资金回收，降低发行主体的资产风险，提高市场的交易活跃程度。随着我国经济转型的不断深入，金融风险也日渐凸显，房地产市场蓬勃发展，银行不良率上升，债券违约打破刚性兑付，互联网金融产品

---

* 刘澜飚：南开大学金融学院教授；郭子睿、刘粮：南开大学金融学院博士。

不断创新，在此背景下资产证券化市场迅速发展。从发行规模和金融市场交易量来看，2016年我国的资产证券化快速发展，基础资产种类多样，产品也越来越丰富，交易结构日趋完善。比较典型的代表有不良资产证券化、消费金融资产证券化、房地产资产证券化和类资产证券化。

关键词： 资产证券化　不良资产证券化　消费金融资产证券化　房地产资产证券化　类资产证券化

资产证券化是指发行主体将流动性较差的资产通过特殊目的载体进行一系列组合打包，使得该组资产在未来可以产生相对稳定的现金流，然后通过分级等一系列信用增级方法提高资产的信用质量或评级，最终将该组资产的预期现金流收益权转化为可以在金融市场上交易的债券技术和过程（姜建清，2004）。资产证券化有助于提高发行主体资金回收率，降低发行主体的资产风险，提高市场的交易活跃度。近年，我国经济转型不断深入，金融风险也日渐凸显，房地产市场蓬勃发展，银行不良率上升，债券违约打破刚性兑付，互联网金融产品不断创新，在此背景下资产证券化市场发展迅速。从发行规模和金融市场交易量来看，2016年我国的资产证券化快速发展，基础资产种类多样，产品也越来越丰富，交易结构日趋完善。比较典型的有不良资产证券化、消费金融资产证券化、房地产资产证券化和类资产证券化。

一　不良资产证券化

不良资产证券化最早起源于20世纪80年代的美国，此后意大利、日本、韩国为了应对不断上升的银行不良资产率，也纷纷进行不良资产证券化。不良资产证券化有助于扩大基础资产的范围，提高基础资产的回收率，是优化银行不良资产结构、增强银行经营稳健性的市场化手段。截至2016年末，我国商业银行不良贷款余额高达1.51万亿元，不良率上升到1.74%，随着我国潜在经济增速的下滑以及金融风险的凸显，二者还有进一步上升的趋势。同时，企业信用违约也频繁爆发，截至2017年1月，我国有96支债券违约，涉及金额560亿元。在此背景下，2016年我国重启了一度暂停的不良资产证券化。

（一）不良资产支持证券的发行现状

2016年是我国不良资产证券化试点的一年，在各种政策的支持下，我国银行间市场共计发行14单不良资产证券化产品，发行规模达156.1亿元，共处置不良资产510亿元。不良资产证券化产品基础资产主要有五种类型，分别是对公不良贷款、信用卡不良贷款、小微不良贷款、个人住房抵押不良贷款和个人抵押不良贷款，具体的发行情况如表1所示。目前我国发行的不良资产证券化产品与一般的信贷资产证券化产品存在几方面不同。第一，整体而言，不良资产证券化产品的折扣率较低。具体来看，以个人住房抵押贷款、信用卡贷款为基础资产的资产证券化产品的折扣率相对较高，以工商企业不良贷款为基础资产的资产证券化产品的折扣率最低；第二，所有的不良资产证券化分级较为简单，使用的方法也较为简单，只有优先档证券和次级档证券两种；第三，底层资产的担保率过高，很多资产证券化产品的担保率甚至高达100%，如以对公贷款、经营贷款和住房抵押贷款为基础资产的资产证券化产品，信用卡类的不良资产证券化产品主要以信用为担保，较少采用实物资产作为担保。

表1 2016年不良资产支持证券发行情况

基础资产	项目名称	证券名称	金额（万元）	占比（%）	评级结果	发行日	预期到期日	加权平均期限（年）	发行利率（%/年）
对公不良贷款	中誉2016-1	优先档证券	23478.00	78.00	AAAsf	2016/5/26	2019/3/26	0.91	3.42
		次级档证券	6622.00	22.00	—	2016/5/26	2021/3/26	2.62	—
		合计	30100.00	100.00					
	农盈2016-1	优先档证券	206200.00	67.30	AAAsf	2016/7/29	2019/7/26	2.24	3.48
		次级档证券	100200.00	32.70	—	2016/7/29	2021/7/26	3.11	—
		合计	306400.00	100.00					
	建鑫2016-1	优先档证券	46400.00	66.10	AAAsf	2016/9/20	2018/9/26	1.59	3.30
		次级档证券	23800.00	33.90	—	2016/9/20	2021/3/26	2.26	—
		合计	70200.00	100.00					
	工元2016-1	优先档证券	66372.00	61.63	AAAsf	2016/9/23	2018/3/26	1.14	3.19
		次级档证券	41328.00	38.37	—	2016/9/23	2019/3/26	1.89	—
		合计	107700.00	100.00					
	和萃2016-3	优先档证券	40000.00	62.21	AAAsf	2016/9/26	2019/1/26	1.43	3.29
		次级档证券	24300.00	37.79	—	2016/9/26	2021/1/26	2.37	—
		合计	64300.00	100.00					
	交诚2016-1	优先档证券	115000.00	72.78	AAAsf	2016/11/8	2019/7/26	0.90	3.18
		次级档证券	43000.00	27.22	—	2016/11/8	2021/7/26	1.44	—
		合计	158000.00	100.00					
	中誉2016-2	优先档证券	41847.49	68.00	AAAsf	2016/12/16	2019/1/26	1.51	4.50
		次级档证券	19692.94	32.00	—	2016/12/16	2021/7/26	2.50	—
		合计	61540.43	100.00					

041

续表

基础资产	项目名称	证券名称	金额（万元）	占比（%）	评级结果	发行日	预期到期日	加权平均期限（年）	发行利率（%/年）
信用卡不良贷款	和萃2016-1	优先档证券	18800.00	80.69	AAAsf	2016/5/26	2017/1/26	0.22	3.00
		次级档证券	4500.00	19.31	—	2016/5/26	2018/5/26	1.00	—
		合计	23300.00	100.00					
	建鑫2016-3	优先档证券	36400.00	76.79	AAAsf	2016/12/20	2017/6/26	0.13	4.40
		次级档证券	11000.00	23.21	—	2016/12/20	2018/12/26	1.07	—
		合计	47400.00	100.00					
	工元2016-2	优先档证券	26100.00	74.36	AAAsf	2016/12/20	2017/12/26	0.53	4.28
		次级档证券	9000.00	25.64	—	2016/12/20	2017/12/26	1.15	—
		合计	35100.00	100.00					
小微不良贷款	和萃2016-2	优先档证券	36000.00	76.60	AAAsf	2016/6/28	2019/1/26	1.83	3.98
		次级档证券	11000.00	23.40	—	2016/6/28	2021/1/26	2.22	—
		合计	47000.00	100.00					
	和萃2016-4	优先档证券	35000.00	76.09	AAAsf	2016/12/20	2019/7/26	1.81	4.38
		次级档证券	11000.00	23.91	—	2016/12/20	2019/7/26	2.74	—
		合计	46000.00	100.00					
个人住房抵押不良贷款	建鑫2016-2	优先档证券	120000.00	76.92	AAAsf	2016/9/23	2020/3/26	1.58	3.30
		次级档证券	36000.00	23.08	—	2016/9/23	2021/9/26	4.24	—
		合计	156000.00	100.00					
个人抵押不良贷款	工元2016-3	优先档证券	306000.00	75.00	AAAsf	2016/12/20	2019/6/26	1.73	3.50
		次级档证券	102000.00	25.00	—	2016/12/20	2021/12/26	2.61	—
		合计	408000.00	100.00					

资料来源：wind，联合资信。

1. 对公不良资产支持证券

2016年共发行7单以对公不良贷款为基础资产的资产证券化产品,具体包括工元2016-1、和萃2016-3、建鑫2016-1、交诚2016-1、农盈2016-1、中誉2016-1、中誉2016-2。不良资产证券化产品累计发行规模为79.82亿元,占总发行规模的51.14%。从担保方式来看,保证+抵押是7单产品主要采用的抵押方式,占比超过70%。其中,建鑫2016-1采用的保证+抵押方式高达92.11%,农盈2016-1采用的保证+抵押方式比例最低,为54.97%。从银行贷款的五级分类及占比来看,次级贷款占绝大多数,然后是可疑贷款和损失贷款。工元2016-1的次级贷款占比为72.91%,可疑贷款占比为27.09%;和萃2016-3的次级贷款占比为87.72%,可疑贷款占比为9.37%,损失贷款占比为2.91%;建鑫2016-1次级贷款占比为71.47%,可疑贷款占比为20.10%,损失贷款占比为8.43%;交诚2016-1的次级贷款占比为71.95%,可疑贷款占比为22.39%,损失贷款占比为5.66%;农盈2016-1的次级贷款占比为40.78%,可疑贷款占比为58.94%,损失贷款占比为0.27%;中誉2016-1的次级贷款占比为96.69%,可疑贷款占比为3.31%,中誉2016-2的次级贷款占比56.26%,可疑贷款占比为36.06%,损失贷款占比为7.67%。

2. 信用卡不良资产支持证券

2016年发行的不良资产证券化产品中以信用卡不良贷款为基础资产的一共有3单,具体包括工元2016-2,建鑫2016-3,和萃2016-1,发行规模合计为10.58亿元。从担保方式来看,3单产品全部采用100%的信用担保。从银行贷款的五级分类及占比来看,主要是损失贷款,其次是可疑贷款和次级贷款。工元2016-2的损失贷款占比高达74.71%,可疑贷款占比为19.85%,次级仅占5.44%。损失贷款占比最低的是和萃2016-1,占比达到53.07%,

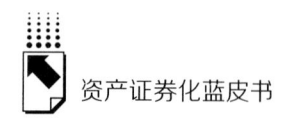

可疑贷款高达31.91%，次级贷款占比为15.02%。2016年发行的信用卡不良资产支持证券基础资产的回收率从11.44%至24.10%不等。

3. 小微不良资产支持证券

小微不良资产支持证券2016年发行2单，即和萃2016-2和和萃2016-4，均由招商银行发起，规模共计9.3亿元。从担保方式来看，多采用附带抵押品的担保方式，占比均在95%以上，抵押物多为商铺和/或个人住房。从银行贷款的五级分类及占比来看，次级贷款占绝大多数，其中和萃2016-2的次级贷款占比为93.72%，和萃2016-4的次级贷款占比为80.44%。抵押物的价值、类型、面积以及状态会对抵押物的变现程度和时间产生重要影响，一般情境下的回收率从48.32%到58.30%，回收率较高。

4. 个人住房抵押不良资产支持证券

建鑫2016-2是建设银行2016年发行的唯一一单个人住房抵押不良资产支持证券，也是全市场唯一一单个人住房抵押不良资产支持证券，证券发行规模为15.6亿元。担保方式采用最为保守的100%的抵押担保，从银行贷款的五级分类及占比来看，次级贷款占比为53.40%，可疑贷款占比为46.60%。个人住房抵押不良资产支持证券具有规模小、抵押品同质性较高而且回收期较长的特点。联合资信对此类基础资产证券的回收率测算为81.58%，中债登测算的回收率为80.94%。

5. 个人抵押不良资产支持证券

工元2016-3是2016年我国发行的唯一一单个人抵押不良资产支持证券，由工商银行发行，规模为40.80亿元。从担保方式来看，主要是抵押担保，占比为75.43%，抵押物包括工业厂房、工业用地、商铺以及住房。从贷款类型的五级分类及占比来看，次级贷款占比为14.78%，可疑贷款占比为74.57%，损失贷款占比为10.65%。

从资产类型来看，此单产品基础资产较为分散，有效地降低了风险。以个人经营不良贷款为基础资产的占比为41.87%、以个人消费不良贷款为基础资产的占比为21.47%，以个人住房不良贷款为基础资产的占比为36.65%。中诚信测算的一般情境下的回收率为64.32%，中债登测算的回收率为66.89%。综上可见，个人抵押不良资产支持证券的回收率最高，主要是由于其抵押物多为住宅、工业厂房以及商铺，容易变现，易于回收；其次是小微不良贷款及个人抵押不良贷款，抵押物主要为住宅和商铺。相对于住宅来讲，商铺的变现能力更低，而且商铺的价值取决于具体的位置以及宏观经济环境；对公不良贷款的抵押资产多为机器、厂房和设备，处置难度较大；信用卡不良贷款以信用为唯一担保，没有实体资产作为抵押，整体的回收率最低。

（二）不良资产支持证券的未来展望

在商业银行不良资产攀升和信用违约风险频频爆发的环境下，资产证券化已经成为我国处置不良资产、提高银行经营能力、降低金融风险、提高金融体系韧性的重要手段之一。2016年我国进行的不良资产证券化试点具有如下特点。第一，产品类型创新但相对单一，估值方法各有特色。第二，交易结构与产品的真实情况越来越贴近，也越来越完善。在证券的结构、流动性支持的设置、中介机构的设置参与与产品本身更为契合。第三，丰富投资者的资产交易类型，市场的投资热情高。本次不良资产证券化试点发行机构多为大型商业银行，信誉高而风险低，资产管理服务能力强，监管机构出台大量的支持政策，监管环境良好，不同市场参与主体的信息披露透明，证券兑付情况良好，信用状况较为稳定。

但我国的不良资产证券化依然处于试点阶段，仍然存在很多问题。第一，数据积累不足。不良资产的价值依赖于资产的类型，处于不同经济周期的不同阶段。不同行业不同机构的风险资产的暴露程度都不一样，给资产估值带来很大的挑战。第二，法律、会计以及税收等配套机制有待进一步完善。不良资产证券化涉及的主体较多，这需要完善的法律框架规定不同主体的责任和义务。第三，投资者的成熟度还有待进一步培养。不良资产证券化属于高风险产品，投资者在投资之前需要对其基础资产、回收率等进行详细的调研和分析，这要求参与的投资者有较强的专业能力和风险承受能力。针对上述问题，我国需要加强不良资产证券化法律法规建设，明晰不同参与主体的权责，同时做好投资者的技术培养。此外，预计2017年我国会进一步扩大不良资产证券化的参与机构范围，股份制银行和城商行也有可能成为发行主体，投资主体也会进一步扩大。因此，我们在大力推广资产证券化的同时也要防控相应的风险。

二 消费金融资产证券化

消费金融是商业银行和金融机构以消费者信用为基础，对消费者个人发放的，用于购置耐用消费品或支付其他费用的贷款。随着经济转型的推进，我国的增长模式必然从依赖出口和投资转向消费，消费在国民收入中的比重将持续上升。与之相对应的金融消费贷款余额也会快速增长，2010~2015年，我国全部金融机构消费贷款余额年平均增长率达到23%。随着国民收入的进一步提高以及消费观念的转变，未来消费贷款余额还有很大的上升空间，这为消费金融资产证券化提供了优越的条件。

消费金融资产证券化的发行机构主要是商业银行和消费金融公司。商业银行进行消费金融资产证券化可以优化信贷资产结构，减少对资本的占用，加快资产以及资金的转化，提高经营的效率。消费金融公司业务一般具有金额小、客户分散、期限相对较短的特点，是我国消费信贷体系的一个重要补充。消费金融公司开展资产证券化具有重要的意义：第一，释放消费金融公司的资本水平，持有次级资产从而带来持续的收益，提高公司整体的收益水平；第二，加快资产的流动和回收，提高资金的使用效率；第三，改善公司的资产负债管理。资产证券化可以改善消费金融公司资产期限较长而负债期限较短的困境，降低资金的期限错配风险以及可能引发的流动性风险，增强消费金融公司资产负债的稳健性和可持续性。

（一）银行间消费金融资产证券化

我国的银行间消费金融资产证券化主要由银行负责发行，起步相对较晚，在整个资产证券化市场中所占的份额较低。我国第一个消费金融资产证券化产品是由宁波银行发起的永盈2015。截至2016年底，我国银行间消费金融资产证券化产品一共有9单，总规模为155.6亿元，其中银行发起的金额占比超过70%（见表2）。从目前市场的总规模来看，截至2016年12月，消费金融资产证券化总规模占整个金融资产证券化的比重不到2%，而同期的欧洲消费金融资产证券化产品占整个市场的比重超过20%，金额高达560亿美元。可见，我国的消费金融资产证券化未来还有很大的发展空间。

表2　银行间市场发行的消费金融信贷证券化产品

项目名称	发起机构	发行总额(亿元)	基础资产概况
永盈2015年第一期消费信贷资产支持证券	宁波银行	36.99	银行信用消费贷款
永动2015年第一期个人消费贷款资产支持证券	宁波银行	20.00	银行信用消费贷款
普盈2015年第一期消费信贷资产支持证券	厦门农村商业银行	6.03	银行信用消费贷款

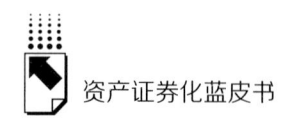

续表

项目名称	发起机构	发行总额(亿元)	基础资产概况
中赢新易贷2016年第一期个人消费贷款信贷资产支持证券	中银消费金融	6.99	商户专享贷款
橙易2016年第一期持证抵押贷款证券	平安银行	9.10	持证抵押贷款
和享2016年第一期个人消费贷款资产支持证券	招商银行	32.19	信用卡分期贷款
鑫宁2016年第一期个人消费贷款资产支持证券	南京银行	5.54	银行信用消费贷款
捷赢2016年第一期个人消费贷款资产支持证券	捷信消费金融	13.07	商品贷+消费现金贷
中赢新易贷2016年第二期个人消费贷款信贷资产支持证券	中银消费金融	24.98	信用消费贷款

资料来源：Wind、招商证券。

从基础资产信息来看（如表3所示），我国消费金融贷款的客户资源多样，从而导致资产证券化的基础信息非常分散，加权平均贷款剩余期限从5个月到43个月不等，波动较大。资金规模以小额为主，平均本金余额最低不到1万元，最高40万元。贷款大多采用信用贷款的方式，没有实物资产作为抵押物，回收率普遍较低。我们通过选取15永盈1、15永动1、15普盈1和16中赢新易贷1四款消费金融资产证券化产品进行跟踪分析，发现基础资产违约率呈现如下特点。（1）4款产品的基础资产违约率都在不断上升，还有进一步上升的趋势；（2）相比较而言，循环购买的产品基础资产表现较好，累计违约率较低，如15永盈1和15永动1两款。从整个消费金融资产证券化产品市场来看，基础资产的违约率还是比较低的。

表3 消费金融资产证券化基础资产信息

项目名称	加权平均贷款剩余期限（月）	加权平均贷款年利率（%）	贷款笔数	单笔贷款平均本金余额（万元）	单笔贷款最高本金余额（万元）
15永盈1	5.74	8.83	34120	10.80	50.00
15永动1	5.62	8.17	15372	13.01	50.00
15普盈1	11.73	10.05	1473	40.91	320.00
16中赢新易贷1	15.50	14.43	40531	1.70	5.00
16橙易1	43.27	6.07	6315	16.00	378.00
16和享1	14.13	8.00	212092	1.50	8.65
16鑫宁1	7.61	12.65	3526	15.72	30.00
16捷赢1	16.35	21.11	414217	0.32	5.00
16中赢新易贷2	25.32	18.72	25262	9.89	17.86
平均值	16.14	12.00	83657.56	12.21	96.06

资料来源：Wind、招商证券。

分级是提高信贷资产信用评级的一个主要手段，通过分级可以实现金融资产不同风险的分离，消费金融资产证券化也往往通过优先级来进行内部增级。通过表4可以看出，消费金融资产证券化一般分为优先级和次级，优先级又分为两档，分别是优先A档和优先B档。从比例可以看出，绝大多数比例的优先A档，平均在75%以上，其中16鑫宁1期的优先A档高达88.4%，次级档比例和优先B档的比例基本一致。

表4 消费金融资产证券化优先/次级占比

项目名称	优先A档(%)	优先B档(%)	次级档(%)
15永盈1	80.99	12.00	7.01
15永动1	81.40	11.80	6.80
15普盈1	52.28	25.72	22.00
16中赢新易贷1	80.26	12.09	7.66

续表

项目名称	优先A档(%)	优先B档(%)	次级档(%)
16橙易1	84.73	7.24	8.03
16和享1	84.50	6.52	8.98
16鑫宁1	88.41	5.59	6.00
16捷赢1	73.44	13.01	13.55
16中赢新易贷2	78.16	15.20	6.64
16惠易1	80.05	11.43	8.52

资料来源：Wind、招商证券。

（二）消费金融公司资产证券化

我国的消费金融公司大致可以分为传统的消费金融公司和互联网消费金融平台。随着我国互联网金融以及支付平台的快速发展，二者都开始发行消费金融资产证券化产品。2015年10月和12月京东金融发行了两期"京东白条应收账款债权资产支持专项计划"；2016年1月15日，中银消费发行首单消费金融资产证券化产品，2016年1月20日，分期乐1号资产支持证券正式发行，发行规模为2亿元，优先级评级为3A，发行利率为5.05%；2016年4月，宜人贷2.5亿元精英贷资产证券化产品发行完成，优先档和中间级对应预期收益率为5.2%~9%。目前，我国有消费金融牌照的公司一共15家，商业模式分为延期付款、分期和消费贷款三种信用服务模式，消费信贷占比仅为20%，其中房贷占绝大部分，因此，我国的消费金融资产证券化具有很大的提升空间。

此外，互联网金融的快速发展，尤其是云平台的发展将会大大促进整体消费金融资产证券化的发展。京东金融的ABS平台将业务范围拓宽到资本中介机构以及夹层基金投资领域，有助于解决资产证券化业务中的信息不对称问题，使资产定价和风险控制环节畅通。京东金融通过发行"白条"资产证券化，利用券商金融机构的信息共享中介模式，连接不同的市场主体，进一步通过太平洋保险、安城保险平台的增信服务，健全不同参与主体的风险识别体系，提升消费金融类资产证券化产品的发行效率，激活不同风险偏好的机构投资者，促进 ABS 市场的整体发展。

消费金融公司的资产较为分散，借贷主体也比较多样化，每一个借贷主体的资产以及借贷能力差异性较大，这给消费金融公司的资产管理带来很大挑战。资产证券化有利于消费金融公司的资产统一管理，增强资金的流动性，还有可能改变传统金融高风险高收益的特点，实现低风险高收益。而且，资产证券化有助于降低类似金融机构之间的同质化竞争，提高消费金融公司的利润收入，缓解市场的恶性竞争，有助于消费金融公司向多层次的业务模式转型。

与传统的信贷资产证券化相比，消费金融资产证券化的基础资产风险更低，也比较受投资者青睐。但消费金融资产证券化仍然面临流动性风险、管理人风险以及提前偿付风险。以京东白条为例，京东白条的资产期限很短，期限为 1~6 个月，资产证券化连接的资产多为长期资产，多为 2 年及以上，资产端的期限和负债端的期限存在严重的错配，一旦资金不能顺利收回，就会出现流动性风险。

三 房地产资产证券化

房地产行业一直存在着资金来源和资金运用之间的矛盾，而房地产证券化作为房地产融资手段的创新，能够将房地产与有价证券进行有机结合，有效地解决不动产投资金额大、投资周期长、市场流动性差等问题。然而，作为一种新型房地产投资形式，房地产证券化本质

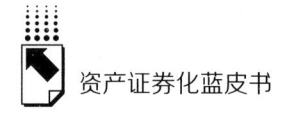

上同其他资产证券化相同，是以房地产这种有形资产为抵押担保，通过法律程序将其证券化为一种权利，不同投资者通过购买这种证券化产品可以获得房地产投资收益的一种权利再分配的过程。成本较低、流动性较高、与资本市场关联度较低，使得房地产资产证券化对商业物业盘活存量、去房地产库存、降低投资风险、促进房地产行业稳定发展产生重要的意义。

（一）房地产资产证券化的类别

由于存在很多房地产融资模式，因此房地产证券化形式也多种多样，主要有房地产信托投资基金和商业房地产抵押贷款支持证券。房地产信托投资基金是指商业银行等金融机构在发行市场上将其拥有的房地产债权打包分割，以有价证券的形式出售给投资者。商业房地产抵押贷款支持证券则是从非金融机构的角度出发，房地产投资经营机构为提升固定资本的流动性而开发的证券商品，通过资本市场获取稳定的现金流。

1. REITs

REITs作为房地产资产证券化的重要手段，主要具有以下几个特点。第一，REITs所获得的大部分资金都用于购买并持有具有稳定现金流的物业资产，因此其资产组合具有较高的稳定性；第二，REITs将原有的大型的资产打包整理后重新分割成较小的单位进行出售，不仅有助于在一级市场上市，而且降低了投资者的门槛，方便其在二级市场进行快速流通，同时也健全了房地产投资的退出机制；第三，公开的交易能够保证REITs有完善的公司治理结构，经营过程更加透明；第四，REITs较低的杠杆率使其优于其他类型的房地产投资；第五，REITs通常与股市、债市具有较低的相关性，不仅有助于投资者分散风险，而且长期回报也较高（见表5）。

表5 REITs类型特点比较分析

	权益型	抵押型	混合型
投资形态	直接参与不动产投资、经营	金融中介者赚取利差	二者混合
投资标的	不动产本身	抵押债权及相关证券	二者混合
影响收益的主因	不动产景气及经营绩效	利率	二者混合
收益的稳定性	较低	较高	中
投资风险	较高	较低	中
类似的投资标的	股票	债券	二者混合

按照投资形式，REITs通常分为权益型、抵押型和混合型REITs。权益型REITs作为房地产信托投资基金的主要类型，以投资和运营房地产项目所获取的房地产租金，作为未来主要收入来源。抵押型REITs则是指金融中介直接向房地产所有者和开发商提供贷款，并以贷款利息为主要收入来源。既包含权益型也包含抵押型的混合型REITs，是指不仅经营房地产，也向房地产所有者和开发商提供贷款。

2. CMBS

商业房地产抵押贷款支持证券是指以商业房地产为抵押，债权银行通过打包重组抵押资产，以证券化的方式向投资者发行债券，且其收益主要来源于租金、物业费等相关商业房地产的未来收入。作为房地产多元化融资的重要渠道之一，与商业房地产传统融资渠道相比，CMBS主要具有以下几个方面的特征。第一，发行价格较低。CMBS可以突破银行贷款的限制，使得融资依赖于基础资产进行信用评级，而不完全依赖于借款人的主体信用，因此可以为发起人提供成本较低、效率较高的融资来源。第二，流动性强。发起人可以将相对不流动的金融资产转化成流动的可交易的金融资产，提高资金的使用效率。第三，表外融资去杠杆。借款人可以将资产从资产负债表中转移，一方面有助于提高发起人的财务比例以及资金运用率，另一方面

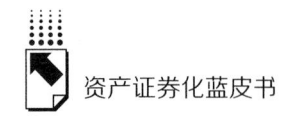

借款人仍旧持有不动产的所有权,能够持续拥有未来地产的增值利润。

(二)实施房地产资产证券化的意义

在当前房地产以"去库存"为主要指导思想的作用下,政府和市场逐步推进房地产资产证券化的发展。吸引大众资金流入房地产行业,不仅可以改变房地产行业主要依靠银行贷款和债市融资的现状,而且有利于降成本、去库存、去杠杆。此外,推动房地产资产证券化对降低房地产金融风险,推动我国房地产供给侧结构性改革都具有重要意义。

1. 有利于银行等金融机构转移金融风险

近年来,随着房地产行业的快速发展,商业银行所采用的传统的以发放房地产贷款为主的单一融资渠道已经无法满足房地产金融市场的融资需求。在这种单一的融资渠道占主导地位的情况下,一旦房地产市场发生剧烈波动,就会产生严重的金融危机,甚至导致国民经济衰退。与此同时,面对较高的房地产信贷需求,商业银行也面临流动性风险。商业银行作为经营信用与风险的企业,除了需要通过积累流动性较好的资产来平滑跨时风险,还需要在资本市场上用多种金融工具进行对冲。商业银行作为重要的金融中介,可以凭借房地产证券化,将原本流动性差的固定资产流转起来,在金融市场上形成一种新的流动机制。一方面,商业银行可以较快回收资金,提高其自有资产比例,增加表外业务收入;另一方面,证券化组合的出售和购买,可以扩大融资来源,为广大投资者提供更多的机会。此外,商业银行将持有固定资产的风险分散给其他金融机构和广大投资者,有助于推动我国金融市场良性循环,降低金融系统的风险。

2. 有利于我国资本市场的发展

房地产资产证券化除了要考虑适合证券化的基础资产,还应该具备配套的技术、经济、法律等环境。房地产证券化将房地产市场与资本市场巧妙地结合起来，一方面有助于积累社会闲散资金，另一方面也为广大投资者提供了共享房地产开发与经营收益的机会。作为房地产融资工具的创新，房地产资产证券化在促进个人储蓄转向房地产投资，以及丰富我国资本市场方面具有重要意义。

3.有利于推进房地产供给侧改革

房地产资产证券化不仅能够促进金融改革和金融创新，而且有助于推进房地产供给侧改革。总体上来讲，房地产公司资金主要依靠银行信贷渠道，较高的银行信贷依存度使得房地产投资的金融风险较大。在对房地产融资资金构成进行调整的过程中，迫切需要房地产资产证券化来增加直接融资比重，从而为房地产供给侧改革奠定重要的基础。

（三）中国房地产资产证券化的现状

1.2016年房地产资产证券化的规模

房地产市场环境是影响中国房地产证券化的一个重要因素。中国的房地产行业存在售租比相对过高、房价地价上涨过快、企业机构持有物业比重较小等问题，因此对推行房地产资产证券化构成了较大的阻力和障碍。一方面，较高的售租比覆盖了房地产支持证券的收益，使得房地产证券化发展缓慢；另一方面，房价地价的快速上涨，使得大多数城市租金收益无法弥补土地出让金利息。此外，中国大多数的房产所有权归属个人，企业和机构持有比重较小。这些市场环境的阻碍，使得我国房地产资产证券化仍旧处于发展的初级阶段。

目前，中国国内市场发行的REITs数量仍旧很少，主要集中在国外市场发行。2016年，中国房地产资产证券化发行产品的数量比上一年有所增加，上海证券交易所和深圳证券交易所共发行9个REITs产品，发行总额共计206.25亿元，比上一年增加75.4亿元。其中权

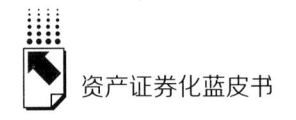

益型REITs占比较大，共发行117.25亿元，占发行总额的56.85%，抵押型REITs和混合型REITs均为首次发行。2016年，中国首次公开发行商业房地产抵押贷款，共包含3个产品，发行总额共计131.51亿元。住房公积金贷款发展较为迅速，发行金额从2015年的104.09亿元增长到2016年的390.14亿元，同比增长178.74%。

2. 中国房地产资产证券化存在的问题

房地产资产证券化不仅是房地产供给侧改革的需要，也是金融市场改革和创新的迫切需求。虽然2016年中国的房地产证券化取得了进步，但是总体来说规模还是无法满足各种需求，这主要是由于当前中国房地产证券化的发展面临四方面的制约。首先，投资主体缺乏多元性。当前的发行主体比较集中，倾向于银行、公募基金、非银行机构互相持有，并没有在公开市场进行发行，缺乏足够多的投资主体，因此流动性不足。其次，缺乏制度建设。从2004年《证券公司客户资产管理业务办法》开始，有多项相关政策陆续发布实施，但是仍然存在微观层面政策不够完善、操作细则和实施要求不够明确等问题，妨碍房地产证券化规范有序进行。最后，缺乏足够动力。对于商业银行而言，住房抵押贷款不良率在其各类资产中占比较低，仍属于优质资产，因此，银行更倾向于发行MBS，而对发行房地产资产支持证券缺乏足够的动力。此外，并没有专门的机构来实施债权资产证券化。

3. 推进中国房地产资产证券化

在推进中国房地产资产证券化的过程中，除了需要完善的法制环境、合理的税收制度作为支撑，还应该从以下几个方面进行改进。第一，改善土地供给制。我国目前售租比较高，随着房价地价的快速上涨，土地一次性出让无法鼓励企业机构持有物业房地产。因此，增加租赁住房供应，推动机构持有租赁型住房，才能降低售租比，实现住房供应形态的调整。第二，规范租赁市场。在进行租赁住房的制度创新时，还应该提高租赁市场的透明度，为租赁市场提供更加规范的资金监管。第三，改善资产配置结构。当前房地产价值占居民财富总量的55%~60%，而房地产市场的发展仅仅使小部分居民获得了财富增值。如何在经济发展和社会资产增长的过程中，使更多的投资者共享房地产增值的收益，是社会发展过程中需要考虑的重要问题。由于当前资产价格增长远快于普通的消费水平，因此，房地产资产证券化，能够为广大投资者提供更加丰富的投资机会，放宽居民的资产配置局限，提高居民的财富水平。第四，丰富发行方式和发行品种。一方面推行公募发行，扩大发行市场，提高资金的流动性；另一方面增发新品种，提供多样化的产品，满足不同投资者的需求，加快资金流转。

四 类资产证券化

类资产证券化实际上是指互联网金融+资产证券化的P2P模式的证券化运作模式。与资产证券化相比，P2P平台类资产证券化并不包含特殊目的载体，因此无法保证信托财产的独立性，在证券化过程中，不能实现"真实出售"，从而无法实现风险隔离的功能。一方面，类资产证券化发行和运作程序简便，有助于丰富客户融资渠道、增强资产流动性；另一方面，由于类资产证券化具有仅是债权的转移，并没有实现真正的"出表"过程，且无法实现风险隔离等缺点，因此面临较大的风险。我国应该更好地平衡金融监管和金融效率之间的关系，在保护投资者收益的前提下，有序推进类资产证券化工作。

（一）类资产证券化的概述

资产证券化本质上是指通过一定手段，增加未来一定时期内预期收入的流动性。与资产证券化相似，类资产证券化在业务模式、交易

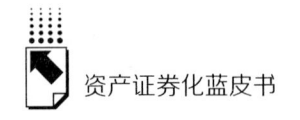

结构等方面也具有同样的特征。类资产证券化是指通过与银行理财产品对接或者是信托公司以私募方式发行信托产品的资产证券化形式。与公募发行的资产证券化相比，类资产证券化虽然规模较小，但是其简便易行的发行和运作程序，不仅有利于通过结构设计和信用增级降低客户的融资成本，而且有助于丰富客户融资渠道，增强资产流动性。

通常来讲，与资产证券化的标的资产相似，适用于类资产证券化的基础资产选择范围较广，主要有金融机构信贷资产、企业应收账款、商业票据、设备租赁收入、基础设施收费权、房产租金收入、旅游景点门票收入等。金融机构、准金融机构、类金融机构将其已有资产通过互联网金融平台进行包装，以多样化的方式进行转让，而广大投资者的收益正是来源于这些资产产生的现金流。

类资产证券化模式可以使各方从经济下行中获益，一方面，当经济出现下行时，部分"存量"金融资产质量下降，带来大量具有价值的不良资产或特殊资产。金融机构将其转让给具有处置资产能力的类资产证券化平台，为这些平台提供基础资产的供给。另一方面，金融机构对资产质量恶化的担忧和"惜贷"心理，也会让其将资产转让给类资产证券化平台，降低表外业务的压力。

（二）类资产证券化的开展

正规的资产证券化流程是对由多笔债权资产构成的资产池进行权益化安排，实质是将债权转让为收益权，供投资者购买。而类资产证券化业务则是通过P2P平台，将一些期限不等、金额不等的资产全部打包，依照债权转让的模式对其进行金额拆分、期限拆分，并没有组建合法的SPV。因此，P2P类资产证券化有很多风险因素。

与通常的资产证券化过程相比，P2P平台上的证券化过程并不包含SPV，因此证券化后，资产并没有从资产负债表中转移出去，因此被称为类资产证券化的过程。在这个过程中，发起人是急需放贷的小贷公司，P2P平台或者是其母公司充当SPV的角色，将这些小贷资产进行打包，并在各地金融交易所登记挂牌，用挂牌的方式进行增信。随后，保理公司购回资产并将资产或者收益权转让给平台进行发售。最后，通过回购的方式来获取投资收益。P2P类资产证券化模式由于不存在信托公司充当SPV，因此在类资产证券化的过程中，网贷投资人直接是债权受让人，一旦小贷公司无法兑付，可以对发起人的其他资产进行追偿。

（三）类资产证券化与资产证券化之间的区别

当前我国类资产证券化业务主要通过P2P平台开展，其与真正意义上的资产证券化还存在一些差距，具体包括以下三个方面。

1. 资产转移和收益实现的差异

通常的资产证券化使发起人控制的信贷资产实现"真实销售"和"破产隔离"，通过SPV使最后的债权人和发起人之间不再有权属关系，而是通过贷款服务机构实现投资收益的管理，因此资产流动是单向的。而在P2P类资产证券化中，小贷公司只是将资产暂时抵押给投资人，投资人最终还需要通过小贷公司的资产回购来获得本息收入，并没有实现"真实销售"，投资人和发起人仍然具有直接的债权债务关系。因此，SPV的设置是资产证券化和类资产证券化存在差异的主要原因。

在不同的监管口径下，我国法律对SPV的发起人有不同的要求。证监会体系下的企业资产证券化要求SPV设立人为证券公司或基金管理公司子公司；银监会体系下的银行信贷资产证券化要求SPV发起人为信托公司；保监会体系下的保险资产证券化要求SPV管理人是有资质的保险公司。因此，在资产证券化的过程中，通过真实销售的方式，原始权益人将需要证券化的资产转让给SPV，实现原始权益

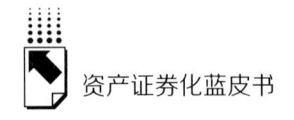

人和信贷资产之间的隔离。而在 P2P 类资产证券化模式中，资产管理公司的主要作用在于将平台、保理公司、小贷公司三者联系起来。因此，这种模式虽然提高了整个证券化过程的运作效率，但是即便设置了三重担保，小贷公司仍旧只是将资产转让给保理公司，作为代理人的资产管理公司并不能起到隔离的作用，更谈不上对风险进行监管和控制，因此存在很大的合规风险。

2. 流通通道差异

在当前法律法规的要求下，能够承销资产证券化产品的是经过国家批准并且具有执业资格的券商，且其所交易的标准化证券产品主要是通过交易所平台进行。而类资产证券化的承销多数是通过网贷平台来实现债权转让，其所交易的产品是非标准化的证券，因此，类资产证券化过程体现的是 P2P 平台和保理公司及投资人之间的中介服务关系，以及保理公司和投资人之间的债权让与关系，这与资产证券化存在流动通道的差异。此外，就流通速度而言，虽然 P2P 平台的类资产证券化模式能够在一定程度上盘活小贷公司的信贷资产、解决部分融资难的问题，但是还达不到资产证券化的效果。

3. 增信通道差异

资产证券化是通过交易所实现交易标准化证券合约，而 P2P 类资产证券化交易的大部分产品是非标准化合约，因此小贷公司无法直接在交易中心发售资产支持证券。P2P 类资产证券化的信贷资产实际上是利用交易所挂牌来实现交易中心背书增信的作用，而不是通过评级机构进行增信，因此与资产证券化相比，交易所对两种证券化起到了不同的作用，从而在本质上区分了增信通道差异。

（四）我国类资产证券化的现状

目前，我国对 P2P 类资产证券化业务的多个领域都有着明确的禁止规定。2016 年 8 月，银监会联合四部委发布的《网络借贷信息中介机构业务活动管理暂行办法》中提出"禁止网贷机构开展类资产证券化业务或实现以打包资产、证券化资产、信托资产、基金份额等形式的债权转让行为"。但是，完全限制P2P类资产证券化产品可能性不大。

复杂、独特的产品设计流程，使类资产证券化很容易忽略对基础资产详细信息的披露，平台交易双方很难建立清晰准确的交易关系。此外，类资产证券化的底层资产虽然满足了小额分散的条件，但是在全部打包的债权转让形式中，仍然会涉及资产信息不透明、资金和资产匹配难以核实、第三方增信等问题，因此存在较大的风险。

由于资产证券化可以盘活存量，实现金融资源的优化配置，而互联网金融行业的兴起可以更大程度地发挥资产证券化降低融资成本、提高融资效率、服务实体经济的作用。此外，通过"互联网+"来实现的类资产证券化渠道还有助于资质较差的客户进行融资，帮助其进行风险资产出表的同时，活跃我国的金融市场，满足广大投资者多样化的投资需求。

我国在推进P2P平台类资产证券化的过程中应该从以下几个方面推进。首先，制定足够的担保措施。由于目前法律对SPV设置的限制，P2P平台还无法实现真正意义上资产证券化的破产隔离。因此，在现有的三层担保的模式下，还应该增加更多的担保机构和层次，确保投资人的资金安全，维护平台自身信誉。其次，提高信息披露透明度。类资产证券化具有复杂、独特的设计流程，往往忽略对基础资产信息的披露。因此P2P类资产证券化模式应该提高透明度，加强线上项目信息披露，增加网贷平台风控部门与广泛投资群体之间的交流，快速发现潜在风险。第三，防止小贷公司道德风险。由于当前小贷公司主要借助P2P平台进行融资，其资产的优劣直接关系到未来证券化产品的兑付风险。一方面，网贷平台与小贷公司合作时要

加强审慎流程，在线下尽职调查，掌握详细信息，避免过度信任带来不必要的风险；另一方面，平台自身还应该加强风险控制能力以及提高投资团队实力，为平台进行类资产证券化业务提供财力支持。第四，增加外部审核。为确保债权的真实性和唯一性，P2P类资产证券化模式还应该实行二次审核，加强外部增信力度。第五，我国当前的法律环境对类资产证券化主要采取限制的态度，应该以引导为主、监管并行，推进资产证券化和互联网金融的有序发展。

五 总结

综上所述，2016年我国的资产证券化市场取得迅速的发展，有利于盘活高风险低流动性资产，优化金融机构的资产负债结构，加快资金回收，提高资金的利用效率，从而大大增强金融机构的经营稳健性。但我国的资产证券化市场毕竟还处于起步阶段，面临着各种挑战，具体如下。

我国的不良资产证券化仍然存在很多问题。第一，数据积累不足；第二，法律、会计以及税收等配套机制有待进一步完善；第三，投资者的成熟度还有待进一步培养。

消费金融资产证券化有助于增强消费金融公司的资金流动性，降低相似金融机构之间的同质化竞争。相比于传统的信贷资产证券化，消费金融资产证券化的基础资产风险更低，更受投资者青睐。但消费金融资产证券化同样面临着流动性风险、管理人风险以及提前偿付风险。

2016年中国的房地产证券化取得了进步，但是总体来说规模还无法满足各种需求，主要是由于当前中国房地产证券化的发展面临如下制约。首先，投资主体缺乏多元化。当前的发行主体主要集中于银行、公募基金、非银行机构，他们互相持有。其次，缺乏制度建设。

从2004年《证券公司客户资产管理业务试行办法》开始,有多项相关政策陆续出台,但是仍然存在微观层面政策不够完善、操作细则和实施要求不够明确等问题,妨碍房地产证券化规范有序地进行。最后,缺乏足够动力。对于商业银行的不良贷款率而言,由于住房抵押贷款不良率在银行各类资产中占比较低,仍属于优质资产,因此,银行更倾向于发行住房抵押贷款支持债券(MBS)。此外,并没有专门的机构来实施债权资产证券化。

由于复杂、独特的产品设计流程,很容易忽略对类资产证券化基础资产详细信息的披露,平台交易双方很难建立清晰准确的交易关系。此外,类资产证券化的底层资产虽然满足小额分散的条件,但是在全部打包的债权转让形式中,仍然会涉及资产信息不透明、资金和资产匹配难以核实、第三方增信等问题,因此存在着较大的风险。

参考文献

[1] 陈柯晔:《浅析P2P平台资产证券化业务中的风险隔离制度》,《上海金融》2016年第7期。

[2] 高蓓、张明、邹晓梅:《资产证券化与商业银行经营稳定性:影响机制,影响阶段与危机冲击》,《南开经济研究》2016年第4期。

[3] 联合资信:《2016年不良资产支持证券市场运行报告及展望》(内部报告)。

[4] 姜建清主编《商业银行资产证券化——从货币市场走向资本市场》,中国金融出版社,2004。

[5]《资产证券化大有可为,应正视发展中的问题》,新华网,http://news.xinhuanet.com/finance/2016-08/26/c_129257219.htm。

[6] 吴晓燕:《我国房地产证券化的障碍与解决对策》,《中国市场》

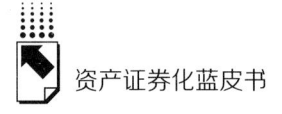

2016年第34期。

[7] 张颖：《论我国实施房地产证券化的必要性与可行性》，《新经济》2016年第24期。

[8] 邹晓梅、张明、高蓓：《美国资产证券化的实践：起因、类型、问题与启示》，《国际金融研究》2014年第12期。

[9] 招商证券：《消费贷款证券化全景解析》（内部报告），2017年1月17日。

B.3
推进资产证券化创新
大力发展标准化公积金 MBS

陈剑 翁文辰 柳煜

摘　要： 随着近年来我国城镇住房市场迅速发展，住房公积金贷款流动性不足问题日益凸显。但是目前公积金贷款证券化还存在各地方公积金管理中心各自为战、发行成本较高、产品标准化程度不足等问题。本文响应中央关于"化解房地产库存"的要求，研究中国的住房金融市场及资产证券化的现状，结合发达国家，尤其是美国在住房领域政策性金融机构建设及按揭贷款资产证券化方面的经验和教训，探讨适合中国国情的住房公积金的标准化资产证券化道路。

关键词： 公积金贷款　基础资产　政策性住房金融机构

一　必要性研究

（一）借鉴美国住房金融市场经验，稳定房地产市场

房地产行业对于我国的宏观经济具有重要意义，目前约占固定资产投资的20%，占城镇居民消费的40%，占地方财政收入的50%，

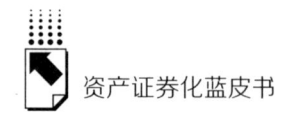

稳定房地产市场是稳定宏观经济的基础。目前房地产业存在一、二线城市房价相对于普通居民收入明显偏高，三、四线城市库存相对于现有居民人口数量明显偏高的问题。成立政策性住房金融机构，推进住房公积金贷款的资产证券化，是目前房地产调控手段的重要补充，从长久来看是以市场手段对房地产行业、居民消费、金融市场以及宏观经济进行干预和调节的主要方法之一。从美国约80年的政策性住房金融机构的发展历史看，资产证券化业务对于美国政府的住房政策乃至宏观经济政策的实施有着重要的作用。

1920年，美国的人口城市率达到51.2%，初步完成了城市化。在整个20年代，美国的经济蓬勃发展，真实GDP由1920年的近7000亿美元上升到1928年的近1万亿美元，1924~1929年住房建设的年开工量也高达近100万套，为20年代头10年的两倍。在这一期间，美国的住房抵押贷款市场几乎没有政府介入，贷款机构五花八门，包括商业银行、人寿保险公司、共同储蓄银行，以及储贷机构。贷款产品也非常不规范，银行和保险机构的贷款常常是30年还本付息，如果是5年到期需要再次融资的阶段性贷款，贷款与房价比通常在50%左右；而储贷机构则可以接受更高的贷款房价比，但是还本付息期限为11~12年，这样月付的压力远高于银行贷款。而购房者为了能够使用足够高的杠杆，往往同时借入这两类贷款。这种贷款在银行收紧信贷，或者房价下跌时有着非常高的再融资风险，并很可能导致最终违约。

随着1929年10月股市崩盘，美国经济很快进入了衰退，并逐渐传染给全世界。世界经济在挣扎两年多以后，进入了更加严重的大萧条。一般认为，美国1929年大萧条的根本原因是产能过剩、分配失衡和过度消费，而胡佛政府在危机刚刚出现后采取的货币紧缩政策，又使得危机变得更加严重。到1930年中，虽然利率已经降至新低，但预期通货紧缩和不愿借贷情绪的持续令消费者开支和投资依然低迷。1928~1933年,美国全国的平均房价下跌了30%,而纽约市的房价则下跌了65%。由于未偿还的债务越来越多,在1930年的前10个月,美国有744家银行倒闭,而整个30年代总计约9000家银行倒闭。到了1933年4月,倒闭的、吊销营业许可的银行产生了约70亿美元的呆死坏账,其中这些住房抵押贷款占了很大一部分。同时,住房建设也在1933年跌到谷底,新房开工量几乎为零,一直到第二次世界大战后才恢复到大萧条之前的水平。在这期间,美国住房的拥有率也大幅下降,由1930年的47.8%降到1940年的43.6%。

为了应对大萧条期间银行不愿借贷、住房抵押违约率大幅上升、住房市场严重萎缩的困境,罗斯福政府在新政时期,于1934年通过了《全国住房法案》,成立了联邦住房管理局(FHA),为符合标准的普通居民住房提供抵押贷款保险,并设立贷款标准,要求还本付息贷款的期限必须高于15年。随后联邦政府又于1938年成立了房利美(FNMA),为地方储贷机构提供流动性资金;并逐步通过金融工程和风险管理技术开发出极大缓解居民借款风险的30年固定利率贷款。到50年代,这种新型贷款已经成为美国住房抵押贷款的标准。在FHA和房利美的推动下,美国的住房拥有率在20年中稳步上升到1960年的61.9%。

在另外一位民主党总统约翰逊的"伟大社会"计划期间,为进一步推进鼓励自有住房的住房政策并处理后期城市化中出现的问题,联邦政府于1965年成立住房及城市发展部(HUD),接手管理FHA和房利美。1968年房利美私有化过程中HUD接受拆分出来的吉利美(GNMA),并率先于1968年开展了住房抵押贷款的证券化业务。1970年,国会立法成立了房地美(FHMLC),以期与房利美展开竞争,避免其一家独大。1971年,房利美发行了自己的第一单住房抵押贷款过手证券;1981年,房利美发行首单证券化产品,并正式命

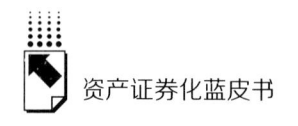

名为住房抵押贷款支持证券（MBS）；1982年，房地美发行了首单住房抵押贷款衍生证券（CMO）。

在同一时期，联邦政府的一系列政策也使得住房抵押贷款证券化产品受到追捧。1977年，美国银行发行了第一单私有机构证券（PLS）；1983年，联邦储备委员会允许做市商使用过手MBS作为保证金账户质押；1984年，联邦政府通过立法，同意大部分银行和养老基金直接投资评级为AA以上的私有机构MBS，并视其等同于联邦债券和财政部债券（国债）。1986年的税务改革法案专门允许房地产抵押贷款投资通道免税，以方便成立SPV发行MBS过手证券。1992年，国会通过《住房及社区发展法》，成立监管两房的专门机构，并要求HUD对两房的低收入住房份额设立政策目标。至此，美国的住房金融市场基本成为三驾马车并驾齐驱的格局。

- 两房：主要占有中等收入优质贷款市场，占市场份额50%左右。
- FHA+GNMA：主要占领首次购房、低首付贷款市场，占市场份额10%左右。
- 商业银行：主要占领不符合两房标准（包括大额、次贷、次优、自持有）的贷款市场，占市场份额40%左右。

两房虽然是名义上的私有机构，但与联邦政府依然保持着千丝万缕的联系。他们凭借政府的隐性担保，以及远远低于普通银行的融资成本，开始了几乎不受限制的进一步扩张。

- 1992年，房利美成为最大的房屋抵押贷款证券发行商。
- 1992年，国会通过立法，要求两房支持中低收入者的房屋抵押贷款，目标由33%逐年增加到55%（2007年）。
- 1999年，两房开始逐渐降低贷款要求，并进入高风险贷款市场。
- 2003年，两房总共发行将近2万亿美元的房屋抵押贷款证券，超过美国当时全国债市存量的10%。

随着两房的高歌猛进，公司治理的问题也浮现出来，从 2004 年起，管理层几乎是一个接一个地犯下严重的错误，又恰逢美国有史以来最大的房地产泡沫破灭，于是在短短的四年时间之内就被政府接管。

- 2004 年，两房被查出存在重大会计违规，高层换血，新上台的管理层为了创造业绩，开始激进地进入高风险信贷业务。
- 2005~2007 年，两房加快进入高风险市场，并购买大量次贷抵押证券。
- 2008 年，两房由于资不抵债被政府接管。

两房的原罪何在呢？当其由政府拆分出来，但还保留着种种特权，又被赋予了私营企业逐利的使命的时候，也许就注定了这个结局。我们可以看到，当房利美作为政府的一个部门，仅有一些特定功能的时候，基本还是工作良好的，而且也有不错的金融创新业务，满足市场和消费者的需要。而一旦独立，就如同有了自己的生命，由手段变成了目的，他们的目的就是自身的存在和生长。如果是完全的私有化，而没有政府的隐性担保或者种种优惠，两房也许会在成长到一定规模之后，寻求分散风险，开拓新的业务。但是他们不能，因为政府在给好处的同时，也给了锁链：只能做房贷业务，只能做美国市场，只能做二级市场，必须满足中低收入者贷款的份额。在这个条条框框里，为了逐利只能尽量扩大市场份额（在高峰时，两房的房贷占全美房贷的 50% 以上），进入高风险房贷市场（同时满足高收益率和中低收入者贷款份额要求），而这两者就如同毒品一样上瘾，在尝到了甜头之后欲罢不能，至于是否会带来长期的系统性风险，已经不是管理层首要考虑的问题了。

在 2008 年被政府接管之后，两房几乎完全失去了独立性，又成为政府拯救和调节房市的手段。此时，私有贷款市场几乎完全枯竭，超过 90% 的新增贷款都是由两房和 FHA 担保，也就是政府保险。即便如此，美国全国的房价在2006年泡沫破灭之后还是下跌了33%，甚至超过大萧条时期。但由于政府的深度介入，房价在2012年终于实现了反弹，当然目前尚未恢复到危机爆发前的水平。当房市逐渐稳定，美国政府也意图逐步减少两房的市场占有，而由私有投资者来承担更多的风险。当然，目前两房加上FHA担保的贷款，总共约6万亿美元，占全美房产抵押贷款的60%左右，退出的过程将是漫长并充满不确定因素的。

由两房的历史可以看出，他们在成立之初，为了应付私有银行业无法有效应对的风险，确实做出了不少的创新和贡献。但是随着私有化的完成，公私使命的模糊和追逐利润的天性，在美国的房市泡沫中起到了推波助澜的作用。在危机之后，两房又在联邦政府的直接管理下，继续为市场上的抵押贷款提供担保及流动性，阻止了房价的进一步下滑和危机的深化。尽管全美的房价下跌超过了大萧条时期，但是银行的破产率及失业率都远远低于大萧条时期的指标。不少经济学家认为，如果在金融危机期间，美国政府不能通过两房及FHA为房地产市场持续提供背书，那么房价下跌的幅度将远远超过大萧条时期，而房地产市场的回暖也会大大长于这次的五年时间。

反观商业银行，虽然在所有住宅抵押贷款的存量中占有比重约40%，但是逐利的本性使得他们无法逆周期操作。他们在房价泡沫期间大肆扩张信贷，发放了大量的不合格住房抵押贷款，在房价下跌期间又极度收紧信贷，本质上会使得泡沫更加庞大，而崩盘更加痛苦。因此无法通过传统的银行等金融机构来稳定房地产市场，必须成立专门的政策性住房金融机构才能更好地通过贷款政策、流动性操作、风险管理来稳定住宅房地产市场。但是，在建设过程中，如何能够保证这类机构满足政策监管，而不是盲目做大、在市场逐利，是监管部门必须严肃考虑的问题。

（二）满足新城市居民的住房融资需求，化解房地产库存

如果说在房价大幅下降时期，通过政策性住房金融机构为住房按揭市场持续提供流动性，稳定房地产行业是"未雨绸缪"的话，那么通过资产证券化来化解当前房地产的高库存，已经是"刻不容缓"的任务。

自2003年以来，我国城市商品房市场持续高速发展，城镇中高收入家庭已基本解决住房问题，住房条件得到明显改善。根据西南财经大学对中国住房金融的调查，截至2014年3月，城镇居民住房拥有率高达89.2%，远远高于国际平均水平60%左右的标准；2012年城镇人均住房面积达到了33平方米，与发达国家在相同发展水平时期的数据相比，也毫不逊色。进一步消化房地产库存，必须着力扩大住房消费群体，由现行的城镇居民转为进入城镇就业的农民。2012年，中国的城市人口占比为51.3%，基本上完成了城市化的初级阶段。预计在2032年城市人口占总人口的比例将高达75%。解决新城市居民的住房融资缺口问题，应该是建立政策性住房金融机构的一个首要目标，同时也是新型城镇化的内在要求。进城而不能定居，必然是在城乡之间来回摆动，形成庞大的流动人口，既不利于城镇现代化，也不利于建设大规模集约化的新农村。目前这些流动人口收入水平低，个人信用不足，购买住房需要贷款支持，而商业银行贷款利率较高，他们将面临高房价和高房贷的双重压力，从而导致住房需求不足。

为化解库存，需要通过向这一类购房者提供低息贷款的方式，提升住房需求。目前住房公积金贷款是唯一低息贷款。与低息贷款的强劲需求相比，住房公积金贷款供给能力不足，流动性普遍偏紧，很多地方公积金中心无钱可贷。《全国住房公积金2015年度报告》中的数据显示，在全国31个省区市中，天津的个贷率已经超过100%，

而上海、江苏、浙江、福建、贵州等地也都超过了95%，资金压力显而易见。由于各地的经济发展及城市化程度不同，公积金的资金利用极不平衡，比如山西、黑龙江、西藏、陕西、甘肃、青海等地区的个贷率都在60%左右，甚至更低，在目前的公积金管理体制下，无法自由流动，这也导致资金利用效率的低下：需要贷款的地方没有钱，而有资金的地方无法贷款。

如能通过贷款资产证券化方式，将住房公积金贷款资产转化为证券，不仅可以在资本市场出售给普通机构投资者，也可以由资金富裕的公积金中心认购，获得超过国债水平的收益。所获资金继续用于放贷，则将从根本上解决住房公积金流动性问题和使用效率的问题。不无巧合的是，美国的住房金融机构的建设，也是在城市人口占比刚刚超过50%的20世纪30年代。1930~1960年的30年间，美国的城市人口比例由51.2%增长到64.7%，而住房自有率也由47.8%增长到61.9%。在这期间，美国人口大幅度增长，城市化进一步深化，基本没有出现住房资金短缺的问题，当时的FHA和房利美功不可没。

（三）提供租房机构融资需求，建设租售并重的住房市场

2016年5月4日，国务院总理李克强主持召开国务院常务会议时提出，培育和发展住房租赁市场措施，推进新型城镇化，满足群众住房需求。随后国务院办公厅下发了《加快培育和发展住房租赁市场的若干意见》。文件提出，到2020年，基本形成供应主体多元、经营服务规范、租赁关系稳定的住房租赁市场体系。而建设政策性住房金融机构，也可以给租房机构提供融资，减少其资金压力，加快规范性租赁市场的建设速度。

目前中国已经出现了租赁住房机构，但是由于缺乏长期融资工具，扩张基本上只能依靠自有资金或者股权融资，成本过高，不利于

物业的购置和长期持有。在美国的两房和 FHA，除了针对普通购房者的住房抵押贷款担保和证券化服务，都存在一个比较鲜为人知的部门，称为多户住房部门，专门针对出租住房的建设和经营机构提供类似的服务，这也是两房的商业抵押贷款支持证券（CMBS）的一部分。比如，房地美从 1993 年起，为住房出租机构提供了总共 4100 亿美元的贷款。

联邦政府也往往通过对两房的直接政策指引来控制住房租赁市场的融资额。比如，在 2016 年，两房监管机构联邦住房金融管理局（FHFA）为了促进住房租赁市场融资，就把两房的多户住房贷款总额限制由 310 亿美元提高到 350 亿美元。在金融危机之后，美国租赁市场迅速回暖，空置率由 2010 年的近 8.0% 降为 2016 年的 4.5%，而租金则由 970 美元稳步上升，充分表明了政策指引对于租赁住房发展的显著作用。

（四）促进国内债券市场的发展，稳定人民币汇率

目前国内资产证券化市场刚刚起步，虽然已经有了不少发展，在 2016 年底存量超过 10000 亿元，但是和发达的资本市场相比，还存在不少差距，主要存在种类繁杂、结构简单、分散程度不够、发行主体与基础资产风险隔离不清等问题。同时，2016 年全年资产证券化产品发行，虽然同比增长 37.32%，但信贷 ABS 的发行仅有 3868 亿元，同比反而下降了 4.63%。说明在资产荒的情况下，银行不愿意提供自持的优质资产进行证券化，也很难对信贷 ABS 进行标准化发行。

目前国内的 ABS 市场的风险定价不够透明，定价差异严重（如在 2016 年信贷 ABS 优先 A 档证券最高发行利率为 4.70%，最低发行利率为 2.45%，差距为 225 个基点，而全年累计平均利率仅上行 71 个基点；企业 ABS 优先 A 档证券最高发行利率为 8.5%，最低发行利

率为2.31%，差异为619个基点，而累计平均利率仅下行39个基点）；二级市场不活跃（如2016年，即使是信用资质较好的信贷ABS，换手率也仅有24.93%，远远低于2016年债券市场187.87%的整体换手率），这样也无法保证ABS市场的长期健康发展。在与业界人士的讨论中，一个集中的问题就是缺乏标准化的、小额的、分散度高的低风险基础资产。而住房公积金贷款恰恰是这样一种基础资产，推进公积金贷款的资产证券化无疑能够促进我国的ABS市场的标准化、透明化建设。

同样，推进发行公积金贷款ABS也能够促进整体债市的发展。在发达的资本市场中，债市直接融资比例一般较高，比如美国的债市在整体信贷中占比达62.9%，占GDP的219%；而中国对应数据分别为34.6%和72.4%。在美国的债市中，资产证券化的比重也较高，其资产支持证券占整体债市的24.1%，占GDP的52.7%；而在中国的债市，对应比重分别是1.01%和0.73%。随着金融机构的脱媒和企业直接融资比重的增加，中国的债市将继续增长。但是目前债市缺乏介于国债与公司债、信用债之间的低风险标准化债券产品，而在美国，这一空档是由联邦机构按揭支持证券（Agency MBS）满足的。公积金贷款ABS应该可以满足这一区间投资者的需求。

随着美国量化宽松政策的结束和美元利率的上升，美元的强势周期的到来已经不可避免。而美元的强势，不仅仅体现在美国国债成为各国央行的标准外汇储备，也在于美元计价的Agency MBS几乎成为美元国债的替代品，受到各国央行的青睐。而美联储最近声称将出售部分MBS，在国际外汇市场上引起不少波动，也表明MBS操作成为美联储货币政策的新武器。对于中国政府而言，在海外发行人民币计价的公积金贷款ABS，并交易这类ABS，将有助于有效管理人民币汇率的预期，以及人民币资产回报率的预期。

综上所述，通过回顾美国住房金融市场的经验和教训，成立政策性住房金融机构并推进公积金贷款证券化,可以起到稳定房地产市场,化解房地产库存,推动住房租赁市场建设,发展我国债券市场的作用。我们将从公积金贷款的需求、资金供给、投资者接受程度、基础资产特性四个方面来阐述这项改革措施的可行性。

二 可行性研究

(一)对公积金类低息住房贷款的需求巨大

在未来中国城市化进一步深化,城市人口进一步增加的情况下,对于新增住房和改善住房的金融服务要求会进一步提升。假设城市人口比现在增加25%,新增城市居民近3.25亿人,近1亿户,如果有一半新居民需要购房,那么就需要为5000万户提供住房贷款。假设住房均价为100万元,贷款房价比为70%,则总共需要提供近35万亿元的贷款。如果考虑另外为新居民提供租房的融资需求,则数字还会更高。这部分新城市居民的住房和租房需求一般都属于自住型需求,投资、投机的可能性不大,应该在融资上给予低息贷款的支持。

目前住房抵押低息贷款的渠道非常有限,基本上只有住房公积金贷款一种,其贷款利率比商业银行普通贷款利率低1.4%～1.9%。在目前这种公积金管理情况下,资金不能在区域间流通,不少大城市、沿海发达地区的个贷率已经超过100%,资金压力非常大。为了给城市未来的新居民提供自住型住房的低息贷款,对现有公积金制度的改革刻不容缓。而设立政策性住房金融机构,推进住房公积金贷款的证券化,无疑可以起到相当大的作用。

根据美国的经验,两房对大多数中产阶级提供的抵押贷款,其利息低于商业银行住房贷款的0.40%～0.60%。而FHA为首次购房者提供的贷款,其利息低于类似的次级贷款的2%～6%。当然,这种

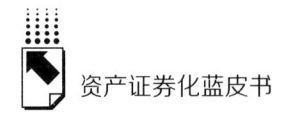

贷款是要满足一定条件的，比如两房的贷款要求至少20%的首付、工作证明、良好的信用记录以及低于41.7万美元的贷款额度；而FHA贷款虽然对于首付的要求仅有3%，但是其他的条件也要基本满足。新成立的政策性住房金融机构，可以通过提供低息贷款，并制定贷款标准，占领相当份额的市场，并制定游戏规则。

由这类政府机构或准政府机构制定贷款标准，有利于帮助中等收入或中低收入居民降低融资成本，抑制投机行为，降低房地产市场风险。不在两房和FHA业务范围之内的其他住房抵押贷款，比如次贷，则倾向于出现滥用金融工程技术，设计高风险产品，实现监管套利，增加系统性风险的问题。2004~2007年，为了满足监管的房贷月付不能超过收入一定比例的要求，次贷的发放银行纷纷修改次贷产品，使其具有非常低的初始利率，以满足监管要求，但是利率会在未来2~3年内迅速上调，借贷人的财务状况随之恶化，导致2007~2008年次贷危机全面爆发，而监管部门一直到2007年才修改了监管条例，以避免这种高风险产品的泛滥，但是为时已晚。

（二）目前公积金资金供给不足，可通过证券化进行融资

按照上节的估计，2016~2032年，为满足新增加的城市居民的住房要求，每年新增贷款估计在2万亿元左右，但是据2015年数据，目前公积金的年缴存余额约为1.5万亿元，发放贷款约为1.1万亿元，如果需要直接从现有公积金余额进行融资，资金缺口将十分巨大，而商业银行的贷款利率较高，亟须寻找新的成本较低的融资渠道。

一旦成立政策性住房金融机构，并加大发行公积金贷款支持证券，则可以从两个方面解决融资问题。第一个融资渠道是通过资本市场直接发行债券，并通过购买公积金贷款给公积金中心提供流动性；第二个融资渠道是把分散化的公积金贷款打包成为资产支持证券，通

过公开市场发行来回笼资金。这类具有政府背书的债券及 MBS，可以作为国债，政策性金融债的有益补充，通过直接债券市场融资为特定的住房金融市场提供流动性。

在美国的 39.9 万亿美元债券市场上，两房发行的联邦机构债在 2015 年底约为 2 万亿美元，占比为 5%。这种联邦机构债，由于信用风险与国债几乎等同，发行成本极低。而两房和吉利美发行的 MBS 总量约为 7 万亿美元，占比为 17.5%。在美国资本市场上，以两房及 FHA 担保贷款作为基础资产的 MBS 价格一直与国债相差不大，其期权调整溢价（OAS）长期保持在 10~20 个基点，有时甚至为负。说明资本市场对这类具有稳定现金流，以及政府担保的贷款具有非常高的信心。

（三）中国资产证券化市场初具规模，投资者高度认可公积金 MBS

通过 2005~2015 年的发展，中国的资产证券化市场经过了试水（2005~2008 年）、暂停（2009~2011 年）、重启（2012 年至今）三个阶段。发行量也由 2005 年的 72 亿元迅速增加到 2015 年的 4056 亿元。目前资产证券化一级市场已经初步形成，二级市场蓄势待发。

投资者对于公积金贷款类基础资产高度认可，认购积极踊跃。2016 年 3 月，银行间市场发行的武汉公积金中心的证券化项目，发行非常成功，全场认购倍数是 6 倍，七年期债券发行利率为 3.95%，创下全市场同期限发行最低纪录。上海公积金证券化产品"16 沪公积金 2"的优先级利息仅为 3.25%，又创新低。可见市场高度认同公积金 MBS，并愿意以极低的风险溢价购买。

同时，目前市场中 MBS 的投资者相对单调，基本上以银行为主，投资方式也是持有到期。在未来可以通过引入做市商，开放养老基金、保险金入市，提高公积金 MBS 的流动性，进一步降低融资成本。

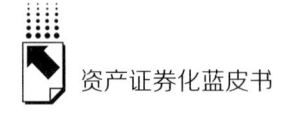

美国的 MBS 投资者种类非常多，包括两房自身、银行、养老基金、退休基金、保险基金、捐赠基金、共同基金、套利基金、主权投资基金，以及美国的央行自身，也成为许多国家央行优先选择的外汇储备投资。政府背书的 MBS 之所以被这么多投资机构青睐，主要是基于以下属性：

• 通常高于国债的回报：虽然具有与国债相差无几的信用风险，但是 MBS 一般具有高于国债的回报，这主要是为了补偿其提前偿付风险；

• 与其他风险资产的低相关性：根据投资理论，投资在低相关性的资产类别上可以有效地降低风险；

• 优异的流动性：由于发行量大，产品极为标准化，两房及吉利美的 MBS 具有优异的流动性，每日的交易额在 2000 亿美元以上，而买卖价差通常在 1~3 个基点；

• 极低的信用风险：吉利美的 MBS 具有美国政府的信用，而两房的 MBS 具有几乎和美国政府一样的信用，在市场寻找优质的低风险资产的时候，自然成为投资者的首选。

由此可见，随着政策性金融机构的设立，其发行的 MBS 也就有了中国政府的背书，不但会成为国内众多投资机构资产配置的必要选择，也可以通过发行海外人民币计价的 MBS 成为希望配置人民币资产的海外基金的必然选择。在目前众多发达国家保持零利率甚至负利率的情况下，目前的公积金 MBS 发行利率还是很有竞争力的。

（四）公积金贷款的质量优秀，可望成为未来资产证券化市场主力

虽然我国的资产证券化市场最近两年有了非常快速的发展，但是目前也存在不少的技术性问题，主要是：

• 创新偏向资产类别，产品结构设计过于简单；

• 业务偏向发行，二级市场流动性不足；

- 投资者数量虽然增加，但种类构成单调；
- 银行、券商主导，参与专业性机构不足；
- 专门系统、信息支持、相关人才缺乏。

随着经济下行压力增大，优质资产难以获取，银行系统对进一步推进信贷资产证券化的动力是比较小的。最新统计数据显示，截至2016年6月13日，信贷资产证券化的发行量仅为1270亿元，远远低于2015年的4056亿元的水平。伴随着经济形势的恶化，以及以上提到的技术性难题，我国的资产证券化市场存在停滞的风险。

可喜的是，公积金类的资产证券化产品2016年上半年的发行量已经达到390亿元，远远超过2015年全年的104亿元的水平，表明许多地方的公积金中心都意识到了目前存在的资金压力，并积极通过资产证券化在资本市场寻求新的融资渠道。但是，应该看到，目前各单公积金贷款MBS的发行还存在极大的差异。

- 各地发行量高度不平衡。比如上海公积金中心2016年发行的三单MBS就达到311亿元，占全国发行量的80%左右；
- 结构差异较大。比如广厦一号盐城公积金MBS的次级高达53.16%，其他次级为5%~7%不等；
- 价格差别较大。比如兴乾五号滁州公积金MBS的优先级利率为4.28%，而几乎同时的沪公积金2016年第一期MBS利率则为3.65%，利率差别为0.63%。

目前各地公积金中心发行的MBS差异较大，定价范围较宽，应该可以通过政策性金融机构的设立得到妥善解决。据公积金贷款的数据披露，信贷管理都初具规模，逾期及违约率都非常低，信用风险可控，适合成为资产证券化的标准资产。截至2015年底，公积金贷款逾期率为0.01%，风险准备金率则接近3.77%。这种逾期率远远低于两房在次贷危机爆发前的1.0%左右的水平，两房的贷款逾期率在2011年曾经达到7.0%的高点，而两房的风险准备金率大约是

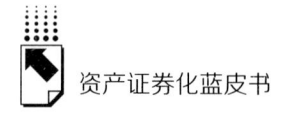

2.75%。由此可见,目前我国公积金贷款的逾期率只有两房在正常商业周期的1%,而风险准备金却是两房的137%,因此设立中国的政策性住房金融机构的信用风险要远远低于两房在鼎盛时期的信用风险。

根据美国的经验,设立专门机构发行MBS,可以起到以下作用。

• 建立贷款审批标准:目前美国的住房抵押贷款标准基本由两房和FHA制定,即使是银行自持贷款,也会通过两房的自动审批系统进行风险评估,进行风险控制。

• 建设统一发行平台并制定产品设计标准:在美国的MBS市场上,房利美的MBS发行量是房地美的两倍,但是交易量是房地美的10倍,因此具有更好的流动性溢价。最近两房的监管机构推动两房设立了统一的证券化发行平台,以去除额外的房地美MBS的流动性溢价,达到降低其融资成本的目的。

• 设立统一的信息披露标准:两房一直通过其资产证券化平台披露资产池的一些统计信息。在2005年之后,开始逐步披露基础贷款信息,包括入池时的静态信息,以及后续表现信息。更加公开透明的信息披露,可以有效缓解发行方和投资人的信息不对称问题,避免劣币驱逐良币,从而提高投资者定价水平,发展二级市场交易。

在美国的资产证券化市场中,两房及GNMA发行的MBS,占全部MBS的82%,占全部ABS/MBS市场的72%,占据绝对的优势地位。这不仅仅是由政府背景,同时也是由规范的标准化,以及充足的信息披露所决定的。我国建设政策性住房金融机构,完全可以采取类似的标准化措施,充分披露信息,提高流动性,推进二级市场发展,并成为未来中国ABS/MBS市场的主力。

如上所述,从未来城市化的趋势以及新城市居民的住房需求预测,对于公积金类低息住房抵押贷款的需求会保持强劲;目前以职工缴纳公积金的主要融资方式无法提供足够的资金供给，发行 MBS 以及住房金融债券可以有效拓宽融资渠道；在资产证券化市场已经初步建成的情况下，投资者对于公积金 MBS 接受程度相当高；住房公积金量化的基础资产特性使得公积金 MBS 具有成为标准资产证券化产品，并迅速拓展二级市场的潜质。从这四个方面，我们认为建设政策性住房金融机构，推进公积金 MBS 已经具备良好的条件，下面我们将通过方案选择、机构建设、通用流程，以及法律、税收、市场环境的建设来阐述推进这项改革措施的实务操作。

三 操作实务前瞻

（一）机构设置及产品设计方案建议

通过对以美国为代表的发达国家的住房金融体系和资本市场的研究，可以发现住房抵押贷款的资产证券化可以起到打通房市与股市、债市，连接投资者和消费者的作用，其中常见的资产证券化方式包括以下几种。

方式一：由政府直接提供贷款保险及证券担保的资产证券化方式（美国 FHA + GNMA）；

方式二：由政府支持企业（GSE）提供贷款保险及证券担保的资产证券化方式（两房）；

方式三：无政府担保的私有机构资产证券化（PLS）方式（美国次贷、次优、大型贷款）；

方式四：由银行提供担保的抵押贷款支持债券（欧洲的 Covered Bond）。

其中方式一主要转移了住房抵押贷款的利率风险及早偿风险，但由 FHA 保留原始贷款的信用风险，由 GNMA 提供债券担保。方式二与方式一基本一致，但由于两房具备发债能力并管理自有投资组合，还可以通过直接投放资金，交易 MBS，收取贷款保险费用等方式调节市场供需。方式三同时转移了市场风险和信用风险，通过债券的内部优先劣后分层结构和外部机构担保来提供增信，市场投资者需要对市场风险和信用风险同时进行定价。方式四在银行内部保留了大部分早偿风险和全部的信用风险，而投资人基本上只需为利率风险和银行的信用风险定价。

这四种方式中，方式一的运行时间最长，自 1934 年成立以来，已经为美国 3400 万户家庭提供了低息贷款，并且也是美国联邦政府唯一通过收取保险费用自负盈亏的机构。方式二对于政府支持企业的监管要求较高，同时要极力遏制这类准私有企业的追逐市场盈利的行为。方式三完全由私有机构主导，纯粹以逐利为目标，不适合住房抵押贷款的主体，但可作为住房金融市场的必要补充。方式四对银行管理风险和承受风险的能力要求非常高，对于大规模的住房金融市场作用有限。

应该看到，美国的政策性住房金融机构的设立，并不是一个深思熟虑的顶层设计的结果，只是为了应付当时住房金融市场的实际问题。比如 FHA 就是为了缓解储贷机构不愿意发放贷款的问题，而成立并提供贷款保险的；房利美是为了给储贷机构提供流动性而建立的；吉利美是在房利美私有化时拆分出来提供政府担保的 MBS；房地美是为了避免私有化之后的房利美一家独大，过于垄断而设立的。某些机构在完成了其历史使命之后，也往往被解散，或者功能、人员并入新成立的机构。比如 1932 年成立的联邦住房银行委员会，在 1989 年的《金融机构改革法案》后即被废止，其功能被新成立的联邦住房金融委员会接收。

从这个意义上说，因为历史和现实情况与美国不同，目前我国公积金贷款并不存在严重的信用风险，而资金供给不足的问题更加迫切,因此我们没有必要直接复制美国的政策性住房金融机构;同样,也无须根据不同的功能,设立不同的机构,可以成立单一的机构,实现以下功能。

- 制定贷款发放标准,为公积金贷款提供保险;
- 统一发行公积金 MBS 并提供担保;
- 发行政策性住房金融债,为特定住房金融市场提供流动性;
- 持有一定的 MBS 资产,通过交易 MBS 和债券进行市场调节。

这类机构的所有权,最佳的方案是政府独资或控股,并具备极高的信用等级,这样才能具备足够的资质发行低成本的债券;而发行的 MBS 产品,也可以通过双重保险,获得市场的认可,获得尽量高的市场估值。

这类机构发行的 MBS 产品,应该尽量以过手型证券为主,而非目前流行的结构化产品,这样可以减少不必要的次级增信,增加发行额度,回收更多资金。至于在美国比较流行的本息分离证券以及期限重新划分证券等衍生债券,可以根据市场的实际需求,先做试点,成功之后再加大发行力度。

(二)监管机构方案建议

设立单一的政策性住房金融机构,并不意味着这家机构可以享有极大的权力。恰恰相反,一定要有严格的监管措施,否则有可能造成严重后果。在美国的住房金融监管政策中,就曾经出现过非常严重的失误,比如前文中所提到的对于次贷产品的监管,因为一直归力量比较薄弱的储蓄机构管理局(OTS)负责,结果出现了监管政策出台的延误。

而两房的金融安全归联邦住房企业监督办公室(OFHEO)监管,中低收入住房目标归住房及城市发展部(HUD)监管,这样就造成了令出多门、目标冲突的问题。而由单一机构实施监管比较容易目标

统一和有效监管。

目前美国这类具有系统重要性的金融机构需要经过央行的政策指引和压力测试,而具体的技术性监管由直接对口的监管机构负责,比如银行由美国货币监理署(OCC)及联邦存款保险公司(FDIC)负责;证券交易由SEC负责;两房及12家住房贷款银行由FHFA负责;信用合作社由国家信用社管理局(NCUA)负责。由此看来,我国的政策性住房金融机构也需要由央行主导,再成立专门对口机构进行技术性监管。

监管的主要内容应该包括:

● 对该政策性住房金融机构的金融相关风险进行审核,包括市场风险、信用风险、运营风险、流动性风险、模型风险等,并在央行的指引下,进行综合压力测试;

● 确定住房金融市场的参与力度、服务对象,比如应该主要针对首次购房者提供服务,还是包括改善性购房;是采取担保费用统一定价,还是进行风险定价;

● 对新的信贷产品进行审核,确保其安全性,并且不会伤害消费者利益,比如是否可以发行30年固定利率贷款、反向贷款等。

对于这类政策性住房金融机构,以及监管机构建设的技术性指导,可以参考美国两房、FHA及FHFA的现行政策、规则加以制定,可以考虑聘请类似机构的高管为咨询顾问。

(三)MBS发行前、发行中、发行后通用管理流程探讨

在这部分中,我们具体讨论通过设立政策性金融机构,推进公积金贷款资产证券化的通用流程,这一流程通常包括发行前的准备工作,发行过程,以及发行后的管理工作。

1. 二级市场准备工作

在此类住房金融机构首次发行具有国家信用背书的MBS之前,

需要进行以下的一些准备工作。

- 贷款参数：确定利率、摊销方式、付款频率、期限；
- 审批标准：确定首付比例、贷款房价比、征信条件、贷款保险要求；
- 法律问题：确定违约仲裁场所、放贷人权利、借款人权利；
- 税务问题：过手型债券是否可以做到税务中性，避免多次征税。

2. **贷款的准备、发放与转移**

在确定了上述准备工作之后，还要进行贷款的准备、发放与债权转移。

- 整合信息系统，统一贷款交易数据；
- 实施自动审批系统，准备发放贷款；
- 筹集资金，买入合适的远期合同以避险；
- 贷款由初级市场放贷人发放给借款人；
- 贷款债权由初级市场放贷人转移至二级市场发行人。

3. **公积金 MBS 发行**

公积金 MBS 的发行过程相对简单。由于这类产品具有高度标准性，无须进行反复的投行承揽、承做、承销业务，可以大量节约发行成本，但是依然需要准备以下环节的工作。

- 发行信息披露；
- 发行说明书准备；
- 以拍卖或者认购方式进行发行。

4. **发行后管理**

在 MBS 发行之后，还需要与以下的相关机构协调，做好发行后管理工作。

- 服务机构：管理贷款，提供后续信息披露；
- 托管机构：现金流归集和分配，资产池信息披露；
- 投资人：收到现金流，根据新的估值选择处置方式。

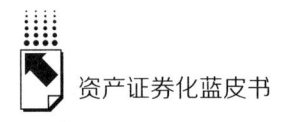

（四）立法、监管以及市场准备探讨

在这部分中，具体讨论通过设立政策性金融机构，推进公积金贷款资产证券化过程中的立法、监管及市场准备。

1. 立法环境

在立法环境上，应该考虑为资产证券化制定专门的法律法规，以达到以下目的。

- 税务优惠：一般而言，对于过手型资产证券化产品，应该遵循税收中性的原则，避免多重征税；
- 债权归属：根据真实交易和破产隔离的原则，应该简化资产证券化过程中债权的转移；
- 法拍程序：在贷款发生违约时，抵押品的处置和流程应该有清楚的法律程序。

2. 监管环境

如前面所述，对于这类住房金融机构的监管是不可忽视的任务，建议在央行的指引下，设立专门机构进行监管，并完成以下任务。

- 制定监管条款，包括监管使命、细则和指标；
- 人力及技术资源建设：监管机构也需要有极高的技术性，才能对这类复杂的金融机构进行合格的监管；
- 增加透明度：监管机构应该及时披露这类住房金融机构的运行状况，以及存在的风险。

3. 市场环境

为了完善市场环境，增加投资者的信心，需要在证券化的同时完成以下事项。

- 消费者信贷教育：对消费者提供足够的教育，让他们了解到不同贷款类型的对应风险；
- 征信报告系统：作为现代消费金融的基石，完善的征信系统应该是贷款发放、证券化产品信息披露的必备基础；

• 住房估值系统：高效的住房估值系统，可以提供及时、准确的抵押品信息，对于 MBS 产品的现金流预测，违约处置必不可少；

• 二级市场支持体系：这点主要是强调需要建立基本完备的信息系统和具有一定流动性的资本市场。

在建立政策性住房金融机构并扩大发行规模之前，需要做很多具体的准备工作和基础设施建设，不能摸着石头过河，遇到问题再研究解决，一定要汲取发达国家尤其是美国在这方面的经验和教训，才能事半功倍。千里之行，始于足下。当然也不能因为这是一件极大的系统工程，而畏难不上，错失良机。

四 总结

美国的住房金融体系形成及资产证券化的发展历史表明，个人住房抵押贷款是一种特别的消费金融产品，含有杠杆比高、期权特性、还款周期长等特点。如果没有政府的介入，完全依靠商业银行提供住房抵押，其顺周期操作容易加剧房地产周期的波动，同时也容易引发金融系统的不稳定。20 世纪 80 年代，日本房地产出现泡沫，其根本原因是政策性住房金融供给不足，基本让位于市场，在低利率的催生下产生泡沫，后来的快速加息致使泡沫破灭。同样，2004～2007 年，受到政府较少监管的美国次贷市场在低利率和高房价的预期下迅速膨胀，进一步推高房价，最终在央行的迅速加息政策下，房市泡沫破灭，并导致全球金融危机。

当前，中国经济面临极大的下行压力，稳定房地产市场变得格外重要。对于城市的住房市场来说，一方面是房地产的高库存亟须消化，另一方面是尚未完成的城市化需要为新城市居民提供低成本的融资渠道。现有的公积金贷款体制已经无法满足居民的住房贷款要求，

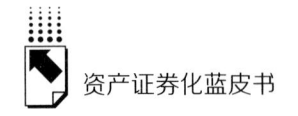

在此情况下，为有效管控风险，降低发行成本，发挥规模效应，应设立全国性的政策性住房金融机构，专门从事公积金贷款的收购、打包、增信和发行等证券化业务。

根据美国两房和 FHA、吉利美的经验，这类国有的住房金融机构，不但可以为居民购房提供低成本的融资渠道，也可以为房屋租赁机构提供低息贷款，从而促进住房租赁市场的建设。这类以租赁物业为抵押的贷款，同样可以通过证券化的方式进行资本市场融资。而一个高效、发达的住房租赁市场，也可以有效地抑制房价的泡沫化，并满足中低收入人群的住房消费需求。

美国联邦机构发行的 MBS，不但可以为住房、租赁市场提供流动性，稳定房地产市场，而且由于其回报较高、流动性好、无信用风险、与其他资产的相关性低等特性，已经成为众多机构投资者资产配置和国外央行外汇储备的必备选择。同时，美国央行通过购买、出售联邦机构 MBS，可以作为除利率调整，准备金率调整之外的货币调控手段，直接干预美元资产的供求关系。在中国设立类似的政策性住房金融机构，并发行具有政府信用背书的公积金 MBS，同样可以满足投资者的人民币资产需求，并为稳定人民币汇率提供操作工具。

当然，我们也应该看到，在两房被私有化之后，私人企业逐利的特性，以及满足政府公共政策的要求，使得他们盲目求大，并贸然进入高风险贷款市场，虽然他们没有直接参与次贷的一级市场，但是对于次贷债券的购买需求，确实起到了推波助澜的作用，这一教训应该汲取。对这一类政策性住房金融结构，私有化是一条走不通的路。而且对于他们的监管，需要同时兼顾金融风险和住房政策两个方面：单纯强调金融风险，会妨碍住房金融的实施；片面追求住房政策，又可能导致过高的金融风险。因此，需要监管机构具有很高的全局性、专业性。

综上所述，设立中国的政策性住房金融机构，不但适逢其时，而且刻不容缓。为了稳定房地产市场，化解房地产库存，推动租赁住房机构发展，以及进一步发展我国的债券市场，特别是资产证券化市场，建议尽快成立这类机构，并推动公积金贷款的资产证券化业务发展。

B.4
资产证券化对于我国商业银行财务绩效的影响

王芳 彭岑宇

摘　要： 自2012年重启资产证券化业务以来，信贷资产证券化发展得非常快，截至2016年累计发行规模已经达到12228亿元。2016年，中国人民银行对商业银行施行了MPA考核，信贷资产证券化很可能会迎来一个发展高峰。在此背景之下，本文将信贷资产证券化对商业银行的财务绩效的影响作为研究目标，并从实证角度对这个财务绩效的影响进行量化，将商业银行分为大中型股份制商业银行和城、农商行两类，选取了商业银行安全性、流动性、盈利性、成长性四方面11个财务指标，运用因子分析法进行研究。实证结果表明，信贷资产证券化在短期和长期均可以显著改善城、农商行的财务绩效；但对大中型商业银行财务绩效的短期改善效果不明显，长期来看甚至可能会对大中型商业银行的财务绩效造成一定程度的负面影响。

关键词： 信贷资产证券化　商业银行　财务绩效　因子分析法

一　研究背景

信贷资产证券化是指把缺乏流动性但具有未来现金流的信贷资产

（如银行的贷款、企业的应收账款等）真实出售给特殊目的载体形成资产池，并以此为基础发行证券的结构性融资工具。

中国的信贷资产证券化试点始于 2005 年，随着 2008 年全球金融危机的爆发，中国内地信贷资产证券化陷入停滞。2012 年中国重启信贷资产证券化试点。从此，信贷资产证券化业务发展迅速，2016 年发行规模已经超过 8000 亿元（见图 1）。

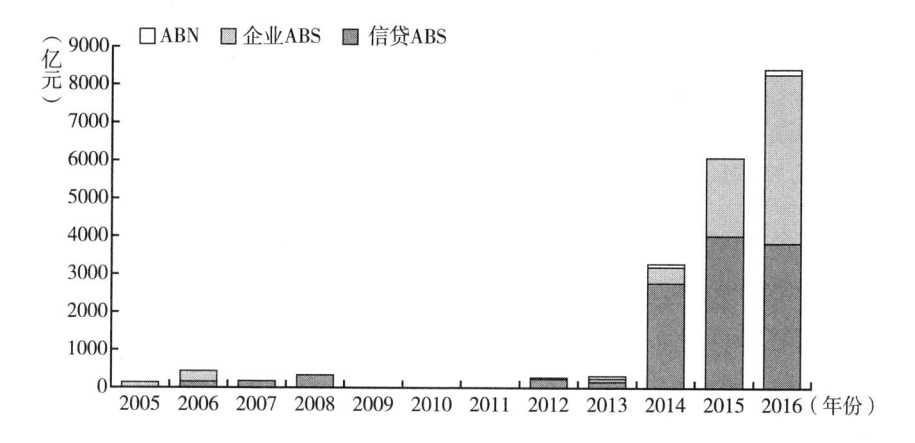

图 1　2005~2016 年中国资产证券化市场发行情况

资料来源：Wind 资讯、中央结算公司。

2016 年，中国人民银行顺应经济和金融发展要求，将商业银行的考核标准提高为"宏观审慎评估体系"（MPA），该体系对信贷类资产的考核要求变得更为严格。银行为了在 MPA 考核中达标，倾向于选择资产证券化这种方式将信贷资产，特别是不良资产的出表变现，达到盘活存量、降低广义信贷类资产增速的目的。这意味着信贷资产证券化在未来将得到更大的发展。

本文的研究内容聚焦在"信贷资产证券化对商业银行的财务绩效的影响"，以我国 A 股上市银行为样本，采集了商业银行资产证券化前后的财务数据，运用计量经济学的因子分析法对这一问题进行研

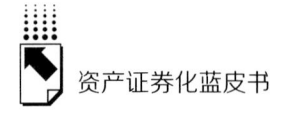

究。目前，国内学者大多从理论上对这一问题进行分析，实证角度的研究很少，近几年信贷资产证券化发展迅速，积累了大量可研究的样本数据，使本文的研究得以进行。

二 理论框架

（一）信贷资产证券化的交易结构

交易结构见图2。

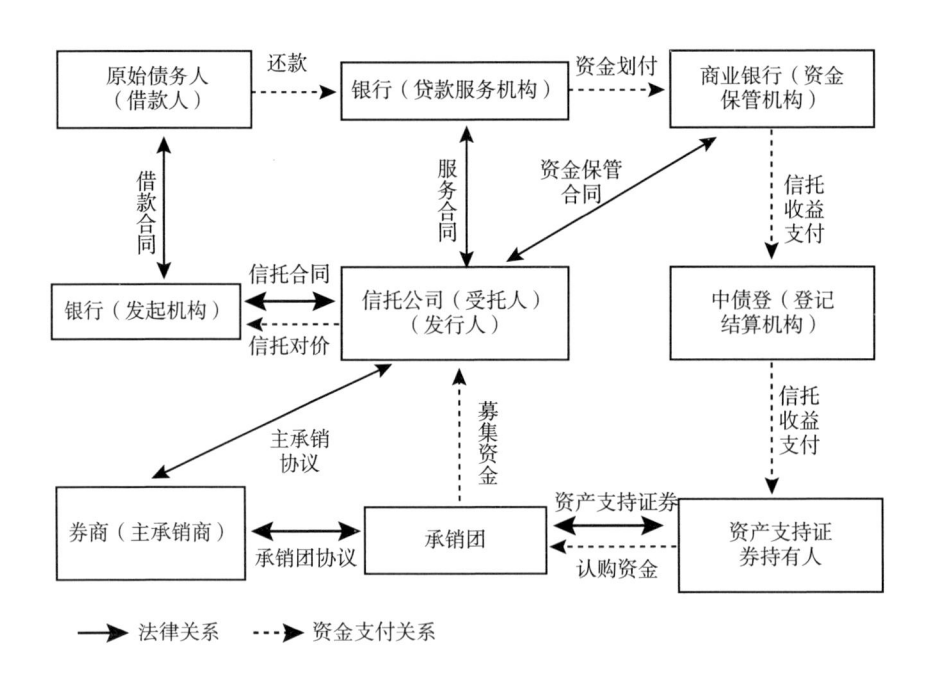

图2 中国信贷资产证券化的交易结构

（二）信贷资产证券化对商业银行财务绩效的传导机制

传导机制见图3。

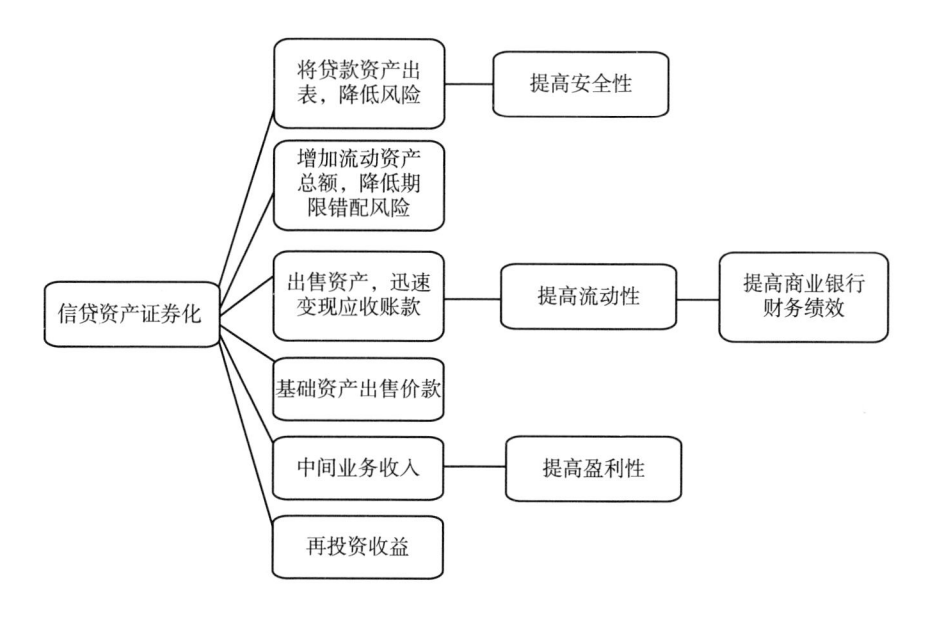

图3 信贷资产证券化对商业银行财务绩效的传导机制

三 实证分析

（一）样本数据的选取

选取我国28家上市商业银行为样本，按总资产规模将商业银行分为两类，一类是15家大中型股份制商业银行，另一类是13家中小型城市或农村商业银行。截至2017年3月，上市商业银行中有26家发行过资产证券化产品（见表1）。因数据取得问题，本文选取在2016年9月前，且在该银行上市后各自发行量最大的一单证券化产品作为研究对象（见表2）。将资产证券化产品的情况对商业银行财务绩效的影响分为短期与长期两方面进行研究，其中，短期研究选取发行前后最近一期的季报数据，长期研究选取发行前后一年内的季报数据。浙商银行是香港上市公司，没有披露季报数据，将其剔除；另外，2016年发行的产品暂无法取得一年后数据，因此在长期研究样本中将其剔除。

表1 截至2017年3月我国上市商业银行信贷ABS产品

编号	发起机构	发行项目总数(个)	发行总额(万元)
1	招商银行股份有限公司	13	6260756.27
2	中国银行股份有限公司	12	7082789.15
3	中国民生银行股份有限公司	12	5026324.07
4	兴业银行股份有限公司	10	4718116.08
5	中国建设银行股份有限公司	9	4866973.87
6	中国工商银行股份有限公司	8	4324682.70
7	宁波银行股份有限公司	8	2341990.08
8	华夏银行股份有限公司	7	2971417.50
9	交通银行股份有限公司	6	2762625.41
10	上海浦东发展银行股份有限公司	6	2577871.30
11	北京银行股份有限公司	5	3426615.01
12	中国农业银行股份有限公司	4	1828075.00
13	杭州银行股份有限公司	3	941026.42
14	南京银行股份有限公司	3	688180.82
15	平安银行股份有限公司	3	736406.83
16	中信银行股份有限公司	3	1484820.40
17	中国邮政储蓄银行股份有限公司	3	1113091.00
18	江苏银行股份有限公司	3	982790.00
19	浙商银行股份有限公司	3	569134.00
20	贵阳银行股份有限公司	2	493780.38

续表

编号	发起机构	发行项目总数(个)	发行总额(万元)
21	中国光大银行股份有限公司	1	1106640.00
22	上海银行股份有限公司	1	227300.00
23	无锡农村商业银行股份有限公司	1	98460.00
24	江苏吴江农村商业银行股份有限公司	1	66906.00
25	江苏张家港农村商业银行股份有限公司	1	59318.00
26	江苏江阴农村商业银行股份有限公司	1	98950.00

注：文中所分类的银行，第一类大中型股份制商业银行包括：浦发银行、工商银行、华夏银行、建设银行、平安银行、中国银行、浙商银行、农业银行、民生银行、交通银行、光大银行、邮政储蓄银行、兴业银行、招商银行、中信银行，共15家；第二类中小型城市或农村商业银行包括：北京银行、重庆农商行、江苏银行、南京银行、张家港农商行、宁波银行、贵阳银行、无锡农商行、上海银行、常熟农商行、江阴农商行、杭州银行、吴江农商行，共13家。

资料来源：Wind资讯。

表2 各银行发行量最大一单产品情况

编号	产品名称	发起机构	发行规模(亿元)	发行日期
1	工元2015年第一期信贷资产支持证券	工商银行	113.53	2015.1
2	京诚2015年第一期信贷资产支持证券	北京银行	105.87	2015.9
3	招元2015年第二期信贷资产支持证券	招商银行	105.47	2015.6
4	中盈2016年第一期个人住房抵押贷款资产支持证券	中国银行	104.24	2016.8
5	建元2016年第一期个人住房抵押贷款资产支持证券	建设银行	97.49	2016.6
6	兴银2015年第三期信贷资产支持证券	兴业银行	82.91	2015.7
7	农银2014年第二期信贷资产支持证券	农业银行	80.03	2014.8
8	企富2015年第四期信贷资产支持证券	民生银行	62.04	2015.11
9	信银2014年第一期信贷资产支持证券	中信银行	61.97	2014.7

续表

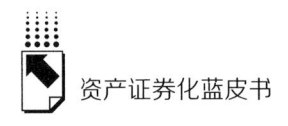

编号	产品名称	发起机构	发行规模（亿元）	发行日期
10	交银2014年第二期信贷资产支持证券	交通银行	50.82	2014.10
11	浦发2014年第一期信贷资产证券化信托资产支持证券	浦发银行	50.66	2014.2
12	龙元2016年第一期信贷资产支持证券	华夏银行	49.37	2016.3
13	甬银2014年第一期信贷资产证券化信托资产支持证券	宁波银行	45.79	2014.5
14	鑫宁2014年第一期信贷资产支持证券	南京银行	33.30	2014.8
15	平银2015年第一期汽车抵押贷款资产支持证券	平安银行	31.47	2015.7
16	苏元2015年第一期信贷资产支持证券	江苏银行	30.93	2015.12
17	上银2014年第一期信贷资产支持证券	上海银行	22.73	2014.10
18	旭越2016年第二期信贷资产支持证券	浙商银行	22.36	2016.6
19	爽元2015年第一期信贷资产支持证券	贵阳银行	21.94	2015.12
20	江银2015年第一期信贷资产支持证券	江阴农商行	9.90	2015.2

表3　各银行指标的选取时间

编号	发起机构	发行时间	短期(1季) 发行前	短期(1季) 发行时	长期(1年) 发行前	长期(1年) 发行后
1	工商银行	2015.1	2014.4季度	2015.1季度	2014.4季度	2015.4季度
2	北京银行	2015.9	2015.2季度	2015.3季度	2015.2季度	2016.2季度
3	招商银行	2015.6	2015.1季度	2015.2季度	2015.1季度	2016.1季度
4	中国银行	2016.8	2016.2季度	2016.3季度		
5	建设银行	2016.6	2016.1季度	2016.2季度		
6	兴业银行	2015.7	2015.2季度	2015.3季度	2015.2季度	2016.2季度
7	农业银行	2014.8	2014.2季度	2014.3季度	2014.2季度	2015.2季度
8	民生银行	2015.11	2015.3季度	2015.4季度	2015.3季度	2016.3季度
9	中信银行	2014.7	2014.2季度	2014.3季度	2014.2季度	2015.2季度
10	交通银行	2014.10	2014.3季度	2014.4季度	2014.3季度	2015.3季度

续表

编号	发起机构	发行时间	短期(1季) 发行前	短期(1季) 发行时	长期(1年) 发行前	长期(1年) 发行后
11	浦发银行	2014.2	2013.4季度	2014.1季度	2013.4季度	2014.4季度
12	华夏银行	2016.3	2015.4季度	2016.1季度		
13	宁波银行	2014.5	2014.1季度	2014.2季度	2014.1季度	2015.1季度
14	南京银行	2014.8	2014.2季度	2014.3季度	2014.2季度	2015.2季度
15	平安银行	2015.7	2015.2季度	2015.3季度	2015.2季度	2016.2季度
16	江苏银行	2015.12	2015.3季度	2015.4季度	2015.3季度	2016.3季度
17	上海银行	2014.10	2014.3季度	2014.4季度	2014.3季度	2015.3季度
18	贵阳银行	2015.12	2015.3季度	2015.4季度	2015.3季度	2016.3季度
19	江阴农商行	2015.2	2014.4季度	2015.1季度	2014.4季度	2015.4季度

(二)指标选取

本文以财政部发布的财金〔2011〕50号《金融企业绩效评价办法》为基本材料,结合MPA体系重点考核指标,根据商业银行财务绩效评价的"三性"原则并补充"成长性",选取以下四大类11个指标(见表4),构建实证分析模型,对商业银行的财务绩效进行评价。

表4 银行财务绩效评价指标

盈利性指标	净资产收益率、总资产收益率、业务利润率、成本收入比
安全性指标	资本充足率、资产负债率、不良贷款率
流动性指标	存贷款比率、流动性比率
成长性指标	主营业务收入增长率、每股收益增长率

(三)构建商业银行财务绩效评价模型——因子分析过程

1. 负向指标的转化

上述11个财务指标中有4个指标,我们称为负向指标,包括存贷款比率、资产负债率、不良贷款率、成本收入比。负向指标，其数值愈大则对商业银行财务绩效的负面影响愈强，无法与正向指标共同列为变量进行因子分析。因此，在进行实证分析前，需要预先将负向指标全部转化为正向指标。本文采用倒数法进行转换，使负向指标原值愈大，其倒数值愈小，对财务绩效的负面影响愈弱。另外，成本收入比和不良贷款率取倒数之后的数据过大，本文对其倒数进行对数处理。

2. 数据可比性处理

净资产收益率、总资产收益率的分子净利润是按年度统计、季度累加的，考虑到银行发行资产证券化的时间节点的不同会造成计算净利润的时长不一样，为了使发行前后的数据具有可比性，本文对净资产收益率、总资产收益率的计算取当季实现的净利润作为分子。

3. 相关性检验

运用SPSS 20.0进行KMO和Bartlett数据检验，结果显示变量之间具有相关性，可以进行因子分析。

4. 提取主要因子

将11个指标中挑选出的特征值大于1的5个因子，分别表示为F1~F5，计算其方差贡献率，并进行旋转检验，最终确定以这5个指标，作为5个主要因子，来构建财务绩效评价模型（见表5）。

表5 解释总方差

成分	初始特征值 合计	初始特征值 方差的百分比	初始特征值 累积百分比	提取平方和载入 合计	提取平方和载入 方差的百分比	提取平方和载入 累积百分比	旋转平方和载入 合计	旋转平方和载入 方差的百分比	旋转平方和载入 累积百分比
1	3.852	35.017	35.017	3.852	35.017	35.017	2.539	23.083	23.083
2	1.739	15.810	50.826	1.739	15.810	50.826	2.074	18.855	41.938
3	1.525	13.866	64.692	1.525	13.866	64.692	1.825	16.591	58.529
4	1.235	11.225	75.917	1.235	11.225	75.917	1.755	15.953	74.482
5	1.067	9.703	85.620	1.067	9.703	85.620	1.255	11.138	85.620

续表

成分	初始特征值			提取平方和载入			旋转平方和载入		
	合计	方差的百分比	累积百分比	合计	方差的百分比	累积百分比	合计	方差的百分比	累积百分比
6	0.670	6.090	91.711						
7	0.316	2.873	94.584						
8	0.261	2.369	96.953						
9	0.140	1.273	98.226						
10	0.133	1.211	99.437						
11	0.062	0.563	100						

注：提取方法为主成分分析法。

5. 得出商业银行财务绩效综合评价得分模型

$$Y = (23.083F_1 + 18.855F_2 + 16.591F_3 + 15.953F_4 + 11.138F_5)/85.620$$

6. 5个主要因子的经济含义

表6 成分矩阵 a

指标	成分				
	1	2	3	4	5
净资产收益率	.599	.671	-.135	.300	-.062
总资产收益率	.209	.879	.042	.383	.065
业务利润率	.462	.336	.338	-.678	.138
成本收入比	.304	.254	.430	-.275	-.632
资本充足率	-.486	.138	.726	.001	.325
资产负债率	-.699	.174	.265	.108	.346
不良贷款率	.814	-.131	.181	-.203	.368
存贷款比率	.580	-.308	.478	.440	.216
流动性比率	.323	.202	-.585	-.274	.482
主营业务收入增长率	.764	-.307	.037	.367	-.036
每股收益增长率	.855	-.205	.070	-.080	-.001

注：提取方法为主成分分析法。

表7 旋转成分矩阵 a

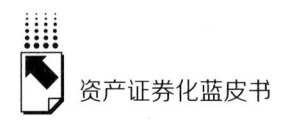

	成分				
	1	2	3	4	5
VAR00001	.192	-.292	.882	.141	-.012
VAR00002	-.020	.138	.974	.039	.004
VAR00003	.058	.018	.120	.946	.073
VAR00004	-.009	-.184	.169	.421	.760
VAR00005	-.024	.919	-.062	.095	.174
VAR00006	-.308	.758	-.022	-.198	-.105
VAR00007	.679	-.178	.025	.590	-.217
VAR00008	.935	.114	.058	-.013	.093
VAR00009	-.078	-.317	.184	.332	-.737
VAR00010	.797	-.407	.107	-.047	.034
VAR00011	.652	-.453	.032	.390	.018

注：①提取方法为主成分分析法。
②旋转法为具有 Kaiser 标准化的正交旋转法。
③a 为旋转在 9 次迭代后收敛。

由表7可见，存贷款比率、主营业务收入增长率和每股收益增长率3个变量在第一个因子上有较高的负荷，第一个因子 F1 可解释为成长能力。

资本充足率、资产负债率在第二个因子上有较高的负荷，第二个因子 F2 可解释为偿付能力。

净资产收益率、总资产收益率都在第三个因子上有较高的负荷，第三个因子 F3 可解释为盈利能力；业务利润率、不良贷款率和流动性比率在第四个因子上有较高的负荷，第四个因子 F4 可解释为资产质量。

成本收入比在第五个因子上有较高的负荷，第五个因子 F5 可解释为营运能力。

可以得出，资产证券化对商业银行的安全性、流动性和盈利性的影响是正向的。

7. 计算5个主要因子与11个财务绩效指标之间的相关系数

表8 相关系数

指标	成分 1	成分 2	成分 3	成分 4	成分 5
净资产收益率	.003	-.077	.483	-.062	.010
总资产收益率	-.011	.139	.579	-.072	-.012
业务利润率	-.108	.112	-.041	.626	.017
成本收入比	-.141	-.153	.041	.221	.643
资本充足率	.142	.543	.005	.157	.036
资产负债率	.022	.398	.060	-.012	-.153
不良贷款率	.237	.104	-.080	.297	-.220
存贷款比率	.492	.239	.022	-.142	.018
流动性比率	-.114	-.080	.052	.218	-.592
主营业务收入增长率	.392	-.100	.028	.199	.038
每股收益增长率	.187	-.116	.067	.127	.019

注：①提取方法为主成分分析法。
②旋转法为具有 Kaiser 标准化的正交旋转法。

表8是因子得分矩阵，根据回归算法计算的各系数，可得到以下5个因子得分的函数：

$$F_1 = 0.003x_1 - 0.011x_2 - 0.108x_3 - 0.141x_4 + 0.142x_5 + 0.022x_6 \\ + 0.237x_7 + 0.492x_8 - 0.114x_9 + 0.329x_{10} + 0.187x_{11}$$

$$F_2 = -0.077x_1 + 0.139x_2 + 0.112x_3 - 0.153x_4 + 0.543x_5 + 0.398x_6 \\ + 0.104x_7 + 0.239x_8 - 0.080x_9 - 0.100x_{10} - 0.116x_{11}$$

$$F_3 = 0.483x_1 + 0.579x_2 - 0.041x_3 + 0.041x_4 + 0.005x_5 + 0.060x_6 \\ - 0.080x_7 + 0.022x_8 + 0.052x_9 + 0.028x_{10} - 0.067x_{11}$$

$$F_4 = -0.062x_1 - 0.072x_2 + 0.626x_3 + 0.221x_4 + 0.157x_5 - 0.012x_6 \\ + 0.297x_7 - 0.142x_8 + 0.218x_9 + 0.199x_{10} + 0.127x_{11}$$

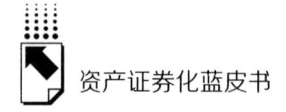

$$F_5 = 0.010x_1 - 0.012x_2 + 0.017x_3 + 0.643x_4 + 0.036x_5 - 0.153x_6 - 0.220x_7 + 0.018x_8 - 0.592x_9 + 0.038x_{10} + 0.019x_{11}$$

（四）实证结果

各因子评分和总评分见表9。

1. 短期影响结果

在12家大中型商业银行中，进行信贷资产证券化之后短期内财务绩效得到提升的有中国银行、建设银行、兴业银行、浦发银行、华夏银行5家，而剩余7家银行的财务绩效都有不同程度的回落（见图4）。由此可知，短期内，信贷资产证券化对大中型商业银行的财务绩效改善效果并不明显。

在7家城商行或农商行中，进行信贷资产证券化之后，除北京银行外的其他6家银行在短期内财务绩效都得到明显提升（见图4）。可见，信贷资产证券化对城商行、农商行财务绩效的短期改善效果还是非常明显的。

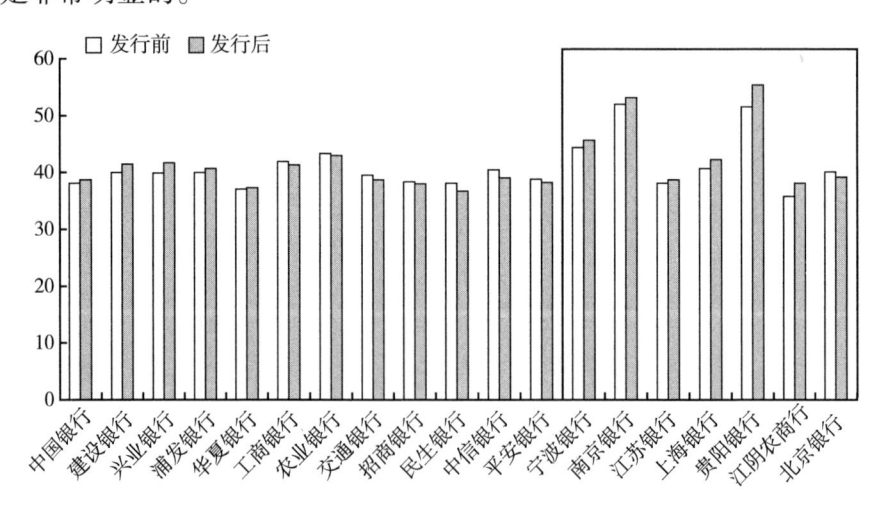

图4 商业银行信贷资产证券化前后评分对比

表 9 各因子评分和总评分

编号	发起机构	时间节点	F1	F2	F3	F4	F5	Y
1	中国银行	发行前	63.88338	84.02297	9.924834	20.9095	−26.1292	38.14621
		发行后	63.70119	85.11475	9.857935	21.80851	−25.7419	38.54244
		一年之后	—	—	—	—	—	—
2	建设银行	发行前	69.34413	85.1197	11.39864	17.16281	−25.0375	39.58944
		发行后	71.60372	88.84232	11.08621	19.57526	−24.6781	41.45412
		一年之后	—	—	—	—	—	—
3	兴业银行	发行前	73.55265	81.14294	10.86265	18.02014	−25.979	39.7817
		发行后	79.34636	83.37128	11.08756	13.64362	−23.4104	41.39667
		一年之后	65.27322	80.78051	10.31929	15.93699	−21.2318	37.59388
4	浦发银行	发行前	73.64335	79.61484	10.47437	23.7607	−28.6807	40.11254
		发行后	76.77092	79.62169	10.46368	20.60776	−27.5521	40.51452
		一年之后	73.4215	79.96398	10.08464	19.45958	−24.7391	39.76545
5	华夏银行	发行前	65.60109	80.43611	10.86704	18.37723	−30.6118	36.94704
		发行后	69.20476	80.18815	11.00914	14.80149	−30.8202	37.19815
		一年之后	—	—	—	—	—	—
6	工商银行	发行前	73.12911	87.82676	10.38055	22.62407	−27.1464	41.75194
		发行后	72.04024	87.85085	11.4786	21.47299	−27.6012	41.40284
		一年之后	67.68406	87.04299	10.17345	21.82843	−26.326	40.02972

103

续表

编号	发起机构	时间节点	F1	F2	F3	F4	F5	Y
7	招商银行	发行前	70.79518	78.07348	10.85925	17.26247	-26.0053	38.2171
		发行后	70.94196	79.03907	11.29154	14.30643	-26.6646	37.91653
		一年之后	64.68566	79.45571	10.86201	15.84298	-24.4862	36.80803
8	农业银行	发行前	83.36818	87.16383	11.68825	19.36652	-30.2131	43.6139
		发行后	80.19906	86.85139	11.29915	19.38655	-29.4234	42.72177
		一年之后	72.96255	88.49082	11.62788	19.36327	-29.6533	41.1613
9	民生银行	发行前	69.19243	81.31584	11.73817	17.36072	-33.0475	37.77155
		发行后	67.02708	80.87122	11.0579	14.67758	-31.9847	36.59636
		一年之后	58.02113	81.13214	10.10398	17.92013	-23.4626	35.75376
10	中信银行	发行前	76.63343	81.85283	11.5895	16.44403	-28.6853	40.26373
		发行后	71.50397	81.94561	10.99766	16.99299	-26.9448	39.11529
		一年之后	68.64859	82.26774	10.63216	14.39131	-22.402	38.4518
11	交通银行	发行前	67.34229	84.04466	10.12642	21.03935	-27.0946	39.02117
		发行后	67.16343	83.3516	10.0266	20.32123	-27.884	38.56449
		一年之后	66.96203	84.15945	10.30051	18.98388	-28.2178	38.44857
12	平安银行	发行前	81.38701	77.51979	11.66992	7.620546	-31.2387	38.63048
		发行后	79.47518	78.44748	11.96744	8.222104	-32.464	38.32969
		一年之后	75.15194	81.77536	11.70689	6.086506	-28.8299	37.92135

续表

编号	发起机构	时间节点	F1	F2	F3	F4	F5	Y
13	宁波银行	发行前	86.63037	86.53522	11.31697	19.8051	-28.8503	44.542
		发行后	88.98379	88.18304	11.23841	18.98209	-27.7152	45.51845
		一年之后	88.38348	89.25679	12.34711	14.09638	-28.5319	44.79134
14	南京银行	发行前	115.9008	92.70703	12.57414	5.255255	-25.1977	51.80017
		发行后	122.1113	93.99259	12.27762	0.946542	-22.9947	53.18392
		一年之后	132.4591	99.70018	12.58487	-2.59468	-22.8554	56.64845
15	江苏银行	发行前	67.10267	82.49113	10.58743	15.8379	-22.5869	38.32103
		发行后	71.11132	82.03151	9.403143	15.42122	-23.5201	38.87202
		一年之后	75.33752	83.46922	9.536555	14.04421	-20.6311	40.47311
16	上海银行	发行前	73.42685	83.77807	11.63232	19.2172	-26.6536	40.61251
		发行后	82.43958	83.7119	9.87889	16.69474	-27.1915	42.14802
		一年之后	76.36971	86.08865	11.0784	16.399	-24.7613	41.52846
17	贵阳银行	发行前	104.7205	97.21791	15.18199	7.987336	-20.7859	51.36767
		发行后	122.2045	98.27276	10.04201	7.642339	-20.1852	55.3315
		一年之后	135.9967	111.8411	13.90835	-4.0823	-20.0626	60.61842
18	江阴农商行	发行前	58.00292	87.77388	12.84244	8.27867	-24.3536	35.82978
		发行后	66.79573	84.75412	10.54922	12.74158	-24.0536	37.96151
		一年之后	68.1423	85.02827	10.71827	10.44912	-22.8502	38.14708
19	北京银行	发行前	69.42631	81.04133	10.72071	28.57991	-31.9389	39.81159
		发行后	69.82515	80.37958	10.52044	26.41112	-34.7904	38.95955
		一年之后	63.28578	79.65786	11.02816	26.84874	-34.4712	37.25905

2. 长期影响结果

在12家大中型商业银行中，证券化1年后财务绩效得到提升的有中国银行、建设银行、华夏银行3家，而剩余9家银行的财务绩效都有不同程度的回落（见图5）。

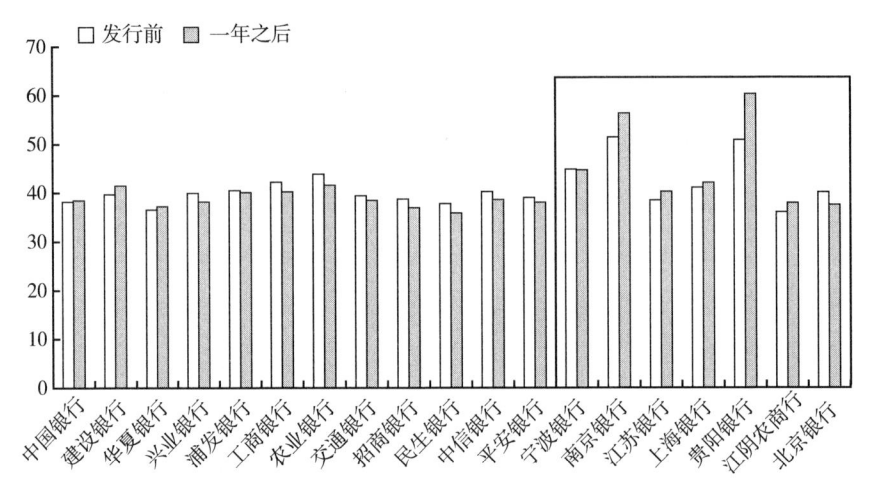

图5 商业银行信贷资产证券化前与1年后评分对比

特别值得注意的是，兴业银行和浦发银行在短期内财务绩效是有所提升的，而1年后其财务绩效没有延续增长趋势，反而下降得比发行信贷资产支持证券之前更低。由此可知，信贷资产证券化对大中型商业银行的财务绩效长期改善效果并不明显，甚至可能会造成一定程度的负面影响。

7家城商行或农商行资产证券化后，除北京银行外的其他6家银行在长期财务绩效的提升上也十分明显。可见，信贷资产证券化对城商行、农商行的财务绩效无论是短期还是长期的改善效果都是非常明显的。

四 研究结论

资产证券化对商业银行的安全性、流动性和盈利性的影响是正向的。

资产证券化在短期和长期内均可以显著改善城商行或农商行的财务绩效。

资产证券化对于大中型商业银行财务绩效的影响，短期内改善的效果不明显，长期内的影响效果可能是负的。

资产证券化之所以对大中型股份制商业银行的财务改善效果弱于中小型的城商行和农商行，可能是因为大中型股份制商业银行总资产规模过大，信贷资产支持证券的发行规模占总资产规模比重太小，因此其对财务绩效的改善效果难以显著体现。而从长期来看，大中型商业银行财务绩效的下降，也许与宏观经济下行、实体经济回报率下降、不良贷款情况上升，以及国家宏观去杠杆背景下的信贷政策紧缩有关。

参考文献

[1] 陈凌白：《我国上市商业银行信贷资产证券化微观效应实证研究》，《南方金融》2014年第6期。

[2] 王志强、Hugh Thomas：《银行资产证券化选择问题》，《世界经济文汇》2004年第3期。

[3] 李永乐：《次贷危机中影子银行和资产证券化的角色与作用》，《人民论坛》2015年第35期。

[4] 叶德磊：《论我国金融生态圈优化与金融创新的功效》，《当代经济科学》2006年第7期。

[5] 孙彬彬、周岳：《透析商业银行资产证券化动力》，《银行家》2015年第7期。

[6] 王晓博：《现代企业资产证券化融资的动因分析：基于文献综述的视角》，《经济论坛》2007年第24期。

[7] 侯敏：《股份制商业银行财务绩效指标体系构建》，中国地质大学（北京）硕士学位论文，2007。

[8] 张燕凌：《我国上市商业银行财务绩效分析》，西南财经大学硕士

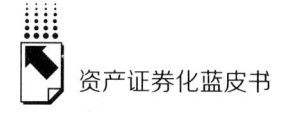

学位论文，2012。
[9] 高广春：《资产证券化的结构：形成机理和演变逻辑》，中国经济出版社，2008。
[10] 洪艳蓉：《重启资产证券化与我国的发展路径》，《证券市场导报》2011年第9期。
[11] 刘琪林、李富有：《资产证券化与银行资产流动性、盈利水平及风险水平》，《金融论坛》2013年第5期，第35~44页。
[12] 林强、孙隆柳：《资产证券化与银行体系稳定性研究》，《南方金融》2014年第11期。
[13] 徐文腑、刘洋：《中美两国的资产证券化：兼谈金融创新与债务危机》，《国际金融》2014年第11期。
[14] 李宁、姜超：《我国资产证券化业务发展的新特点》，《债券》2014年第9期。
[15] 徐国成：《商业银行不良资产证券化存在风险及对策分析》，《商业经济》2014年第17期。
[16] 杨宽、王丹：《商业银行信贷资产证券化浅析》，《知识经济》2011年第20期。
[17] 卢纹岱：《SPSS统计分析》，电子工业出版社，2010。
[18] 戴德明、王艳：《经济增加值与传统财务指标的价值相关性研究》，《会计论坛》2004年第1期。
[19] 张伟、周丹、王恩裕：《资产证券化对原始权益人微观效应的经济学分析》，《金融理论与实践》2006年第5期。
[20] 张云：《商业银行绩效评价体系研究》，中国金融出版社，2005。
[21] 李文军：《商业银行的效率与竞争力》，经济管理出版社，2008。
[22] 宫晓宇：《我国商业银行财务绩效的比较及影响因素分析》，东北财经大学硕士学位论文，2010。
[23] 李颖：《EVA在我国商业银行绩效评价中的应用》，西南财经大学硕士学位论文，2009。
[24] 王欣：《三大国有控股银行财务绩效、财务政策及财务战略分析》，厦门大学硕士学位论文，2008。
[25] 吴丹：《商业银行财务绩效评价及改进研究》，黑龙江八一农垦

大学硕士学位论文，2012。

[26] 韩明、谢赤：《我国商业银行绩效考评体系研究》，《金融研究》2009年第3期。

[27] 郭妍：《我国商业银行效率决定因素的理论探讨与实证检验》，《金融研究》2005年第2期。

[28] 夏秋：《商业银行财务绩效评价指标体系研究》，《经济问题》2007年第8期。

[29] Joseph F. Sinkey, Jr.：《商业银行财务管理》，黄金老译，中国人民大学出版社，2005。

[30] Iacobucci, E. M., Winter, R. A., "Asset Securitization and Asymmetric Information", *Journal of Legal Studies*, 34 (2005): 161 – 207.

[31] Schwarcz, S. L., "The Alchemy of Asset Securitization", *Stanford Journal of Law, Business & Finance*, 1994: 133 – 154.

[32] Skarabot, J., "Optimal Scope and Financial Structure of the Firm", Ph. D Dissertation, Haas School of Business, University of California, Berkeley, 2002.

[33] Claire, A. Hill, "Securitization: A Low-costs Sweetener for Lemons", *Washington University Law Quarterly*, 1996, 74: 1061 – 1111.

[34] Barbara Casu, Andrew Clare, Stephen Thomas, "Securitization and Bank Performance", *Journal of Money, Credit and Banking*, Vol. 45, No. 8 (December 2013).

[35] Andre Uhde, Christian Farruggio and Tobias C. Michalak, "Wealth Effects of Credit Risk Securitization in European Banking", *Journal of Business Finance and Accounting*, 2012 Vol. 39 (1) & (2), 193 – 228.

[36] Xudong An, Yongheng Deng, Stuart A. Gabriel, "Value Creation through Securitization: Evidence from the CMBS Market", *Journal of Real Estate Finance & Economics*, 38 (2009): 302 – 326.

[37] Kent, A. H., "The Development and Application of a New Concept of Internal Auditing", Altamonte Spring, FL: The Internal Auditor, 1957, 3.

分报告之法律篇
Law Reports

B.5
资产证券化的法律环境

范小云　邹　昊　李月琪

摘　要： 资产证券化作为打造多层次资本市场的重要一环，是在足够完善的法律制度中的资源重新组合，又是重大的金融创新。随着资产证券化业务的不断发展，法律框架的不断完善，法律环境也一直在发生变化。从2004年的"国九条"到2014年的新"国九条"，监管部门陆续出台多项规定，资产证券化发展的法律环境逐渐成熟，推动了国内资产证券化业务的健康有序发展。本文从资产证券化的立法沿革入手，对资产证券化的法律法规进行了简单梳理，并从发行制度等角度对当前的监管环境进行了分析。在此基础上，针对资产证券化业务实践与法律协调之间的矛盾，从法律体系建设、风险隔离、信息披露和监管体系系统化等角度对资产证券化业务发展的法律障碍进行了分析,并提出了相应的政策建议。

关键词: 资产证券化 风险隔离 信息披露 监管体系

一 中国资产证券化相关立法沿革

建立健全市场主体从事金融活动所需要遵守的最基本的行为准则,对于资产证券化市场的健康发展具有重要的现实意义。随着市场基础设施完善程度以及监管层面要求的不断变化,市场创新与监管创新二者的相互推进,我国资产证券化的法律体系从无到有,从单一到丰富,从简单到体系化。通过对资产证券化的发展过程进行简单回顾,资产证券化法律法规的立法沿革与资产证券化的发展历程可以大致分为以下三个阶段。

(一)资产证券化试点起步阶段(2005~2008年)

从20世纪90年代起,我国就已经开始研究是否推行资产证券化业务,并进行了一定的尝试。从1992年发行的三亚地产投资券开始,国内对资产证券化业务进行了一定的有益尝试。但这一阶段的资产证券化交易既无政府审批,又无法律法规予以规范,基本上处于无监管状态。此后,直到《关于推进资本市场改革开放和稳定发展的若干意见》(简称《意见》)于2004年1月31日正式发布,才标志着国内资产证券化业务试点正式拉开了序幕。其中《意见》第四条明确指出要积极探索并开发资产证券化品种,这从顶层设计上为资产证券化奠定了法律基础。随后,各部委积极响应,纷纷推出资产证券化相关配套法律法规。2004年10月,证监会正式发布《关于证券公司开

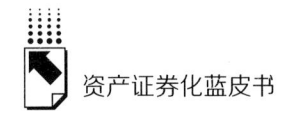

展资产证券化业务试点有关问题的通知》，对企业资产证券化业务的定义、基本要求、申请审核、监督管理等内容进行了界定。

2005年2月26日，中国建设银行推出第一单资产证券化项目，标志着资产证券化试点拉开帷幕。2005年3月，国务院批准建立了信贷资产证券化试点工作组，多部委联合工作，积极推动资产证券化法律法规等市场基础设施的建立和完善，以期找到综合方案来解决阻碍资产证券化的法律和监管问题。同年4月20日，中国人民银行与银监会共同颁布并实施了《信贷资产证券化试点管理办法》，其中对用于特殊目的的信托的结构、合格机构与资产、监管部门、交易平台、主要参与方的权利与义务等进行了解释，为金融机构的信贷资产证券化业务确定了基本的法律框架。此后，各部委陆续出台了支持资产证券化试点的相关规定和行政指引，例如财政部颁布了《信贷资产证券化试点会计处理规定》，建设部颁布了《关于个人住房抵押贷款证券化涉及的抵押权变更登记有关问题的试行通知》，分别对资产证券化过程中的会计处理问题和住房抵押贷款标的的登记问题做出了规定。

在这一阶段，随着信贷资产证券化与企业资产证券化的实施，各部门均推出了支持资产证券化试点的相关规定，搭建起了基本的法律框架，资产证券化发展的法律环境初步建立。由于2008年底金融危机全面爆发，监管机构出于审慎目的，暂停了对资产证券化业务的审批活动，资产证券化业务停滞了三年。

（二）资产证券化常态化发展阶段（2011~2014年）

在这一阶段中，银监会、证监会等部门陆续推出了各类资产证券化的指引，对于各类资产证券化业务的法律地位、业务主题、基础资产范围都有了更为详细的界定。同时，针对金融危机过程中的经验与教训，相关的监管规定陆续出台，从发行方式、信息披露等方面对资产证券化行业的风险控制与防范进行了规定，为资产证券化业务的发展营造了一个更为健康有序的法律环境。

2011年9月，证监会重启搁置了将近三年的资产证券化项目审批活动。2012年5月，中国人民银行与银监会、财政部共同发布《关于进一步扩大信贷资产证券化试点有关事项的通知》，标志着资产证券化业务试点的"再度起航"，进入第二轮试点阶段，首批投资金额为500亿元。2012年8月，银行间市场交易商协会发布了《银行间债券市场非金融企业资产支持票据指引》，对资产支持票据的定义、发行方式及评级情况进行了规定。至此，我国资产证券化三种主要产品类型已经全部推出。此后，监管层又颁布了一系列法规，对资产证券化运行过程中风险管理与防范进行了规定。2012年6月，在新修订的《商业银行资本管理办法（试行）》中，银监会专门对资产证券化风险加权资产的计量规则进行了说明（包括标准法与内部评级法）。2013年，银监会又发布了《关于进一步规范信贷资产证券化发起机构风险自留行为的公告》，规定发起机构风险自留比例不低于5%。证监会于同年发布了《证券公司资产证券化业务管理规定》，明确了专项资产管理计划的法律地位，扩大了开展资产证券化业务的主题，拓展了基础资产的涵盖范围。在此阶段，资产证券化试点工作继续稳步前进，2013年8月，银监会推动第三轮试点工作，总额度达到了4000亿元。经过两轮试点，资产证券化市场已初具规模。

（三）资产证券化的快速发展阶段（2014年至今）

2014年底，随着资产证券化业务发行数量的"爆炸式"增长，原有的逐笔审批制度已经不能满足市场需要，备案制开始逐渐取代逐笔审批制度，在简化发行程序的同时，也加强了对信息披露和风险管理的要求。2014年11月20日，银监会发布了《关于信贷资产证券化备案登记制度工作流程的通知》，信贷资产证券化业务开始实行备案制度。12月26日，证监会颁布了《资产支持专项计划备案管理办法》，宣布对企业资产证券化业务审批实行备案制。此后中国人民银行、银监会、证监会等多部门陆续出台了一系列公告和管理办法，对资产证券化的发行审批工作提出了一系列要求。到目前，资产证券化的发行审批方式已经基本确定。信贷资产证券化实施事前备案制和注册制，企业资产证券化实施备案制与负面清单管理。通过引入备案制、负面清单管理等一系列手段，大大拓宽了发行人及基础资产的可选范围，提高了资产证券化的发行审批效率，推动了资产证券化市场的健康快速发展。

二　中国资产证券化制度法律结构

一般而言，广义的资产证券化法规体系包括法律、行政法规、部门规章、市场自律规则以及相关业务规则等规范性文件，这些法规在不同层面发挥着作用，相互配合，形成一个有机整体。经过近十年的发展，资产证券化的相关立法工作已经取得了较大成果，出台了一系列相关的法律法规，内容覆盖市场主体准入、发行交易、监管框架以及信息披露等各个方面，初步形成了资产证券化市场的监管制度与法律体系。

（一）渊源结构

我国资产证券化市场法规体系的渊源结构，除全国人大及其常务委员会制定和颁布的《中华人民共和国中国人民银行法》《中华人民共和国商业银行法》以外，还包括由中国人民银行、财政部、国家发改委、银监会等部门机构发布的规章规范以及自律组织制定的自律规则、业务规则等。

法律文件的制定主体为全国人大及其常务委员会。资产证券化相关的法律文件主要包括《中华人民共和国公司法》《中华人民共和国中国人民银行法》《中华人民共和国证券法》《中华人民共和国信托法》《中华人民共和国会计法》《中华人民共和国商业银行法》《中华人民共和国证券投资基金法》等,均为基础性法律文件。

行政法规的制定主体为国务院。目前资产证券化缺乏由全国人大制定的资产证券化专项法律或由国务院制定的专门行政法规,因此在这一层级上,资产证券化并无对应的专门的行政法规。与之相关的行政法规包括《证券公司监督管理条例》等,内容涉及证券公司业务管理的设立申请、信息披露、监督管理等。

部门规章的制定主体包括中国人民银行、财政部、国家税务总局、住建部、银监会、证监会等部门。中国人民银行颁布的规章,主要是对资产证券化进行整体规范,财政部与国家税务总局所颁布的规章主要涉及会计处理、税务关系;住建部颁布的规章针对抵押权变更登记;银监会颁布的规章主要涉及信贷资产证券化的参与主体、权利义务、发行交易以及信息披露;证监会颁布的规章主要针对企业资产证券化。

自律规则由资产证券化市场中的自律组织制定。资产证券化市场中的自律组织主要包括银行间市场交易商协会、上海证券交易所、深圳证券交易所。其中,交易商协会的自律规则内容集中于非金融企业债务融资工具;上交所与深交所的自律规则以资产支持证券的发行、交易和监管等内容为主。

业务规则由相关的登记结算单位制定。其中,中央国债登记结算有限公司的业务规则涉及资产支持证券的等级、托管、结算和对付资金代理拨付等相关问题;银行间市场清算所股份有限公司(上海清算所)的业务规则涉及信贷资产支持证券的登记结算和清算结算业务。

(二)法律法规概况

随着资产证券化业务的不断开展,通过在实践中不断探索,法律层面的市场基础设施也逐渐建立起来。一系列针对信贷资产证券化、企业资产证券化、资产支持票据的制度性文件的颁布和实施,推动了

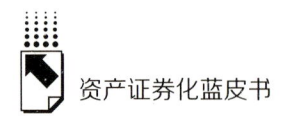

市场的稳定发展。现对资产证券化相关的法律法规进行汇总，结果如表1～表3所示。

表1 信贷资产证券化相关法律文件

发布时间	文件名称	发布机构	主要相关内容
2005.4.20	《信贷资产证券化试点管理办法》	央行、银监会	针对信贷资产证券化的规范性立法，对信贷资产证券化的参与主体、权利义务、发行交易、信息披露等内容进行了规范
2005.5.16	《信贷资产证券化试点会计处理规定》	财政部	规范了信贷资产证券化的会计处理方法，特别是从会计角度规范了资产真实出售以及特殊目的信托作为会计主体的相关内容
2005.5.16	《关于个人住房抵押贷款证券化涉及的抵押权变更登记有关问题的试行通知》	建设部	对个人住房抵押贷款证券化中所涉及的抵押权变更登记的处理方法进行了规定
2005.6.15	《资产支持证券在银行间债券市场的登记、托管、交易和结算等有关事项公告》	央行	对资产支持证券的登记托管、注册方式、交易流通以及发行赎回方式进行了规范
2005.8.1	《资产支持证券交易操作规则》	银行间同拆中心	对资产支持证券报价、交易以及行情发布的相关规则进行了说明
2005.8.15	《资产支持证券发行等级与托管结算业务操作规则》	中债登	明确资产支持证券登记、托管、结算和对付资金代理拨付的相关问题
2005.11.7	《金融机构信贷资产证券化试点监督管理办法》	银监会	更为全面地对资产证券化整体性立法和监督进行了规定，对市场参与主体的准入要求、风险管理、法律责任等进行了明确规定
2006.2.20	《关于信贷资产证券化有关税收政策问题的通知》	财政部、国税总局	对信贷资产证券化发行、交易环节中所涉及的印花税、企业所得税的处理方式进行了说明

续表

发布时间	文件名称	发布机构	主要相关内容
2007.8.21	《关于信贷资产证券化基础资产池信息披露有关事项公告》	央行	明确了信贷资产证券化基础资产池信息披露的重要意义,对《发行说明书》《信托公告》《受托机构报告》中信息披露要求等有关事项做出了明确规定
2008.2.4	《关于进一步加强信贷资产证券化业务管理工作的通知》	银监会	强调资产质量,循序渐进推进证券化业务;确保"真实出售",控制信贷风险;强调"经济实质",严格资本计提;提出保护投资者利益,加强投资者教育
2009.12.23	《商业银行资产证券化风险暴露监管资本计量指引》	银监会	对商业银行资产证券化项目风险暴露的监管资本计量进行了明确,对资产证券化标准法与内部评级法的使用做出了详细说明
2012.5.17	《关于进一步扩大信贷资产证券化试点有关事项的通知》	央行、银监会、财政部	对资产证券化试点的基础资产、机构准入、风险自留、信用评级、资本集体、会计处理、信息披露、投资者要求、中介服务进行了重申和更新
2012.6.7	《商业银行资本管理办法(试行)》附件9"资产证券化风险加权资产计量规则"	银监会	对资产证券化风险暴露的定义、信用风险转移与监管资本计量、资本要求、资本计提的具体方法做了详细规定
2012.7.19	《关于信贷资产支持证券登记托管、清算结算业务的公告》	上海清算所	对信贷资产支持证券的初始登记、清算结算业务(净额与逐笔全额)、代理付息兑付和信息披露服务等相关事项进行了说明

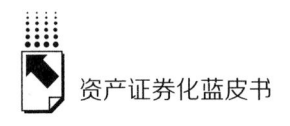

续表

发布时间	文件名称	发布机构	主要相关内容
2013.12.31	《中国人民银行 中国银行业监督管理委员会公告》(〔2013〕21号)	央行、银监会	对信贷资产证券化发起机构的基础资产信用风险自留进行了规定:其持有由其发起资产证券化产品的比例不得低于5%;持有期限不应低于各档次资产支持证券存续期限等
2015.3.26	《关于信贷资产支持证券试行注册制的公告》	银监会	开始针对信贷资产证券化实施备案制,不再针对证券化产品进行逐步审批,银行业金融机构应在申请取得业务资格后开展业务,在发行证券化产品前备案登记
2015.5.15	《个人汽车贷款资产支持证券信息披露指引(试行)》	交易商协会	
2015.5.15	《个人住房抵押贷款资产支持证券信息披露指引(试行)》	交易商协会	对信贷资产支持证券相关标准合同范本和信息披露指引进行指导,定期跟踪市场成员对信贷资产证券化信息披露情况的评价
2015.8.3	《棚户区改造项目贷款资产支持证券信息披露指引(试行)》	交易商协会	
2015.9.30	《个人消费贷款资产支持证券信息披露指引(试行)》	交易商协会	
2016.4.19	《不良贷款资产支持证券信息披露指引(试行)》	交易商协会	对不良贷款资产支持证券信息披露行为和投资者保护机制等进行了规定

表2 信贷资产证券化法律文件摘选

发布时间	文件名称	发布机构	主要相关内容
2004.10.21	《关于证券公司开展资产证券化业务试点有关问题的通知》	证监会	对企业资产证券化业务的定义、基本要求、基础资产及其转让、产品结构、相关主体职责要求、申请审核、监督管理进行了明确规范
2009.5.21	《关于通报证券公司企业资产证券化业务试点情况的函》	证监会	解释了企业资产证券化的概念和特点;介绍了前期试点的进展情况;并对下一步试点的基础资产选择和信用增级措施提出了要求
2009.5.21	《证券公司企业资产证券化业务试点指引(试行)》	证监会	对企业资产证券化的基础资产选择范围、参与机构的权利义务、专项计划的申请设立、信息披露等内容进行了明确规范
2013.3.15	《证券公司资产证券化业务管理规定》	证监会	对特殊目的载体、基础资产、合格投资者、管理人及托管人资质、申请设立、信息披露等内容进行了明确规范
2013.3.26	《上交所关于为资产支持证券提供转让服务的通知》	上交所	对资产支持证券在上交所报价、交易以及行情发布的相关规则进行了说明
2013.4.22	《深圳证券交易所资产证券化业务指引》	深交所	对资产支持证券在深交所挂牌、转让、终止、信息披露、自律监管和纪律处分的相关规则进行了说明
2014.11.19	《证券公司及基金管理公司子公司资产证券化业务管理规定》	证监会	对企业资产证券化监管进行全面梳理,成为开展企业资产证券化的总指引
2014.11.26	《上海证券交易所资产证券化业务指引》	上交所	对资产支持证券在上交所挂牌、转让、终止、信息披露、自律监管和纪律处分的相关规则进行了说明

续表

发布时间	文件名称	发布机构	主要相关内容
2014.12.24	《资产支持专项计划备案管理办法》	证监会	对企业资产证券化备案机制的报备方式、材料内容等做出了规定,同时对企业资产证券化业务主体、基础资产、交易场所、投资主体等各个方面进行了明确规定
2015.2.16	《机构间私募产品报价与服务系统资产证券化业务指引(试行)》	证监会	对资产支持证券在机构间私募产品报价与服务系统中的注册与转让、登记结算和业务管理等内容进行了明确规定

表3 资产支持票据相关法律文件

发布时间	文件名称	发布机构	主要相关内容
2008.4.9	《银行间债券市场非金融企业债务融资工具管理办法》	央行	对非金融企业债务融资工具的定义以及发行要求进行了规定
2012.8.3	《银行间债券市场非金融企业资产支持票据指引》	交易商协会	对银行间债券市场非金融资产支持票据的基础资产、还款来源、发行方式、信息披露、信用评级和投资者保护机制等内容进行了规范
2016.12.12	《非金融企业资产支持票据指引(修订稿)》	交易商协会	对资产证券化的注册要件、基础资产、交易结构、参与主体情况及现金流归集与管理机制等做出了针对性信息披露要求

由此可见,我国现有的法律法规和相关部门指导意见的发布已经为中国的资产证券化搭建了基本的法律框架,法律制度建设和市场培育已经取得了一定成果,相关部门也正为完善相关制度而不断

努力，为我国资产证券化业务的持续、健康发展营造一个良好的法律环境。

（三）资产证券化法律环境现状

从现行的法规制度来看，资产证券化市场的法律法规监管体系已经较为完备，对资产证券化市场的准入制度、发行制度以及信息披露标准等方面都做出了较为明确的规定。

1. 市场准入制度

从市场准入制度的设计来看，出于控制市场整体风险、维护市场持续健康发展的目的，目前资产证券化业务对参与主体的资质有一定要求，并非所有机构都能参与。

对于信贷资产证券化，中国人民银行和银监会在《信贷资产证券化试点管理办法》中规定，信贷资产证券化的承销机构应为金融机构，并具备下列条件：（1）注册资本不低于2亿元；（2）具有较强的债券分销能力；（3）具有合格的从事债券市场业务的专业人员和债券分销渠道；（4）最近两年内没有重大违法、违规行为；（5）中国人民银行要求的其他条件。

对于企业资产证券化，证监会在《证券公司企业资产证券化业务试点指引（试行）》中对原始权益人的条件进行了限制，要求其内部控制制度健全，并具有持续经营能力，无重大经营风险、财务风险和法律风险。同时，规定与原始权益人之间存在持股及其他重大关联关系的证券公司不得担任管理人。

2. 发行制度

信贷资产证券化的发行实施备案制与注册制相结合的方式。2015年3月26日，中国人民银行发布《关于信贷资产支持证券试行注册制的公告》（简称《公告》），宣布信贷资产支持证券发行实行注册制。《公告》对注册制中有关发行制度进行了安排，已经取得监管部门相

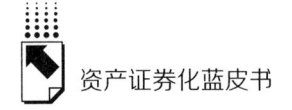

关业务资格、发行过信贷资产支持证券且能够按规定披露信息的受托机构和发起机构可以向中国人民银行申请注册，并在注册有效期内自主分期发行信贷资产支持证券。

企业资产证券化的发行实施备案制与负面清单管理制度。2014年11月19日，证监会颁布执行《证券公司及基金管理公司子公司资产证券化业务管理规定》，其中规定证监会不再对资产证券化业务逐笔审批，而是将依照自律规则和相关文件，对资产证券化的发行实施事后备案，管理基础资产负面清单，并监督资产支持专项计划备案、风险控制的自律管理。

3. 信息披露标准

信息披露是金融市场的基础性制度安排。有效的信息披露制度的设计和执行是对市场健康运行的保障。各监管机构和自律组织在法律法规的框架下，针对各自管理范围均出台了一系列有关信息披露的法规和规定，这些法律法规共同构建了当前我国资产证券化的信息披露制度。

2005年4月20日，中国人民银行与银监会共同颁布了《信贷资产证券化试点管理办法》，对受托机构的信息披露行为进行了详细要求。其中第44条规定，受托机构应当在资产支持证券发行前和存续期间依法披露信托财产和资产支持证券信息。信息披露应通过中国人民银行指定媒体进行。证监会在《证券公司企业资产证券化业务试点指引（试行）》中，对企业资产证券化的信息披露做出了进一步规范，对计划管理人季度和年度的托管报告披露做出了规定。除此之外，交易商协会等行业自律机构也对信息披露提出了各自要求。经中国人民银行同意，交易商协会连续发布了《不良贷款资产支持证券信息披露指引（试行）》和《信贷资产支持证券信息披露工作评价规程（征求意见稿）》，对信贷资产证券化业务信息披露行为做出了进一步规范。2016年10月14日，根据中国人民银行要求及相关法律法规规定，交易商协会发布《微小企业贷款资产支持证券信息披露指引（试行）》，对小微企业贷款资产证券化的信息披露做出规定，要求受托机构、发起机构及为证券化提供服务的机构应根据要求，在注册环节、发行环节及存续期充分披露相关信息。

三 资产证券化发展中的法律障碍

资产证券化作为一项金融服务和金融工具的创新，健康稳定的发展离不开良好的法律环境。各个国家或地区都根据本国的实际情况，制定了相应的法律法规，以规范资产证券化的发展。美国作为金融体系比较健全的国家，在多年的金融发展实践中总结了一套相对完备的经验，建立了系统的法律法规，以应对可能出现的各种破坏金融稳定的问题。欧洲国家和日本也针对本国国情，出台了相应的法律，规范资产证券化的发展。而我国由于法律体系本身的特点，资产证券化相关的行政机制和法律法规环境都还存在许多问题，容易引发证券化过程中的法律风险，对于资产证券化的健康稳定发展形成了一定程度的限制和约束。

（一）资产证券化法律体系不完善

我国在金融创新方面处于探索阶段，对于许多金融创新产品尚未形成系统的法律体系，对于许多新兴产品没有相应的具体法律法规。资产证券化的发明和发展，源自金融创新和自由化发展需求，是对现有制度的创新和突破，但没有法律法规监管的金融创新是不能够健康可持续的发展的，金融创新需要法律监管相辅佐，才能保障投资者利益，维护金融市场稳定。

我国资产证券化自20世纪兴起，在短暂发展之后，由于受到金融危机的冲击曾经被叫停，在重启之后也只经历了短暂的发展，目前仍处于试点阶段。自资产证券化试点开始，我国陆续出台了相关的法律法规，央行、银监会、住建部、财政部、国家税务总局等各部门均发布了各项试点管理办法和规定，初步形成了资产证券化法律框架，但是资产证券化法律法规与我国其他成文法还存在许多差异甚至冲突，例如，《公司法》对真实出售形成了一定的法律障碍，《破产法》没有为破产隔离提供相应的保障，《合同法》阻碍了债权转让等业务的开展等。由于目前关于资产证券化的相关管理办法和法律法规所处法律层级低于其他成文法，因此在与现有法律发生摩擦时，解决过程常常不尽如人意。另外，目前出台的法律法规涵盖面远远低于国际上其他国家通用的法律法规，例如，SPV企业性质和法律地位归属尚不明确，信托受益权凭证的法律认可尚不明确，离岸人民币资产证券化在跨境发行和投资方面与当地规定无法衔接等，这些问题的存在一方面使得我国资产证券化与他国证券市场无法接轨，另一方面也影响了跨境投资的顺利进行。

（二）风险控制和风险隔离机制缺失

次贷危机之后，人们认识到资产证券化的监管框架存在诸多缺陷。首先，以微观审慎为基础的监管环境侧重于资本管理，更关注支付能力的维护，而忽视了流动性风险。在资产证券化的推动下，金融机构和市场之间的联系更加密切，但是微观审慎监管既没有有效披露系统风险，也没有对资产支持证券及衍生工具做出针对性规定，使得在次贷危机中，以流动性风险为主的系统性风险在银行和市场之间累积和传染，破坏了金融稳定。其次，资产证券化的宏观审慎监管缺失。资产证券化作为一种金融创新，起到了促进资源有效配置的作用，但也同样带来了内生流动性风险扩散，而对于这种金融创新形式，宏观审慎的监管反应相对滞后，引起系统性风险扩张。此外，资产证券化作为新型金融工具，在繁荣阶段常被金融机构杠杆化以起到配置投资组合的作用，在危机爆发后则被大量去杠杆，形成了顺周期的性质，而当前的法律监管并未重视并利用好这种周期性，放任了资产证券化对经济周期的推动和放大（李佳，2015）。

在资产证券化的过程中，投资者和资产所有者均面临一定的对手方风险，投资者面临着资产所有者破产引发的资产抵押证券损失风险，而资产所有者面临着资产池被投资者挤兑时引发的索赔风险，因而证券市场比较发达的国家均设立了风险隔离制度，以保障发起人和投资者的利益。而我国由于没有设立特殊目的的中介载体的法律条款，只能选择其他方式进行破产风险隔离，这种法律上的不健全有可能导致风险不可控。例如，对于特殊目的载体（SPV），我国在立法上存在双重法律关系，而这种法律地位的缺失，导致证券化资产发起人与投资者之间的风险无法隔离。在资产证券化过程中，基础资产权利让渡是实现风险隔离的重要保障，其中真实销售是实现破产隔离的核心，对于这一重要环节我国尚未出台具体的针对性规定。同时我国采用的会计处理办法，是根据交易的实质，而不是法律形式进行交易核算，会计与法律对于资产让渡的不同标准，以及资产转让程序的缺乏，导致资产证券化在实践过程中，无论是发行方、管理者还是投资人都无法确认证券化的资产所有权是否发生真正的转移，因此风险无法有效隔离。

（三）信息披露和评级机制不健全

资产支持证券是一项有突破性的金融工具创新和金融服务创新，盘活了流动性差的资产，为金融市场带来了新的活力与生机。然而，这种创新以其复杂的机制而使得众多投资者无法准确把握其机理，特别是证券化链条拉长之后，原始资产的质量和信用被层层掩藏，投资者由于不能参与其发行过程和估值方法等原因，很难及时了解资产的相关信息。

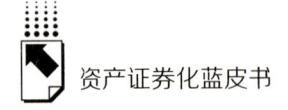

2015年4月，中国人民银行提出资产证券化的发行改为注册制，这大大简化了发行的流程，同时也对信息披露制度提出了更高的要求。在注册制下，发行方有隐瞒资产真实情况、以次充好的动机，道德风险大大增加。而银行和投资者之间也存在委托代理关系，可能产生逆向选择问题。一旦证券化的资产信息披露不完全，就会导致资产抵押证券的发行方和投资方信息不对称，损害投资者的利益，影响产品的发行和投资，进而影响二级市场的活跃和稳定性（马立新、吴沁、王晓，2016）。此外，信息披露方面也存在监管真空，资产证券化的产品以场外交易形式为主，而场外交易OTC与场内交易的最大区别即为更宽松的形式和监管。目前，针对资产证券化的信息披露，尚未形成系统、规范的体系和标准，场外交易更是以自律为主。在这种监管模式下，监管漏洞很容易被利用，使得资产证券化市场中流通的产品鱼龙混杂，投资者无法及时准确地掌握产品的全部信息，容易使投资者产生恐慌情绪，市场交易流动性下降，造成市场动荡，风险增加。

另外，作为投资者进行投资决策的重要参考以及估值定价的主要考量，信用评级对于金融体系的健康程度起到了关键作用。我国信用评级机构自产生以来，快速发展，规模不断扩大，然而信用评级体系不健全，存在以下三个方面的问题：第一，面对资产证券化这一新兴产品，许多小型评级机构经验不足，常常无法得出准确结果，评级结果不可信；第二，较大的信用评级机构在"发行方付费"的机制之下，利益与发行方息息相关，常常导致评级过程缺乏独立判断，评级结果被"注水"；第三，我国尚未形成信用评级体系，各机构标准迥异，导致评级机构水平参差不齐。这些问题的存在，归根结底是源于评级机构的权利义务失衡，评级机构作为产品的信用担保人，只需要出具自身发布的"意见"，而无须对其评级结果负连带责任，从而出现评级结果不真实、可信度低等问题，导致投资者无法区别优质资产和"伪造"的产品,从而使其利益受损,甚至影响一级市场和二级市场的流动性。

(四)非系统化的监管体系

对于资产证券化这一金融工具,我国目前尚未形成系统的监管体制。随着金融系统的不断发展,金融创新层出不穷,各类金融机构之间的联系更加紧密,银行业、证券公司、保险机构等机构界限越发模糊,这就对监管模式提出了新的挑战。资产证券化作为金融创新的一种工具,从设计、发行交易到后续监管,涉及信贷市场、资本市场、货币市场,需要中国人民银行、证监会、银监会等多个部门的共同参与。因此,资产证券化的法律监管需要跨行业监管协调。在我国,监管模式以针对各类型的金融机构专门设立各个监管部门的分业监管模式为主,但这在金融发展融合、产品业务繁杂的背景下显然不合时宜,易出现监管真空,降低监管效率。而由于资产证券化监管资本套利的性质,金融机构频繁利用资产证券化围绕监管真空进行套利,会进一步导致监管真空扩散。此外,资产证券化的两个主要形式——信贷资产证券化和企业资产证券化——分属不同的监管主体,也增加了监管成本,造成监管混乱。

四 构建新型资产证券化法律体系

监管和创新既是相互对立的,又是相互包容的,在金融创新不断进步的背景之下,必须加快监管制度和法律的变革,缓解监管和创新之间的矛盾,在推动金融发展的同时维护金融的稳定(李佳、罗明铭,2015)。构建新型资产证券化监督体系,要做到松弛有度。一方面,为了鼓励和推广资产证券化的发展,促进金融创新,推动金融市场化进程,在政策上给予一定的支持和优惠;另一方面,完善监管制

度和法律法规，维护金融市场的稳定，保障资产证券化的稳步发展，因此风险控制必不可少。

（一）证券化运行层面的制度环境完善

1. 优化资产证券化基础资产遴选机制

维护证券市场的稳定，要从源头进行风险控制。在资产证券化试点过程中，应该严格进行证券化试点的资产遴选，细化证券化资产选择标准，设定准入门槛，提升基础资产信用水平，加强对证券化资产的监管，确保基础资产未来现金流的稳定，严格监控，杜绝资产证券化的滥用。

首先，要细化基础资产质量控制标准。优质资产的选择要从信用等级、未来现金流稳定性、资产规模等多方面考量，从信息披露和增强信用评级监管两方面入手，对于信用状况良好、未来现金流稳定、风险水平较低的优质资产，要给予优先资产证券化资格，通过证券化盘活资金，为资源配置带来活力。其次，对于信用等级较低、风险水平较高的资产，例如不动产收益权、银行非标等，在现阶段我国资产证券化发展不够完善的情况下，贸然进行资产证券化易引发破产等潜在危险，可能造成投资者利益受损，因此在现阶段暂时不适宜进行证券化，应加入负面清单。最后，对负面清单的管理也应当与时俱进，结合法律法规及金融市场的完善情况，及时进行相应的增减。

2. 设立破产隔离机制

基于我国现阶段法律状况，证券公司只能通过设立专项计划作为特殊目的载体，与投资者之间建立委托—代理关系，但这种关系是不稳定的，专项计划法律地位的缺乏，使得证券化的核心价值处于风险暴露状态，而基础资产的让渡也存在会计和法律之间的矛盾问题。为解决这一问题，需要从法律和制度两方面设立破产隔离制度。

首先，应在资产证券化相关法律中对特殊目的载体进行细化规定，保障专项计划的法律地位。其次，监管机构应设定利益冲突监管措施，建立冲突防范机制。再次，我国应借鉴欧美经验，设计出可以同时保障发起人和投资者利益的隔离中介，并出台相关法律加以规范化。最后，应针对资产让与问题，明确资产所有权，解决真实销售问题。

尽快设立破产隔离法律制度，才能在资产证券化的过程中，控制投资者和资产所有者面临的风险，使投资者不再直接面临资产所有者破产引发的资产抵押证券损失风险，资产所有者无须担心资产池被投资者挤兑时引发的索赔风险，实现资本市场的健康稳定发展。

3.建立规范有效的信息披露和信用评级系统

建立规范有效的信息披露机制。针对资产证券化产品和交易结构的复杂性，良好的信息披露机制可以规范资产证券化的监督管理，避免对真实风险的隐藏，防范信息不对称及委托—代理问题的发生，保障投资者的知情权，使资产证券化的发行过程、估值定价等环节透明化，增强投资者信心，提高市场透明度（马立新、吴沁、王晓，2016）。严格设计信息披露机制，对证券化资产和相关产品的信息披露要做到及时、准确、持续，资产逐笔披露。信息披露要贯彻到产品设计、发行以及后续监督的每一个环节，提高披露频率。持续的产品监督有助于投资者了解产品质量并合理估值，提高二级市场的活跃度。明确资产证券化发行方、特殊目的载体以及受托机构等各方的信息披露义务，做到义务和责任明确。

在资产证券化发行过程中，鉴于其设计结构的复杂性，对于投资者而言评级机构的评级结果举足轻重，评级结果失真，将极大地影响投资者信心，引起市场流动性萎缩，因此需要建立透明可信的评级机制，杜绝评级机构与发行方的利益纠葛，鼓励建立"投资人付费""双评级""再评级""主动评级"新模式，推动资产支持证券准确定价（张鹏、李松梁，2013）。

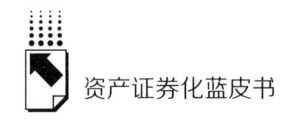

（二）证券化监管层面的制度环境完善

1. 建立健全资产证券化专门法律法规

资产证券化作为由国外引进的金融创新产品，自产生以来，对其进行专门立法的呼声不绝于耳。国际经验表明，资产证券化的专门法律对于推进资产证券化的顺利、快速发展起到了良好的作用。为了明确资产证券化过程当中涉及的各项问题，需要建立完善的与资产证券化相关的法律法规，例如，针对证券化资产的转让、证券化过程中的变更登记制度、资产出表等，需要建立法律法规以明确相关标准。总结次贷危机的教训和借鉴他国改革经验，资产证券化需要结合现有法律及管理办法，配合专门的成套法律进行体制创新，把握资产证券化推进的良机，既可解决资产证券化跨境投资问题，同时也使得我国的金融市场与国际接轨。此外，可以出台资产证券化专门法律，规范金融机构证券化行为，从而规避风险。

2. 加快构建协调统一的监管组织系统

我国传统的分业经营模式，极容易导致监管效率低下，为了杜绝监管真空，防止多重监管的产生，需加快构建协调统一的监管组织系统。首先，要成立场外交易的监管机构，将长期游离于监管体系之外的资产证券化纳入监管范畴；其次，要构建央行、银监会、证监会、保监会以及场外监管机构沟通的桥梁，实现信息的互联互通，明确各机构监管的责任和义务，统一监管规则，实现跨机构、跨产品、跨市场的分工合作。

在微观审慎监管方面，必须加强对流动性风险的检测，关注资产价格变化，并结合宏观经济环境，把握货币政策调控的方向、力度与节奏，防范流动性冲击。站在宏观角度对资产证券化进行监管制度设计，对基础资产范围、信用评级、真实出售等进行详细规定；实时跟踪商业银行基础资产池现金流的可靠性和稳定性，严格控制基础资产的规模，防止对资产证券化基本功能的滥用，同时制定相应法律法规，强化商业银行对信贷资产的持续监督（李佳、罗明铭，2015）。

前文已经提到，宏观审慎监管对资产证券化健康稳定的发展是不可或缺的，因此在加强微观审慎监管的基础上，还需要建立宏观审慎监管框架。要明确宏观审慎监管的目标，即防范系统性风险，维护金融稳定。具体而言，需要对资产抵押证券的系统性风险进行定量监管，既关注单个资产对整体风险的影响，又要把控整体市场的系统性风险。

3. 通过政策工具严格控制风险

监管组织必须实时监测和评估系统性风险，当风险超过阈值时，提出风险预警，寻找风险源头，及时防范系统性风险的扩散和爆发，形成完整的监控体系（李佳，2015）。鉴于资产证券化加强了金融机构之间的联系，引起了风险的累积和扩散，因此可以借鉴欧美国家的做法，在监管方面格外关注系统重要性工具，例如可以对杠杆率、交易量、风险特征等进行注册登记，便于通过这些工具来监管风险传染问题。

一方面，要认识到资产证券化的周期性质，设计时间维度政策工具。在资本监管方面，通过反周期的资本缓冲制度，抑制证券化的过度扩张；建立拨备制度，指导发行方做好前瞻性拨备，以防下行周期带来的损失；严格监控杠杆率，控制杠杆增加造成的金融不稳定。在流动性监管方面，设定流动性资本率，为资产证券化市场提供流动性保障，改善期限错配；转变估值方式，根据资产现金流折现确定价值，合理定价。

另一方面，为了规避各金融机构之间共同的风险敞口，设计空间维度的宏观审慎监管政策工具。第一，加强对资产支持证券的持有者特别是对冲基金等金融机构的监管。第二，对在证券市场上交易活跃度高的证券加以监管，防止这些证券的波动对市场造成冲击。第三，

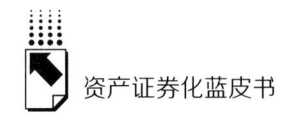

根据杠杆率、风险暴露、资产错配程度等指标，设定专门税收，降低道德风险。第四，严格规定商业银行的自营范围，建立风险隔离机制。

（三）通过政策支持推动资产证券化良好快速发展

资产证券化作为我国金融创新的新形式，尚处于试点和新兴阶段，其发展和推广需要国家给予相应的鼓励和支持。为推动企业和个人贷款证券化的发展，国家应在法律体系上给予税收优惠的政策支持，尽快出台相关的财政税收法规及细则，以规避多重纳税、税负过重对资产证券化发展的阻碍。

进一步扩大资产证券化试点的规模，丰富投资者结构。我国可以提供良好的政策环境，将资产证券化纳入国家的新经济政策中，扩大试点范围，拓展交易规模和渠道，降低准入门槛，丰富投资者结构。在鼓励和发展资产证券化的同时，也要注重风险控制，应优先选择未来现金流稳定、风险可控的资产进行证券化，积累一定经验之后，再选择性地进行不良资产证券化的试点和推广。

放松政策限制，推进资产证券化与金融市场化同步发展。一方面，要放松资本率、信贷规模、平台贷款等的政策限制，引入做市商制度，出台相关法律法规，为资产证券化产品在市场的流通和交易提供流动性，推动资产证券化的市场化进程。另一方面，要加强监管，出台相关法规，监测管理表外业务创新、资产抵押证券的自营交易等，强化风险自留，为资产证券化的发展保驾护航。

参考文献

［1］《资产证券化监管文件全梳理》，中国贸易金融网，http：//www.

sinotf. com/GB/News/1002/2016 - 10 - 31/3NMDAwMDIxMjk3NA. html。

［2］《资产证券化法律法规及政策汇编》，法邦网，http：//www. fabao365. com/jishukaifa/156526/。

［3］蒲剑：《我国资产证券化的法律障碍与对策》，华东政法大学博士学位论文，2015。

［4］高蓓、张明、邹晓梅：《资产证券化与商业银行经营稳定性：影响机制、影响阶段与危机冲击》，《南开经济研究》2016年第4期。

［5］林华：《金融新格局——资产证券化的突破与创新》，中信出版社，2014。

［6］李佳：《资产证券化监管框架的构建：从微观审慎向宏观审慎》，《金融理论与实践》2015年第1期。

［7］李佳、罗明铭：《金融创新背景下的商业银行变革——基于资产证券化创新的视角》，《财经科学》2015年第2期。

［8］张鹏、李松梁：《重启资产证券化：国际经验与我国实践》，《金融理论与实践》2013年第4期。

［9］马立新、吴沁、王晓：《资产证券化交易中的银行信用风险计量和资本监管研究》，《金融监管研究》2016年第3期。

B.6 资产证券化监管框架及政策解析

黄余送

摘　要： 本文阐释了我国资产证券化行业发展背景及发展历程，探讨了我国资产证券化的基础资产类型和监管架构，并在梳理我国资产证券化相关会议和文件指示精神的基础上，指明了我国资产证券化产品主要交易市场和相关交易规则，最后从基础资产供给、需求、政策导向以及市场交易规则等方面，对我国资产证券化未来发展方向进行了展望。

关键词： 资产证券化　监管架构　监管精神

一　我国资产证券化行业发展背景

资产证券化是当前我国金融机构高度关注的话题，也是我国金融领域发展中的一个重要新动向。相关部门和金融监管机构正在持续推动该项工作落地实施。然而，要梳理和分析我国资产证券化业务开展的情况，就必须从我国当前经济转型发展、企业创新发展和去杠杆等多维度，深入理解有关资产证券化的政策内涵和监管要求，从而使我国资产证券化业务规范发展，成为金融创新领域的新工具。

（一）我国实施资产证券化导向的政策含义

1. 资产证券化是我国供给侧改革发展的现实需要

经过近四十年改革发展，我国经济总量已经稳列全球第二。从规模来看，我国经济已经达到了一个较高水平，但与此同时，我国产业结构失衡严重。一方面，一些行业如钢铁、水泥、建材等产能过剩严重；另一方面，国内市场无法满足居民对高品质商品的有效需求，跨境消费大幅度增加。因而，以推动供给侧改革为手段，实现产业结构优化调整，提升我国经济发展质量，成为当前经济发展的迫切要求。在金融领域，将信贷不良资产证券化，可以有效盘活商业金融体系沉淀的不良信贷资产，为企业开展供给侧改革、减少过剩产能、增加有效供给提供条件，从而推动我国经济转型发展。

2. 资产证券化是我国企业创新发展的现实需要

企业创新发展不仅源于企业家精神带来的创新探索，也需要相对宽松的财务条件支撑。由于资本市场相对不发达，我国企业主要融资渠道依然是以商业银行为代表的间接融资模式，其主要特征是财务成本刚性。当前我国产能过剩行业已经占制造业的95%以上，市场竞争十分激烈，企业净利润率平均低于5%，而融资利率普遍高于5%，中小企业融资成本甚至超过10%。过高的融资成本使企业只能维持简单再生产，创新投入难度非常大。大力发展资产证券化，有利于降低企业实际融资成本，使企业将更多资源投入创新生产过程。

3. 资产证券化是降低我国宏观经济杠杆的重要举措

防范金融风险是当前我国经济面临的重要任务。而金融风险的主要来源则是规模庞大的间接融资，蕴含着潜在的信用风险，如果集中爆发，则会对金融体系造成巨大冲击。化解和防范金融风险的重要途径则是降低宏观经济杠杆。由于统计口径的差异，当前有关我国宏观杠杆比率（总负债/GDP）的统计也有较大差异，根据政府部门的统计数据，我国杠杆比率在240%以上，在国际范围内已经处于较高水平。我国杠杆率高企的主要原因是企业部门负债率过高，而政府部门和居民户的杠杆比率仍然处于相对安全的水平。大力发展资产证券化，即是以直接融资工具对已经发生的间接融资进行替换。特别是针对企业部门的信贷资产进行证券化处置，可以降低间接融资特别是企业部门的信贷规模，实现去杠杆的宏观管理目标。

4. 资产证券化是我国信贷领域"盘活存量、用好增量"的现实需要

以间接融资为主的融资模式，使我国信贷总规模持续快速增长，并由此导致全社会的信用风险过度向商业银行体系集中。截至2016年12月末，我国金融机构本外币各项贷款总额为112万亿元，其中非金融企业及机关团体贷款规模为74.47万亿元。信贷泡沫持续膨胀，对我国金融体系特别是商业银行体系稳定形成了巨大挑战，一旦个别金融机构或局部地区发生挤兑等金融事件，可能会迅速波及整个商业银行体系，因此从金融体系结构来看，我国需要不断调整融资结构。而为了维持经济增长，未来我国信贷规模仍将保持一定增速，即"用好增量"，但是中国人民银行作为中央银行，必将进一步引导合意信贷规模，同时引导金融机构通过证券化盘活存量信贷资产，即"盘活存量"，在不影响经济增长的情况下，逐步减缓信贷规模增长速度。因此，资产证券化也是调整我国金融产业结构的现实需要。

以上简要分析表明，党中央、国务院和相关监管部门之所以对资产证券化高度重视，主要是从经济发展战略要求来看，需要通过资产证券化优化我国经济发展质量；从金融市场运行来看，需要通过资产证券化来提升我国金融体系的安全性，增强整个金融体系资产的流动性；从投资者角度来看，需要通过资产证券化来丰富金融市场的投资品种，解决我国资本市场有效投资品种类不足的问题。

（二）我国资产证券化发展历程简述

资产证券化本质是以各类债权类资产（包括信贷、应收账款、融资租赁等具有稳定现金流的资产）的未来现金流为基础资产，进行证券化转换，债权方获得一次性现金收益，而证券化后的资产本金和收益权则由证券持有人获得。对于债权人而言，就是将未来的权益变现的过程；对于投资证券化资产的投资者而言，则是直接投资行为。在当前中国金融体系分业监管的背景下，这种跨行业、跨监管部门的金融产品创新，需要监管部门的支持，同时资产证券化本身的复杂性也决定这种创新不会一帆风顺，机构、市场、监管方等必将经历反复探索。

1. 起步阶段：2005~2008年

这一阶段的特征是对资产证券化试点内容进行探索，证券化产品发行数量和发行规模都较少。其间银监会和证监会分别批准发行17单和9单，发行规模分别为667.83亿元和294.45亿元。可能是为了提升试点项目的成功率，银监会在批准信贷资产证券化产品发行时，主要发起机构仅限于大型国有银行和政策性银行，如工商银行、建设银行以及国家开发银行等。同样，证监会批准资产证券化时，也是基于机构的市场号召力，承销商主要是包括中金公司在内的主流券商，如在2005年和2006年，证监会分别批准中金公司发行中国联通CDMA网络租赁费收益计划资产证券化产品和中国网通应收款资产支持收益凭证，发行规模分别达到95亿元和103.4亿元。

2. 停滞阶段：2009~2010年

自2007年下半年起，美国次贷危机席卷全球，对全球金融市场稳定运行形成了巨大冲击。这次由于金融市场过度创新带来的风险暴露，对我国有关金融创新业务的发展也产生了影响。监管层认识到资产证券化的潜在风险，放缓了资产证券化业务创新的步伐，随后，我国资产证券化业务创新陷入停滞。

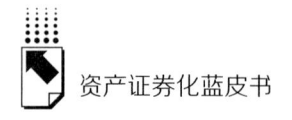

3. 再启动阶段：2011~2014年

这一阶段是我国资产证券化试点再启动阶段，表现为两个方面。一是监管部门重启了资产证券化业务的审批，以2011年证监会对企业资产证券化项目的审批为标志。二是监管机构对资产证券化业务的推动，以2012年5月中国人民银行、银监会、财政部联合下发《关于进一步扩大信贷资产证券化试点有关事项的通知》为标志。监管机构针对资产证券化业务的政策措施不断完善且试点范围不断扩大，同时在具体的业务层面重新开始审批，这是我国资产证券化在经历暂停后重启的重要标志。在中国人民银行、银监会和财政部等联合发文的推动下，我国资产证券化监管氛围逐渐宽松，整体行业发展势头向好，表现出试点推进的特征，从行业自身发展来看，市场参与主体类型不断丰富，证券化的基础资产涵盖范围也不断扩大。在监管层面，随着监管氛围的逐步宽松，对发起机构持有最低档次资产支持证券的比例逐步放开。2014年11月，银监会、证监会先后发布资产证券化业务规则，进一步推动了我国资产证券化备案制的实施。监管氛围进一步宽松，推动我国资产证券化业务进入快速发展阶段。

4. 快速发展阶段：2015年至今

在监管政策层面，首先资产证券化产品发行的注册制落地实施。2015年1月4日，银监会批准27家商业银行获得开办信贷资产证券化产品业务资格；同月14日，证监会企业资产证券化备案制新规实施以后的首个证券化产品在上海交易所挂牌。2015年4月，中国人民银行发布公告，符合监管标准要求的机构可以申请注册发行信贷资产支持证券，这标志着我国资产证券化备案制和注册制落地实施，我国资产证券化业务进入了常态化的快速发展阶段，表现为业务规模的快速膨胀，同时资产证券化产品类型和发行机构也日渐多样化，不仅包括传统的大型商业银行和证券公司，一些中小型金融机构，如汽车金融公司、农村商业银行、金融租赁公司等也开始发行资产证券化产品，提升了资产的流动性。在相对宽松的监管政策的引导下，我国资产证券化业务实现了跳跃式发展，2015年全国共发行资产证券化产品6032.4亿元，同比增加84%，资产证券化市场余额规模为7703.95亿元，同比增长129%；2016年，我国资产证券化行业继续保持高速发展态势，全国总计发行资产证券化产品8420亿元，同比增长37.32%；市场余额规模为11977.68亿元，同比增长52.66%，在极短时间内市场规模就突破了万亿元大关。预计未来数年我国资产证券化行业在相对宽松的监管氛围的引导下，规模仍将进一步提升，参与群体也将进一步扩大，产品种类还将不断丰富。

二 我国资产证券化基础资产类型及监管架构

相对宽松的监管政策和鼓励性政策导向为资产证券化发展创造了良好的政策环境，特别是自证监会主管的企业资产证券化实施负面清单管理以来，以企业各类资产为基础资产的证券化产品范围迅速扩大，各类基础资产支持证券产品层出不穷，从而推动我国证券化品种的不断丰富。由于我国金融业实施分业监管，同属于资产证券化，由于基础资产类型不同，对应的监管部门也有差别，由此形成了具有我国特色的监管格局。

（一）我国证券化基础资产的类型

从我国当前已经开展证券化的基础资产类型来看，以商业银行为代表的信贷资产证券化产品的基础资产主要是信贷类金融机构所持有的债权类资产，这类资产证券化的监管机构是银监会，另一部分进行证券化的基础资产是来源于企业生产经营过程中获得的债权，如融资租赁公司、城市建设投资公司、小额贷款公司、商业保理公司以及实体企业等。可以进行证券化的基础资产类包括信贷资产、信托受益权、企业应收款、租赁债权、基础设施、商业物业不动产财产或不动产收益权等,基础资产涵盖债权、收益权等。此外,近年来,随着我国金融机构类型及产品的日趋复杂,资产管理公司、汽车金融公司、金融租赁公司等持牌金融机构的资产业务也开始推行证券化。

目前,我国资产证券化的基础资产大体可以划分为7类:银行债权、信用卡应收款、个人住房抵押贷款、企业贷款、企业债权、汽车贷款、基础设施收费和租赁租金资产(见图1)。其中企业债权类基础资产是指具有明确的债权债务关系,未来将向企业支付的确定名义现金流的资产,如企业生产经营过程中产生的应收账款、非金融机构(小额贷款公司、信用卡公司)经营过程中发生的小额贷款、融资租赁和金融租赁公司对外提供设备租赁工程中产生的租赁债权、证券公司提供融资融券服务过程中产生的非银行融资服务等。

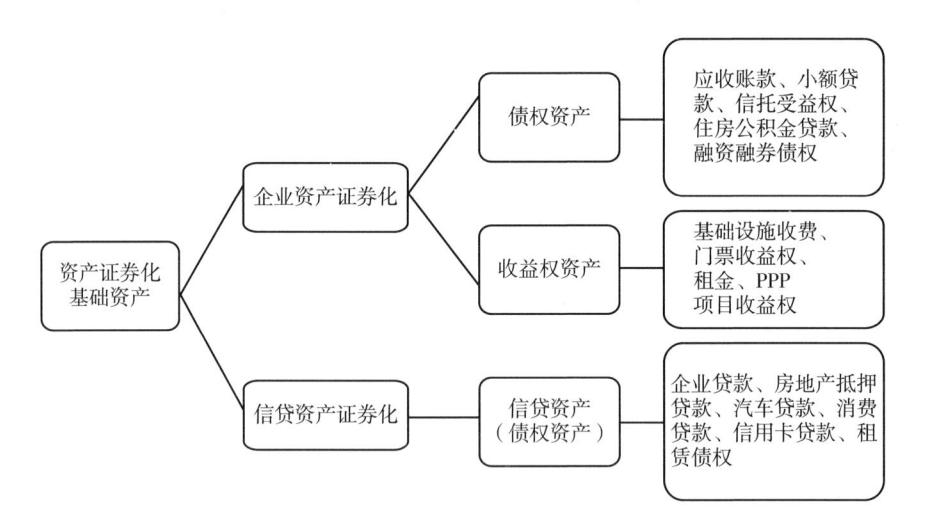

图1 我国资产证券化基础资产简要分类

资料来源:华创证券研究报告。

收益权基础资产包括未来通过持续经营,能为其证券化产品提供稳定和可预测的现金流的资产,包括政府投资的基础设施在未来产生的收益现金流（如高速公路收费权）、高等级风景区门票收入分配权、各地方政府公用事业单位（水、煤气、有线电视等）等收费产生的现金流等。与企业债权相比，收益权现金流取决于经营主体未来业务的实际运作状况，因此以收益权为代表的基础资产在资产证券化以后，其现金流的不确定性更高，违约风险比企业债权更大，需要通过基础资产所在行业的未来发展前景、设施运营方的经营能力、现金流稳定性等对基础资产进行分析。

以信贷资产作为基础资产的证券化主要是由商业银行类机构的信贷资产（债权资产）组成，包括商业银行向企业发放的各类贷款，以及商业银行向居民提供的住房按揭贷款、汽车抵押贷款、消费贷款、公积金贷款等。不同的基础产品对应不同的金融管理部门，由此构建我国针对资产证券化的各不相同的监管格局。

（二）我国基于不同基础资产的资产证券化监管框架

由于基础资产、参与机构以及发行市场存在差异，我国资产证券化监管机构、监管模式等也存在差异，形成了从党中央、国务院发布的各类宏观经济管理文件到监管机构的监管政策，再到交易所交易细则等层次相对分明但体系相对复杂的监管架构（见图2）。资产证券化的监管框架，可以大体分为三个层次，首先，是党中央、国务院作为国家宏观经济管理核心，为我国金融市场发展格局确定方向。现阶段，资产证券化众多特征高度符合我国宏观经济的发展要求，因此不断出现在党中央、国务院出台的宏观经济管理文件中，这是我国资产证券化业务发展的基础。其次，中国人民银行、银监会和证监会等部门在党中央和国务院的政策基础上，制定和实施有关资产证券化业务的部门政策法规，其中证监会主要监管企业资产证券化，而中国人民银行、银监会则主要监管信贷资产证券化。最后，是各类证券化产品的挂牌和交易场所根据监管机构文件的指引，制定证券化产品交易的实施细则等。

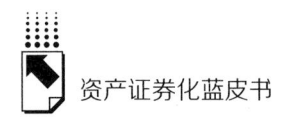

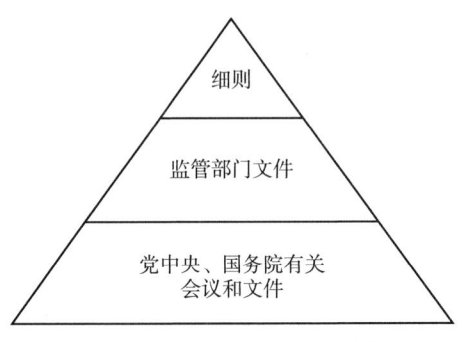

图 2 我国资产证券化监管框架

（三）我国不同资产证券化产品监管特性比较

经过十多年的发展，我国资产证券化规模和基础产品的覆盖范围均不断扩大，由于基础资产覆盖范围不同，交易场所不同，监管机构也不同，管理上自然存在差异。

当前世界主要经济体的金融监管体制包括混业监管和分业监管，其中混业监管以英国和德国为代表，分业监管以美国为代表。美国拥有全球最发达的资本市场和完善的金融体系，但是自从20世纪30年代《格拉斯—斯蒂格尔法》生效以后，美国一直采取分业监管的模式，1999年美国通过《金融服务现代化法案》，从立法上为混业经营扫除了障碍。

与美国类似，当前我国金融业采取的也是分业经营和分业监管体制，以商业银行为代表的间接融资渠道和以证券业为代表的直接融资渠道不仅在业态上严格分立，而且在监管上也由不同的部门承担。针对不同的基础资产，我国资产证券化业务分别由银监会和证监会负责监管。其中，银监会负责监管由银行或四大资产管理公司发起、以信托形式发行的信贷资产证券化产品，这类证券化产品在银行间债券市场交易；由证券公司牵头，以专项资产管理计划形式发行的与企业资产相关的证券化产品由证监会负责监管，此类证券化产品在沪深交易所市场挂牌交易。从本质上看，信贷资产证券化和企业资产证券化没有区别，两者都是通过设立特别目的载体（SPV），对具有稳定现金流的基础资产进行财务处理，并通过证券化方式进行交易流通，这两种资产证券化产品的差异简单归纳在表1中。

表1 信贷资产证券化和企业资产证券化产品差异比较

类型	信贷资产证券化产品	企业资产证券化产品
监管机构	中国人民银行、银监会	证监会、证券交易所
发起人	银行业金融机构	非银行类企业
基础资产	信贷资产	企业资产收益权
基础资产包	由众多贷款组成的资产包	一般较为单一
发行载体	信托公司的信托计划	证券公司的专项资产管理计划
发行承销商	证券公司	发起计划的证券公司
发行和交易场所	银行间债券市场	沪、深证券交易所及其他证监会指定的场所

资料来源：根据 Wind 数据整理。

三 我国资产证券化有关会议和文件介绍及述评

按照文件发布的层级，可以将我国资产证券化的有关文件分为三类：第一类是党中央、国务院的有关会议和重要讲话精神；第二类是监管机构发布的政策文件；第三类是交易场所发布的入市交易和操作层面的实施细则。

（一）国家有关会议和重要文件精神

近年来，特别是"十二五"以来，党中央和国务院有关文件高度关注资产证券化，先后多次在重要的文件和会议论述中明确提出资产证券化，为提升我国资产流动性、推进证券化业务创新确定了基调。部分会议报告中涉及的资产证券化的论述内容见表2。

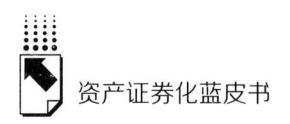

表2 2012年以来国务院有关资产证券化的文件精神和表述

时间	文件来源	相关文件原文精神	对有关文件精神的阐释
2017年3月5日	2017年政府工作报告	积极稳妥去杠杆。我国非金融企业杠杆率较高,这与储蓄率高、以信贷为主的融资结构有关。要在控制总杠杆率的前提下,把降低企业杠杆率作为重中之重。促进企业盘活存量资产,推进资产证券化,支持市场化、法治化债转股,加大股权融资力度,强化企业特别是国有企业财务杠杆的约束,逐步将企业负债降到合理水平	主要从去杠杆角度论证了我国发展资产证券化的必要性,并明确提出要促进企业盘活存量资产,以资产证券化方式逐步降低企业负债水平,提升财务杠杆约束率
2016年7月18日	中发2016年18号文	《中共中央 国务院关于深化投融资体制改革的意见》要求大力发展直接融资。依托多层次资本市场体系,拓宽投资项目融资渠道,支持有真实经济活动支撑的资产证券化,盘活存量资产,优化金融资源配置,更好地服务于投资兴业	党中央和国务院联合发文,明确要求盘活存量信贷资产,优化配置,围绕金融服务实体经济的发展目标,拓宽投资项目融资渠道
2016年3月5日	2016年政府工作报告	发挥有效投资对稳增长、调结构的关键作用。我国基础设施和民生领域有很多短板,产业亟须改造升级,有效投资仍有很大空间。2016年要启动一批"十三五"规划重大项目。完成铁路投资8000亿元以上,公路投资1.65万亿元,再开工20项重大水利工程,建设水电核电、特高压输电、智能电网、油气管网、城市轨道交通等重大项目。中央预算内投资增加到5000亿元。深化投融资体制改革,继续以市场化方式筹集专项建设基金,推动地方融资平台转型改制,进行市场化融资,探索基础设施等资产证券化,扩大债券融资规模	主要强调投融资体制改革。要求地方政府融资平台加大转型力度,通过基础资产证券化方式,一方面要实现基础设施、民生领域和产业升级,有效投资继续保持增长;另一方面强调通过投融资体制改革,以资产证券化、债券融资等市场化融资方式,使商业银行信贷规模总体可控,降低地方政府融资平台过度融资可能存在的债务风险

续表

时间	文件来源	相关文件原文精神	对有关文件精神的阐释
2015年12月23日	国务院常务会议	加大金融体制改革力度,优化金融结构,积极发展直接融资,有利于拓宽投融资渠道,降低社会融资成本和杠杆率,推进供给侧结构改革,支持大众创业、万众创新,促进经济平稳运行……二是丰富直接融资工具。积极发展项目收益债及可转换债券、永续票据等股债结合产品,推进基础设施资产证券化试点,规范发展网络借贷	侧重金融体制改革,要求发展直接融资,特别是创新直接融资工具,以资产证券化方式为基础设施融资,拓宽基础设施投融资渠道,在不增加社会总体杠杆比率的基础上,扩大经济投入动能
2015年5月13日	国务院常务会议	为深化金融改革创新,盘活存量资金,促进多层次资本市场建设,更好地支持实体经济发展,会议决定,新增5000亿元信贷资产证券化试点规模,继续完善制度、简化程序、鼓励一次注册、自主分期发行;规范信息披露,支持证券化产品在交易所上市交易。试点银行腾出的资金要用在刀刃上,重点支持棚改、水利、中西部铁路等领域建设	会议主旨是深化金融改革创新,盘活存量资金。明确提出新增信贷资产证券化试点规模,并对证券化的信贷资产试点流程提出了要求,包括制度层面,信息披露要求,交易场所的确定等
2015年3月5日	政府工作报告	加强多层次资本市场体系建设,实施股票发行注册制改革,发展服务中小企业的区域性股权市场,开展股权众筹融资试点,推进信贷资产证券化,扩大企业债券发行规模,发展金融衍生品市场	从资本市场建设和发展角度提出推进信贷资产证券化。通过发展多层次资本市场体系,减少经济体系对间接融资模式的过度依赖

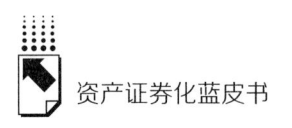

续表

时间	文件来源	相关文件原文精神	对有关文件精神的阐释
2014年11月16日	国发2014年60号文	《国务院关于创新重点领域投融资机制鼓励社会投资的指导意见》提出要大力发展债权投资计划、股权投资计划、资产支持计划等融资工具,延长投资期限,引导社保资金、保险资金等用于收益稳定、回收期长的基础设施和基础产业项目。支持重点领域建设项目采用企业债券、项目收益债券、公司债券、中期票据等方式通过债券市场筹措投资资金。推动铁路、公路、机场等交通项目建设企业应收账款证券化	着力为重点领域建设项目多渠道筹集资金。通过资产支持计划即资产支持证券等融资工具,服务于基础设施和基础产业项目,并对铁、公、机等项目建设后期现金流进行证券化,以提升项目资金周转速度,降低政府和国有企业的负债规模和融资压力
2014年5月30日	国务院常务会议	要保持货币信贷和社会融资规模的合理增长。加大"定向降准"措施力度,对发放"三农"、小微企业等符合结构调整需要、能够满足市场需求的实体经济贷款达到一定比例的银行业金融机构适当降低准备金率,扩大支持小微企业的再贷款和专项金融债规模,通过加大呆账核销力度,推进信贷资产证券化,改进宏观审慎管理等,盘活贷款存量	从适度信贷规模和社会融资合理规模角度提出推进信贷资产证券化要求。商业银行信贷属于间接融资,但是过度依赖信贷给宏观管理带来潜在风险,通过资产证券化盘活存量贷款规模,可以在保持社会总体投资规模相对稳定增长的情况下,提升贷款增量的使用效益

续表

时间	文件来源	相关文件原文精神	对有关文件精神的阐释
2013年8月28日	国务院常务会议	统筹稳增长、调结构、促改革,金融支持有着重要作用,进一步扩大信贷资产证券化试点,是落实金融支持经济结构调整和转型升级决策部署的具体措施,也是发展多层次资本市场的改革举措,可以有效优化金融资源配置、盘活存量资金,更好地支持实体经济发展。会议确定,要在严格控制风险的基础上,循序渐进,稳步推进试点工作。一要在实行总量控制的前提下,扩大信贷资产证券化试点规模,优化信贷资产证券化产品可在交易所上市交易,在加快银行资金周转的同时,为投资者提供更多选择。二要在资产证券化的基础上,将有效信贷向经济发展的薄弱环节和重点领域倾斜,特别是用于"三农"、小微企业、棚户区改造、基础设施等建设。三要充分发挥金融监管协调机制的作用,完善相关法律法规,统一产品标准和监管规则,加强对证券化业务各环节的审慎监管,及时消除各类风险隐患,风险较大的资产不纳入试点范围,不搞再证券化,确保不发生系统性、区域性金融风险	扩大信贷资产证券化试点范围和规模是本次国务院常务会议的两个议题之一。本次会议通稿以近400字全面阐述了推动信贷资产证券化的意义,并明确与资产证券化试点相关的三个工作方向,即总量控制,但试点规模扩大;以资产证券化带动有效信贷;推动对资产证券化的审慎监管,防范金融风险

资料来源:根据政府网相关会议文件整理。

梳理上述文件,2015~2017年连续3年的政府工作报告中均提及资产证券化业务,而且自2013年以来,国务院领导在四次常务会议中提及了资产证券化。这说明在当前的宏观经济发展背景下,政府

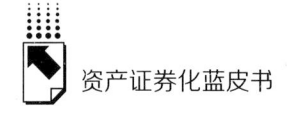

高度重视资产证券化，且将资产证券化的试点突破口放在信贷资产证券化上，另外政府并未忽视资产证券化业务本身的潜在风险，而是强调要加强审慎监管，对风险较大的资产不搞证券化，也不搞复杂的再证券化产品创新，以防范金融风险。

同时，尽管国务院连续3年在政府工作报告中提及了资产证券化，但有关内容的表述方式和表述背景仍然存在差异。在2015年的政府工作报告中，政府把资产证券化，尤其是信贷资产证券化放在多层次资本市场体系的建设中，更多强调证券化的融资功能，也就是鼓励和支持直接融资，从而逐步替代间接融资。2016年政府工作报告有关资产证券化表述的背景是"深化投融资体制改革"，以市场化但不受地方政府干预的资产证券化方式为基础设施建设服务，最终一方面实现以投资稳定经济增长，另一方面减少地方政府干预，减少潜在金融风险。2017年在政府工作报告中有关资产证券化表述的背景是"积极稳妥去杠杆"，强调以资产证券化盘活信贷存量，推动企业逐步降低杠杆比率。从2015年的"推进信贷资产证券化"到2017年"促进企业盘活存量资产，推进资产证券化"的不同表述，反映了不同经济背景下中央政府对资产证券化的功能定位的差异，同时也展现了资产证券化这种创新模式本身的功能多样性。

（二）业务监管部门的有关会议精神

按照部门职能，中国人民银行、银监会和证监会承担着贯彻执行中央政府工作部署的任务，需要根据政府工作安排，统筹推进政府工作。资产证券化作为中央政府促进经济稳步发展的重要工作，政策的落地实施离不开监管部门的推动和贯彻。从资产证券化的发展动因来看，信贷资产证券化在近几年一直是中央政府关注的重点，符合国务院有关"盘活存量"的工作部署，中国人民银行和银监会作为信贷资产证券化的监管机构，近年来在有关工作会议中也不断推动资产证券化（见表3）。

表3　2012年以来监管机构有关资产证券化的文件和会议精神

时间	文件来源	主要内容	对有关会议和文件表述的进一步阐释
2016年1月11日	银监会2016年全国银行业监督管理工作会议	开展不良资产证券化和不良资产收益权转让试点,逐步增强地方资产管理公司处置不良资产的功效和能力	以资产证券化这种金融创新方式,盘活商业银行体系中因为不良信贷资产形成的沉淀资金,提升商业银行体系资产质量,释放商业银行体系潜在信贷资源
2016年1月7日	2016年中国人民银行工作会议	进一步推动信贷资产证券化,稳步推进信贷资产证券化的注册和发行管理,取消银行间市场债券交易流通的行政审批,做好事中、事后监管	中国人民银行主要从信贷资产证券化的交易和监管角度,要求简化信贷资产证券化注册和发行管理程序,放松对信贷资产证券化的前置监管,同时加强对证券化资产交易和风险的管理
2014年12月23日	银监会2015年全国银行业监督管理工作会议	全面深化银行业改革开放,夯实行业五大系统,提速金融基础设施建设:一是产品登记系统,重点探索信托产品、理财产品、金融租赁公司登记等系统建设;二是资产流转系统,推动信贷资产证券化常规化发展	加强金融基础设施建设,完善资产证券化的支持系统建设。通过建设产品登记系统,实现对基础资产和证券化后的资产追踪,同时通过搭建资产流转系统,实现信贷资产证券化业务的持续发展
2014年1月6日	银监会2014年全国银行业监督管理工作会议	按照绿色信贷原则,将增量贷款、盘活的存量贷款、资产证券化腾出的贷款和利用理财、信托、租赁等直接融资工具筹集的资金,优先用于符合国家产业政策和结构调整升级的行业和项目	注重可持续发展,将通过信贷资产证券化腾出信贷资金,投向符合经济发展导向的领域,特别是符合绿色环保政策和产业结构升级换代需求的产业

续表

时间	文件来源	主要内容	对有关会议和文件表述的进一步阐释
2012年2月2日	2012年中国人民银行金融市场工作座谈会	继续推动信贷资产证券化等金融创新,积极稳妥地开发安全、简单、适用的金融衍生产品,为银行转变经营模式创造条件,提高其抵御风险的能力、服务实体经济的水平	将资产证券化定位为金融创新,推动商业银行转变经营模式,同时将信贷资产证券化定位为安全、简单和实用的金融衍生品,一方面通过资产证券化融资服务实体经济,另一方面通过信贷资产证券化盘活存量资产,提升商业银行资产的流通速度

资料来源:根据中国人民银行、银监会以及证监会官方网站信息整理。

中国人民银行和银监会作为信贷资产证券化的主要监管部门,对信贷资产证券化的事前准入和事后交易流转承担着监管职能。近几年,两部门通过工作会议,推动落实国务院发展资产证券化的工作部署,使我国信贷资产证券化规模有序扩大。其中,中国人民银行从宏观经济稳定发展、金融风险防范以及信贷资产证券化交易流通市场建设等角度,推动信贷资产证券化业务发展;银监会则从行业监管角度,以信贷资产证券化为手段,提升商业银行稳健经营能力,并引导商业银行等金融机构通过信贷资产证券化将资金投向符合国家产业政策的行业。

(三)监管部门相关文件及其主要内容

监管机构除了通过工作会议,明确工作重点和资产证券化发展方向,还通过发布文件的方式,对资产证券化产业发展不同阶段遇到的问题进行明确界定,从而为行业发展划定政策边界。如表4所示,本文仅摘录自2012年以来,中国人民银行、银监会和证监会等监管机构发布的与资产证券化相关的文件,这些文件或由上述部委单独发布,或者联合其他部委发布,其内容包括资产证券化发展模式、发展边界、主要发展方向、管理模式等,为我国资产证券化行业廓清方向和健康发展奠定了重要基础。

表4 2012年以来我国资产证券化有关发展文件主要内容及文件精神

时间	文件名称	主要内容及文件精神阐释
2016年12月21日	国家发改委、证监会联合下发《关于推进传统基础设施领域政府和社会资本合作(PPP)项目资产证券化相关工作的通知》	推动传统基础设施领域PPP项目资产证券化,明确重点推动资产证券化的PPP项目范围,鼓励符合国家发展战略的PPP项目开展资产证券化,优化PPP项目资产证券化审核程序,鼓励中介机构开展PPP项目的资产证券化业务,引进市场多元化投资者
2015年5月22日	中国人民银行、银监会和财政部联合印发《关于进一步扩大信贷资产证券化试点有关事项的通知》	基础资产种类进一步扩大。包括国家重大基础设施项目贷款、涉农贷款、中小企业贷款、经清理合规的地方政府融资平台公司贷款、节能减排贷款、战略性新兴产业贷款、文化创意产业贷款、保障性安居工程贷款、汽车贷款等。市场参与主体范围进一步扩大,机构范围涵盖各类银行业金融机构。在投资者方面,资产支持证券机构投资者的范围扩大至非银行机构
2015年3月26日	中国人民银行发布《关于信贷资产支持证券试行注册制的公告》	已经取得监管部门相关业务资格、发行过信贷资产支持证券且能够按规定披露信息的受托机构和发起机构可以向中国人民银行申请注册,并在注册有效期内自主分期发行信贷资产支持证券
2014年11月20日	银监会发布《关于信贷资产证券化备案登记工作流程的通知》	明确提出信贷资产证券化业务由审批制改为备案制,不针对证券化产品发行进行逐笔审批,银行业机构在取得业务资格后开展业务,在发行证券化产品前进行备案登记

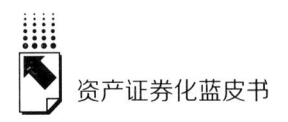

续表

时间	文件名称	主要内容及文件精神阐释
2014年11月19日	证监会发布《证券公司及基金管理公司子公司资产证券化业务管理规定》	对企业资产证券化监管进行全面梳理,成为开展企业资产证券化的总领与指引。配套《信息披露指引》和《尽职调查指引》,改事前审批为事后备案,对基础资产实施负面清单管理,开展范围拓展至基金子公司,同时废止《证券公司资产证券化业务管理规定》
2013年12月31日	中国人民银行和银监会联合发布《关于规范信贷资产证券化发起机构风险自留比例的文件》	对于发起机构持有最低档次资产支持证券的比例有所放开,规定银行自持次级不少于次级总规模的5%,同时,可以通过持有优先级实现总自留规模占比5%的要求
2013年7月	国务院办公厅发布《关于金融支持经济结构调整和转型升级的指导意见》	明确逐步推进信贷资产证券化常规化发展
2013年3月15日	证监会发布《证券公司资产证券化业务管理规定》	在前述规定基础上,对专项计划、管理人及托管人、原始权益人、设立申请、信息披露、监督管理等内容进行细化
2012年5月17日	中国人民银行、银监会和财政部发布《关于进一步扩大信贷资产证券化试点有关事项的通知》	设定基础资产类型和范围,确定机构准入标准和审批流程,确定信贷资产证券化后的风险自留处理,确定资产支持证券的信用评级方式,以及对资产支持证券的会计处理、资本计提和信息披露、投资者教育以及开展资产证券化的各类中介机构要求进行界定

资料来源:Wind资讯、华泰证券研究所及政府网站。

表4中,国务院办公厅出台的文件主要侧重于宏观经济发展,有关资产证券化的阐述主要集中在信贷资产,其表述也仅仅要求推进信贷资产常规化发展。而监管机构相关文件的出台则更具体,涉及细节内容比较多,如中国人民银行、银监会有关信贷资产证券化的相关文件涉及信贷资产质量、会计出表的处理方式、风险的分担和处理、交易场所的设定等。而证监会发布的相关文件和政策主要是针对企业资产,

包括政府为推动基础设施建设吸引社会资本投资形成的资产。不同部门由于职能差异,在文件覆盖范围、政策方向等方面均存在明显差异。

(四)我国资产证券化产品交易市场的主要交易规则

交易场所是证券化资产提升流动性乃至变现成流动性资产的主要渠道,无论是信贷资产证券化还是企业资产证券化,在专业中介机构进行破产隔离和风险分散安排以后,最终主要通过交易所兑现。根据基础资产的差异,我国证券化资产的交易场所主要包括股票交易所(上海、深圳)、全国银行间市场以及证监会有关文件认同的全国中小企业股份转让系统、机构间私募产品报价与服务系统以及证券公司柜台市场。其中全国银行间市场和沪深证券交易所参与交易的对手数量众多,市场容量大,交易规则相对明确,市场认同程度高,已实现了常规化发行,因而深受各类发行机构的认同。

根据监管要求,银行间交易市场以及沪深证券交易所为了推动资产证券化发展,对其挂牌、交易流转、登记、信息披露以及风险控制等均进行了规定,形成了规范统一的交易规则(见表5)。

表5 2012年以来我国主要资产证券化产品交易场所的部分规则

时间	文件名称	主要内容	对主要内容的进一步阐释
2015年5月11日、2015年8月3日、2015年9月30日	《个人汽车贷款资产支持证券信息披露指引(试行)》;《个人住房抵押贷款资产支持证券信息披露指引(试行)》;《棚户区改造项目贷款资产支持证券信息披露指引(试行)》;《个人消费贷款资产支持证券信息披露指引(试行)》	对信贷资产支持证券相关标准合同范本和信息披露指引进行指导,定期跟踪市场成员对信贷资产证券化信息披露情况的评价	中国银行间市场交易商协会通过加强政策引导推动信贷资产证券化的信息披露。由于商业银行的信贷资产证券化主要在银行间市场完成,交易商协会制定的准则越多、越详细,对行业发展越有利

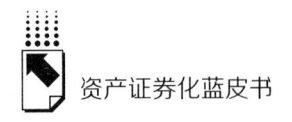

续表

时间	文件名称	主要内容	对主要内容的进一步阐释
2014年11月26日	《上海证券交易所资产证券化业务指引》	分为总则、挂牌申请、投资者适当性要求、资产证券化产品转让、信息披露、风险控制及持续性义务、自律监管、附则八部分内容	—
2014年11月25日	《深圳证券交易所资产证券化业务指引》（2014年修订）	分为总则、停复牌、挂牌交易、转让、信息披露、自律监管以及附则七部分内容	明确单只资产支持证券投资者人数上限为200人。是对2013年交易细则的完善和补充
2013年4月22日	《深圳证券交易所资产证券化业务试点指引》	对资产支持证券在深圳交易所挂牌、转让、终止、信息披露、自律监管和纪律处分进行规定	—
2012年8月3日	《银行间债券市场非金融企业资产支持票据指引》	对资产支持票据的发行主体、基础资产、还款来源、发行方式、信息披露、信用评级等内容进行框架规范	—

表5列举了近五年以来我国银行间交易商协会、上海证券交易所、深圳证券交易所等资产证券化交易的主要平台出台的与资产证券化业务相关的实施细则。从表5可以看出，随着我国资产证券化业务规模的不断扩张，交易平台对交易相关环节的制度建设日益规范化，

也就是满足了资产证券化业务的常态化发展的需要。现阶段银行间市场由于承担了信贷资产证券化产品的交易,而信贷资产证券化交易又是当前我国资产证券化的主要产品,因此银行间市场对有关产品的交易制度的建设力度更大,特别是近两年来,随着我国信贷资产证券化业务规模和基础产品种类日趋复杂,银行间交易市场加大了制度建设的力度,有关产品信息披露指引连续出台,这预示着未来这些产品的资产证券化规模还将保持较快增长。

(五)我国资产证券化产品市场未来的发展方向

我国资产证券化业务从开始到停滞再到快速发展,已经有十余年时间,虽然目前就总体规模来看,资产证券化行业规模相对于沪、深股票流通市值或者我国金融机构人民币信贷余额而言,仍非常有限,但是可以预计,未来我国资产证券化市场具有广阔的发展前景。

一是从证券化基础资产的供给端来看,我国商业银行体系具有巨大的信贷余额,其他非银行信贷类机构的金融资产也在快速增长,这将为信贷资产证券化提供巨大的发展空间;从企业资产证券化基础资产供给端来看,随着我国经济规模的扩张,生产性企业年应收账款余额即达数十万亿元,加上各类政府投资建设的基础设施,未来我国企业资产证券化资产供给端规模也将十分庞大。

二是从资产证券化产品交易市场制度建设来看,当前我国沪、深证券交易所以及银行间债券交易规则已经日趋完备,为资产证券化产品交易扩容提供了相对稳定和完善的制度保障。

三是从政策导向来看,当前我国宏观上需要降低社会总杠杆率;从微观上需要降低企业财务成本以提升企业创新能力;从地方政府角度来看,减少地方政府融资平台负债规模以防范地方政府的债务风险已经为各级政府高度重视,因此可以预期党中央、国务院仍将为资产证券化行业的发展吹暖风,金融监管部门在风险可控的情况下将持续

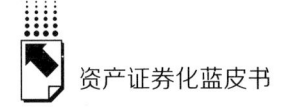

简化监管流程，为资产证券化注册、挂牌、发行、交易以及摘牌提供相对便利的程序。

四是从证券化产品的需求端来看，当前我国社会已经积累了庞大的社会财富，迫切需要保值增值，推动信贷资产和企业资产进行证券化设计和发行，提升社会资本的投资收益水平，因此也将被企业广泛接受。

综上所述，只要国际国内金融市场不出现大规模的金融风险暴露，金融市场不出现大幅度波动，我国资产证券化产品的业务规模有望在未来几年内出现大规模增长。

参考文献

臧运慧、闫明健：《基础资产备受关注，全类型监管指导》，兴业证券研究报告，2017年3月8日。

段超：《监管政策逐渐放松，发行数量激增》，华泰证券研究报告，2014年12月9日。

罗毅、沈娟、陈福：《政策放宽开启资产证券化新空间》，华泰证券研究报告，2014年9月26日。

励雅敏、黄耀锋、王宇轩：《放松自持限制，发起银行资产证券化动力明显增强》，平安证券研究报告，2014年1月2日。

黄飙：《资产证券化多形式，监管套利多模式》，长城证券研究报告，2013年9月30日。

B.7 资产证券化中的信用评级

李燕 王晓宇

摘 要： 本文从银行间市场资产证券化各类产品近年来发行情况及信用表现入手，介绍了企业信贷资产证券化、零售类资产证券化、不良贷款证券化及信托型ABN等证券化产品在信用评级时的主要关注点。随着中国经济进入新常态，企业贷款需求下降，普惠金融概念盛行，以企业信贷资产为基础资产的证券化产品的发行规模增速放缓，而零售类资产证券化产品规模增长迅速。随着资产证券化市场的深化发展，越来越丰富的基础资产和复杂的交易结构的设计都对信用评级提出了更高要求。

关键词： 资产证券化 信用评级 ABN 交易结构

一 2016年银行间信贷资产证券化信用表现

截至2016年末，中国银行间市场信贷资产证券化发行规模累计突破万亿元，进入深化发展阶段。2016年，随着不良贷款证券化的重启和消费升级带动的零售类金融市场的发展，银行间市场资产证券化基础资产和发起机构范围进一步扩大，产品结构设计日益创新，循环购买等复杂结构越来越得到市场认可。同时，随着非金融企业资产支持票据指引修订稿的推出，信托型ABN起步发展。

我国银行间市场资产证券化自2005年试点启动以来，已经历了十多年的发展。2005年底，国家开发银行和中国建设银行分别成功发行了首单CLO和首单RMBS，标志着我国资产证券化的开启。2008年，美国次贷危机的爆发导致国内资产证券化试点中止。2012年5月，中国人民银行、银监会、财政部联合下发了《关于进一步扩大信贷资产证券化试点有关事项的通知》，这意味着时隔4年，资产证券化试点重启。自试点重启以来，我国资产证券化产品的发行规模快速增长，产品种类不断增加，发起机构和投资人类型也日益多元化。经历了2012~2013年的适应期后，2014~2015年资产证券化产品的发行规模呈爆发式增长，2016年增长趋势有所减缓。2016年，银行间市场信贷资产证券化产品共发行108单，发行规模达3908.53亿元，自2012年重启以来累计发行规模达11135.01亿元。信托型ABN共发行5单，发行规模达120.81亿元（见图1）。

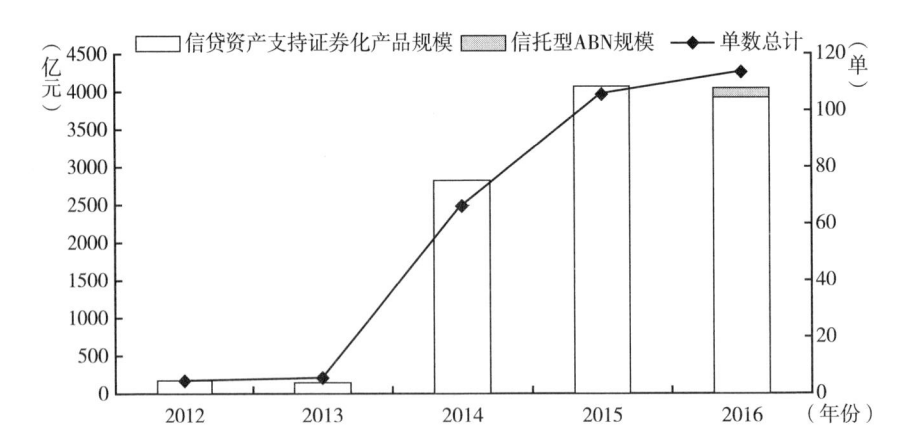

图1 2012~2016年银行间市场资产证券化产品发行统计

资料来源：中诚信国际根据公开信息整理。

从产品类型来看，2016年，随着不良贷款证券化的重启和非金融企业资产支持票据指引的推出，产品类型更加丰富。自2012年试点重启以来，银行间市场资产证券化产品类型不断增加，从CLO、RMBS、Auto ABS逐步扩展至消费类ABS、租赁ABS、个人经营性信贷ABS等类型，2016年又新增不良贷款证券化（NPL）和以企业为发起机构的信托型ABN，基础资产范围逐步扩大。2016年，NPL产品共发行14单，规模达到156.1亿元，而且与2006~2008年试点相比，本轮不良贷款证券化基础资产包括对公贷款、个人住房抵押贷款、信用卡、个人抵押贷款等多种类型。信托型ABN目前刚刚起步，但参考交易所企业ABS发行规模，2017年或将引起信托型ABN的快速发展。

在各类型产品占比方面，CLO产品仍然是银行间市场证券化产品的主要类型之一，但一家独大的局面已被打破。2016年，CLO共发行42单，规模为1437.5亿元，分别占发行总量和发行总额的37.2%和35.7%；零售类贷款资产支持证券（包括RMBS、Auto ABS、消费类ABS）共发行48单，规模达到2184.07亿元，分别占发行总量和发行总额的42.5%和54.2%，零售类贷款资产支持证券逐渐占据半壁江山。银行间市场资产证券化产品类型构成的变化主要由于以下原因：一是近年来国家不断鼓励通过扩大服务消费需求、调整消费结构、部署消费升级来引领我国产业升级，零售类金融市场快速发展，而零售类贷款资产证券化作为帮助发起机构盘活资产的有效手段之一，得到了快速发展；二是随着宏观经济增速放缓成为常态，企业贷款需求下降，银行不良率升高，CLO基础资产信用质量下沉，CLO发行放缓；三是零售类贷款单笔规模小、同质化程度高、数量多、分散度高，具有较明显的统计特征，是优质的证券化基础资产，易被投资人接受，在成熟的国家资产证券化市场，零售类贷款证券化产品比重均较高（见图2）。

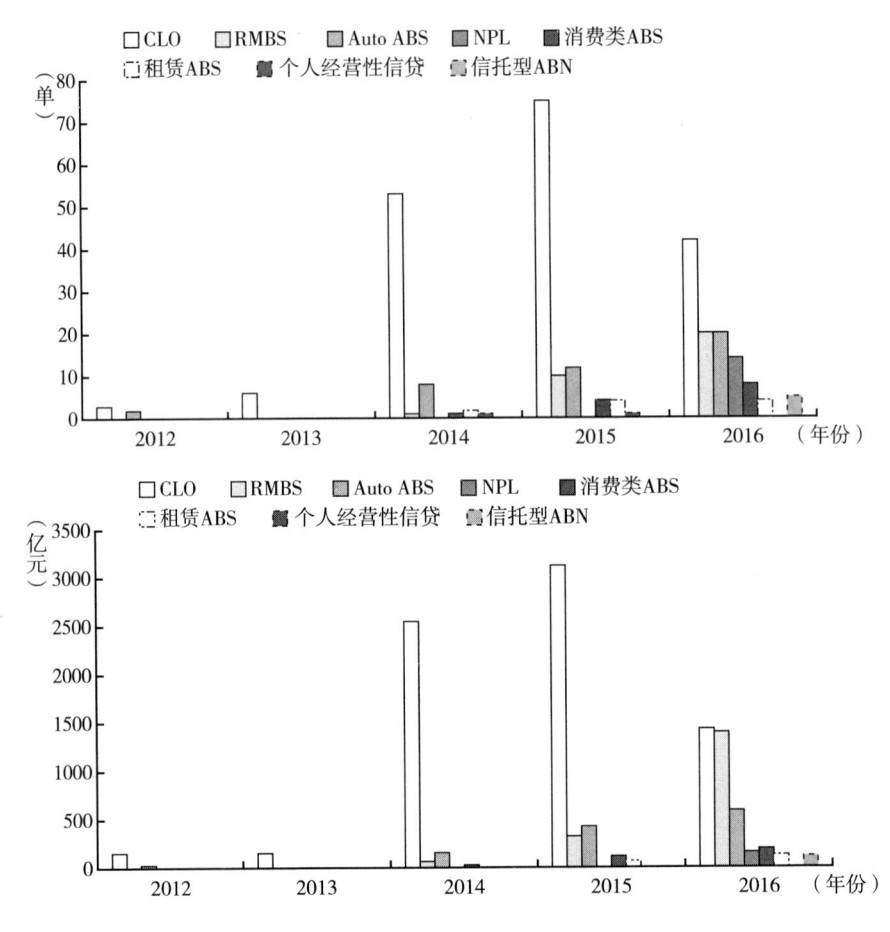

图 2　2012~2016 年银行间市场资产证券化发行情况统计（按产品类型）

资料来源：中诚信国际根据公开信息整理。

从发起机构来看，证券化产品发起机构类型日益多元化。2012年之前发行过证券化产品的发起机构主要是政策性银行、国有银行、股份制银行和资产管理公司。2012年之后，在原有发起机构继续发力的同时，城商行、农商行、汽车金融公司、金融租赁公司、汽车集团财务公司、消费金融公司、公积金管理中心、外资银行及工商企业等新类型的发起机构如雨后春笋般涌现出来。2016年，政策性银行、城商行、股份制银行等主要发起机构发行单数和规模增速放缓，而公积金管理中心、汽车金融公司发行单数和规模快速增长。由于国内持牌消费金融公司经营时间尚短，2016年消费金融公司发行产品仍然较少。但随着消费金融市场的快速发展，预计汽车金融公司、消费金融公司等消费信贷相关发起机构将逐步成为银行间市场资产证券化发行主力之一。此外，随着信托型ABN的开展，将会有越来越多的非金融企业参与到银行间市场资产证券化行业中来（见图3）。

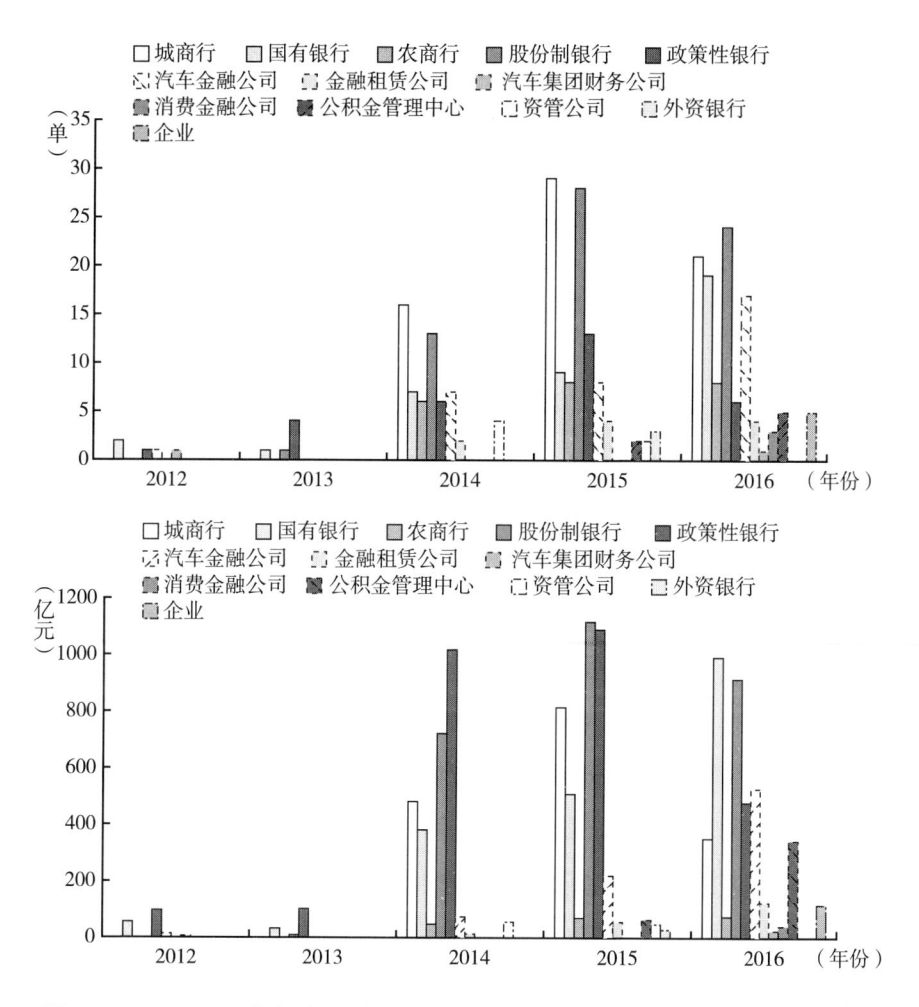

图3 2012~2016年银行间市场资产证券化发行情况统计（按发起机构）

资料来源：中诚信国际根据公开信息整理。

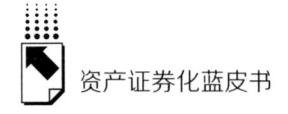

评级情况随着优先档证券的正常支付，次级厚度相对增加，中间档跟踪评级普遍得到提升。

中诚信国际对银行间所有存续的109单证券化产品2016年中的跟踪评级结果进行了统计。整体上看，优先档证券均按时偿付，未出现违约情况。随着优先档证券的正常支付，次级厚度相对增加，中间档级别普遍得到提升。中间档级别出现上调的共有68单，占62%（见图4）。

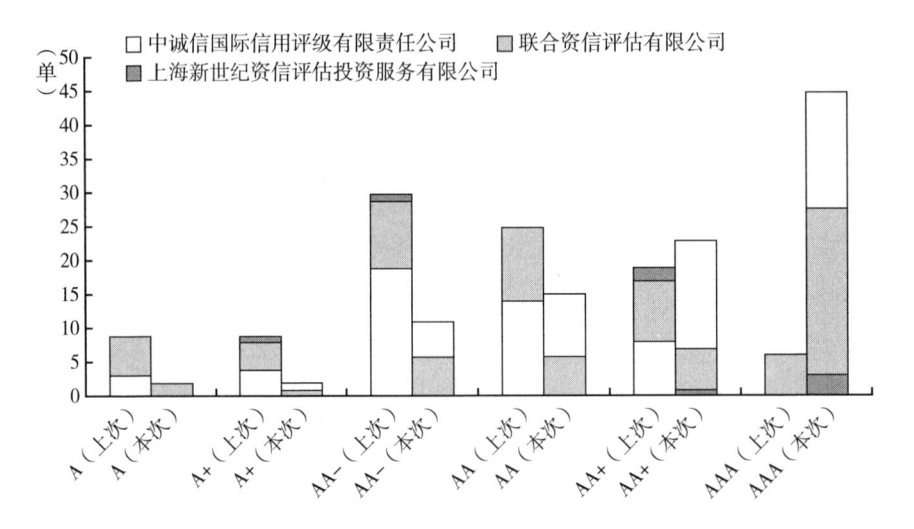

图4　2016年银行间信贷资产证券化产品跟踪级别调整情况

资料来源：中诚信国际根据公开信息整理。

中诚信国际对97单中间档评级的证券化产品进行了一年期信用等级迁徙比较。其中，中诚信国际中间档信用等级变化分布在0~3个子级，信用等级迁徙均为向上迁徙，基本保持稳定（见表1）。

二　企业信贷资产证券化产品信用表现

随着中国经济进入新常态，宏观经济增速放缓，企业贷款需求下

表1 中诚信国际2016年银行间信贷资产证券化产品中间档跟踪级别迁徙矩阵

单位：%

	AAA	AA+	AA	AA-	A+	A
AAA						
AA+	63	38				
AA	31	62	8			
AA-	37	26	26	11		
A+			50	50		
A			33	33	33	

资料来源：中诚信国际根据公开信息整理。

降，银行不良率升高，CLO基础资产信用质量下沉，CLO发行放缓。

企业信贷资产证券化产品CLO由于结构简单、评级方法成熟，在证券化发展初期借助政策的大力引导成为主流的证券化产品。但2016年，随着中国经济进入新常态，宏观经济增速放缓，企业贷款需求下降，银行不良率升高，CLO基础资产的信用质量下沉，CLO发行放缓。2012~2016年，银行间市场共发行了179单CLO，发行规模累计达7418.2亿元，占这期间银行间信贷资产证券化产品发行总量11134.1亿元的66.63%。但2016年，银行间共发行了48单CLO，比2015年的75单减少了36.00%；发行规模为1437.5亿元，比2015年的3116.8亿元减少了53.88%，缩减幅度明显（见图5）。2016年银行间资产证券化产品的发行规模与2015年基本持平，CLO发行规模的缩减被零售类ABS发行规模的大幅增长抵消。

截至2016年末，银行间市场上已经到期清算的52单CLO产品，均没有发生优先级违约的情况。2016年跟踪期间，资产池加权平均信用等级维持或上调的比例为87%，资产池信用质量普遍维持良好。个别入池企业由于经营不善、资金链紧张导致财务状况恶化，部分

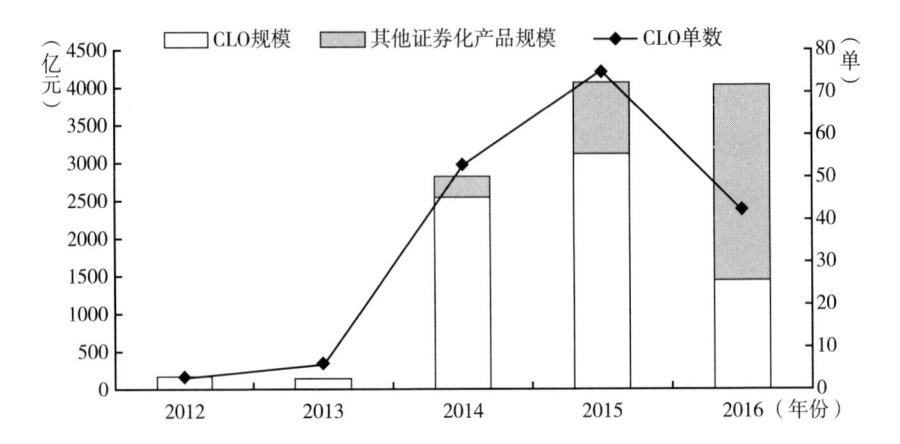

图 5　2012~2016 年 CLO 与其他证券化产品发行情况比较

资料来源：中诚信国际根据公开信息整理。

CLO 产品资产池加权平均信用等级出现下调，但并未影响优先档证券的偿付；入池资产的加权平均利率水平虽有下降但仍然维持在较高水平，保障了充足的超额利差；随着入池贷款的偿付，资产池行业、地区和单户集中度均明显增加。资产池集中度风险虽有增加，但随着优先档证券的偿付，次级厚度增加，集中度风险对优先档证券影响有限（见表2）。

表 2　CLO 产品 2016 年跟踪期间资产池表现

资产池加权平均级别	数量（单）	占比（%）
下调4个子级	2	2.47
下调2个子级	3	3.70
下调1个子级	6	7.41
维持	55	67.90
上调1个子级	9	11.11
上调2个子级	6	7.41
合　计	81	100

续表

基本特征	上一次评级行动（发行或跟踪）	2016年跟踪
加权平均利率(%)	6.34	5.69
加权平均剩余期限(月)	20.32	14.63
集中度	上一次评级行动（发行或跟踪）	2016年跟踪
贷款行业平均分布	15	9
贷款地区平均分布	9	6
前五大债务人OPB平均占比(%)	46.33	69.15

三 零售类贷款证券化产品信用表现

受益于消费升级推动的零售类金融市场的发展，2016年零售类贷款证券化产品发行单数和规模快速增长。作为盘活资产、提升资产收益率的有效手段，零售类贷款证券化具有较大发展空间，但仍面临各种挑战。

近年来，国务院、中国人民银行和银监会发布多项政策，鼓励通过扩大服务消费需求、调整消费结构、部署消费升级来引领产业升级，进一步推动零售类金融市场的发展。零售类贷款证券化可以有效帮助发起机构进一步盘活资产，助力零售信贷发展，未来发展空间很大。

零售类贷款具有单笔金额小、利息率高、期限较短等特征，能够构建具有高分散度的资产池，非常适合作为标准化资产证券化产品的基础资产。从已发行的产品来看，零售类贷款证券化主要包括汽车抵押贷款证券化、住房抵押贷款证券化和消费贷款（包括信用卡）证券化。自2012年5月证券化重启至2016年12月末，银行间市场共发行86单零售类贷款证券化产品，发行规模累计达3334.25亿元，其中2016年全年共发行48单零售类贷款证券化产品，发行总规模为2184.07亿元（见图6）。

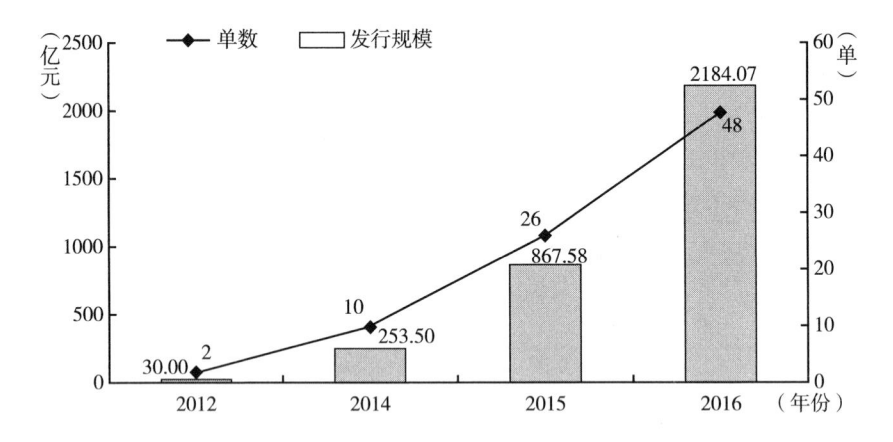

图 6 2012～2016 年零售类贷款证券化市场的发展情况

资料来源：中诚信国际根据公开信息整理。

（一）汽车贷款资产支持证券

汽车贷款资产支持证券是银行间市场零售类贷款证券化产品的重要组成部分，主要由商业银行和汽车金融公司以其发放的汽车贷款为基础资产发行产品。汽车金融公司是 Auto ABS 的主要发起机构，在已发行的 43 单 Auto ABS 产品中，由汽车金融公司作为发起机构的共计 34 单。这主要是因为目前国内汽车金融公司的融资方式仍以银行贷款为主，银行贷款利率往往较高，压缩了汽车金融公司的盈利空间，Auto ABS 帮助汽车金融公司打破了融资瓶颈。

Auto ABS 产品的基础资产同质性较高，基础资产信用情况主要体现在发起机构同类型业务历史信用表现、入池资产的加权平均贷款金额与资产价值比、入池资产利率情况、单户集中度、地域集中度、车辆价值等。Auto ABS 入池资产具有单户占比小、单户分散性很高的特性。2016 年发行的 20 单 Auto ABS 产品的入池资产贷款笔数均在 1 万笔以上，最高为 16 融腾 2，为 109644 笔。受发行额度限制，入池资产户数与发起机构的贷款产品金额成反比，例如，宝马品牌和奔驰品牌入池的车辆价格较其他已发行产品的入池汽车品牌更高，因此相关 Auto ABS 产品入池户数一般较少。整体上看，Auto ABS 单户分散性很高，单个借款人的信用水平对整个交易的影响非常有限。

入池资产加权平均贷款金额与资产价值比（LTV）较低。入池资产的损失会直接造成证券的损失，通常在违约贷款出现后，贷款人会首先通过各种非诉途径进行回收，如无法完成回收则考虑通过诉讼并处置贷款涉及的抵押车辆进行回收。在车辆正常使用且使用年限一定的情况下，LTV 的高低与回收情况负相关，即 LTV 越高回收情况可能越差，LTV 越低回收情况可能越好。2016 年已发行的 Auto ABS 产品入池资产的加权平均 LTV 最高为 65.81%，最低为 57.26%。较低的 LTV 能够在一定程度上保障违约贷款的回收，同时较低 LTV 资产的选择也符合现阶段资产证券化产品"以优质资产入池"的监管指导性要求。

入池资产利率水平普遍较高。入池资产的利率水平直接决定超额利差或负利差的存在，进而影响证券层面的分层结果。入池资产的利率类型，即固定或浮动利率，影响证券层面利率类型的设计，进而决定利率风险的大小及利率调整时间错配的程度。例如，2016 年上和 1 入池资产部分为贴息贷款，即入池资产利率最低为 0，因此加权平均利率水平较其他交易明显偏低；再如，华驭系列因采用折后本息余额来确定产品的证券发行金额，即将入池资产的每笔汽车抵押贷款在摊还期每期的计划本息偿还金额以某一特定折现率（等于证券票面利率、税费及各中间机构费用的总和）折现到起算日，得到本息余额的现值作为证券的发行金额，通过折现率替代了原资产池利率对券面端分层的影响。

2016 年跟踪期间，Auto ABS 的基础资产有不同程度的逾期和违约,但累计违约率较低,并未对优先档证券的偿付造成影响,而且利率水平仍然较高,为超额利差提供了充分保障(见表3)。

表3 Auto ABS 2016年跟踪期间资产池表现

汽车贷款	上一次评级行动(发行或跟踪)	2016年跟踪
加权平均利率(%)	9.28	9.56
加权平均剩余期限(月)	23.80	15.26
累计违约率(%)	0.02	0.34

目前已兑付完毕的Auto ABS产品的基础资产信用表现良好。从汽车抵押贷款证券化基础资产的初始信用情况可以看到,目前已发行的产品基础资产信用质量很好。我们收集整理了所有优先档已兑付完毕的Auto ABS产品发行后的信用表现,共计10单。累计违约率为0.28%~1.55%,总体来讲表现良好(见图7)。

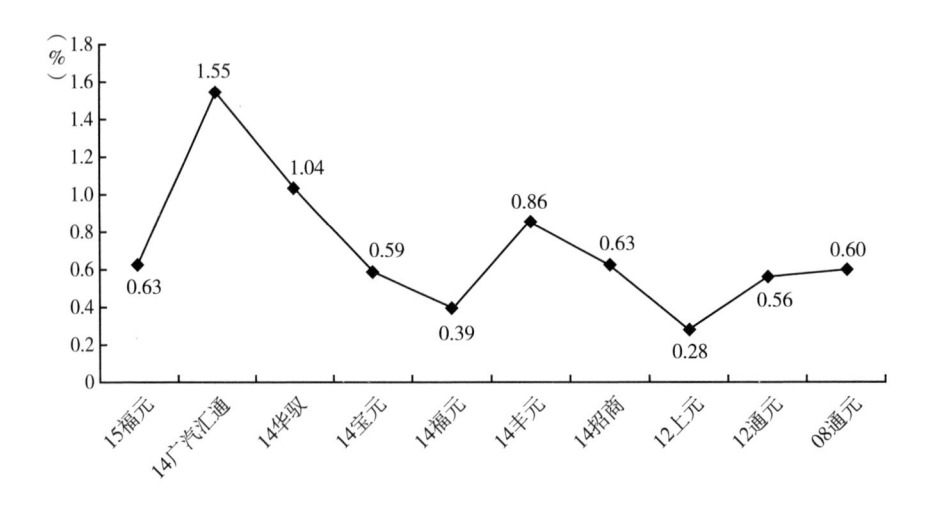

图7 Auto ABS已兑付完毕产品累计违约率

资料来源:中诚信国际根据公开信息整理。

已兑付完毕的 Auto ABS 产品的基础资产累计早偿率差异较大。从 10 单优先档已兑付完毕的 Auto ABS 产品的累计早偿率来看，最低的为 14 招商 1，资产池累计早偿率为 3.15%；最高的为 14 丰元 1，资产池累计早偿率为 9.83%（见图 8）。

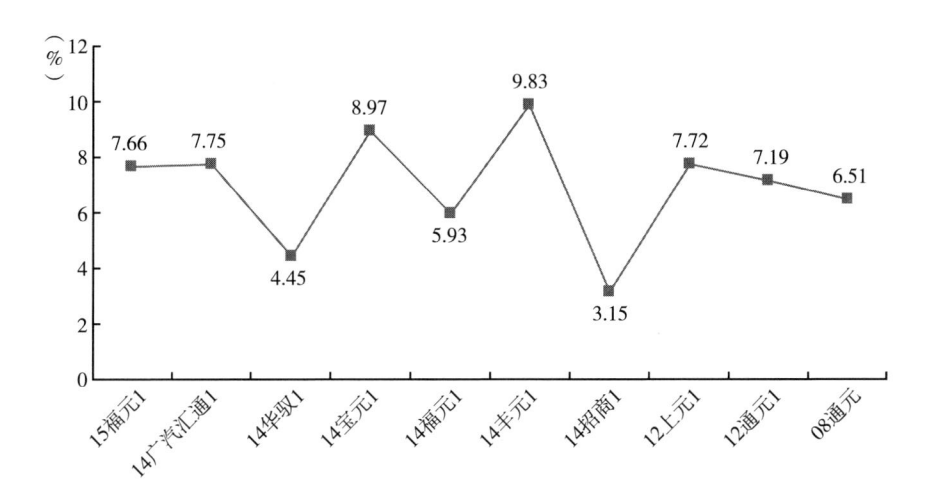

图 8　Auto ABS 已兑付完毕产品累计早偿率

资料来源：中诚信国际根据公开信息整理。

（二）个人住房贷款支持证券

由于个人住房贷款风险较低，对于银行而言是较为安全和优质的资产，且具有期限较长、现金流稳定、底层资产风险分散的特点，非常适合作为标准化资产证券化产品。2016 年银行间市场共发行 20 单 RMBS 产品，发行总规模为 1396.57 亿元，占证券化产品总发行规模的 34.65%，参与的发起机构达 14 家。发起机构主要为商业银行和地方公积金管理中心。自 2012 年资产证券化重启以来，已发行的 31 单 RMBS 产品中，由商业银行作为发起机构的共计 24 单，其中国有银行共发行 11 单；由地方公积金管理中心作为发起机构的为 7 单。

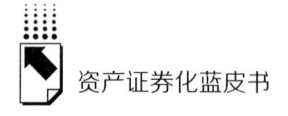

RMBS产品的基础资产分散性很高，加权平均贷款金额与资产价值比较低，信用质量较好，所以利差空间问题值得我们关注。从基础资产方面来看，2016年已发行的20单RMBS产品的贷款数目最高为2016沪公积金1，为61117笔，最低为1284笔，资产池较为分散；入池资产均有一定账龄，最长加权平均账龄为6.77年，最短为0.81年；加权平均贷款金额与资产价值比均不高于67.71%，信用质量较好，较低的价值比能够在一定程度上保障违约贷款的回收。

入池资产利率水平普遍不高，赢取利差的空间较小。在2016年已发行的RMBS产品中，入池资产加权平均利率最高的为16家美1，为5.70%，最低的为3.26%，相对于消费贷款而言利率较低。一般由公积金管理中心发放的贷款的利率低于商业银行。目前从证券端来看，市场中RMBS的发行利率明显高于其他证券化产品，因此银行通过RMBS赚取利差的空间较小。支付完相关税费、中介机构服务费后，在存续期内偿付约定的优先档的利息存在一定压力，有一定利率倒挂的风险。换言之，完成资产证券化后的资本回报率可能会不升反降。但从基础资产的利率水平来看，当前房贷利率已处于长周期的底部区域。因此从长远来看，商业银行可通过资产证券化置换出低利率的房贷，为之后利率上行后投放高利率房贷腾出空间，从而优化其资产收益结构。

2016年跟踪期间，RMBS的基础资产有不同程度的逾期和违约，但累计违约率仍然较低，未影响对优先档证券的偿付，而且累计违约率增加幅度不大。RMBS的加权平均利率水平有所下降，但仍然能提供一定程度的超额利差（见表4）。

目前银行间市场上的RMBS产品尚无已兑付完毕的产品，所有产品仍在存续期内。建元2005年产品已存续近11年，优先A档和B档已兑付完毕，截至2016年12月资产池的累计违约率为0.75%，产品表现优异。建元 2007 年产品已存续近 9 年,各档证券均正常兑付,资产池的累计违约率为 0.97%(见图 9)。

表 4 个人住房抵押贷款 2016 年跟踪期间资产池表现

	上一次评级行动(发行或跟踪)	2016 年跟踪
加权平均利率(%)	5.37	4.26
加权平均剩余期限(年)	10.15	9.29
累计违约率(%)	0.10	0.16

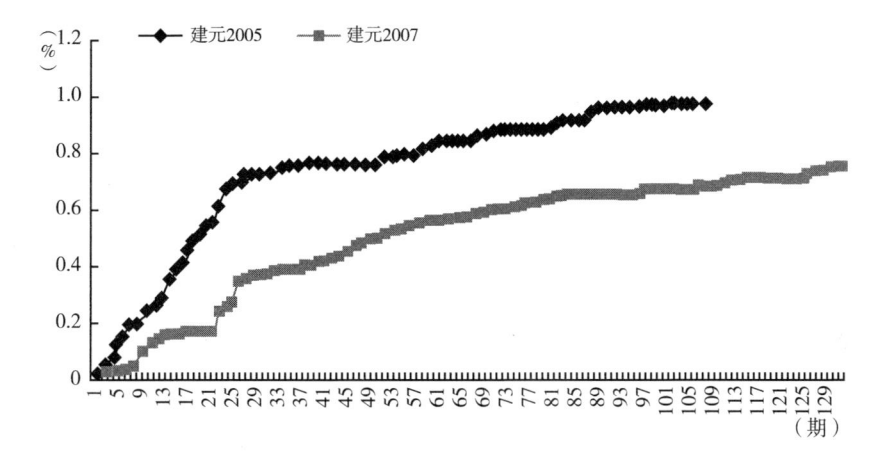

图 9 建元 2005、建元 2007 累计违约率情况

资料来源:中诚信国际根据公开信息整理。

(三)消费类 ABS

消费金融的表现形式主要包括消费分期、个人消费贷款以及信用卡分期等。目前,我国提供消费金融服务的机构众多,包括商业银行、挂牌消费金融公司、电商企业、P2P 借贷平台、消费分期平台等。目前证券化产品发起机构中主要有商业银行和消费金融公司。自 2012 年资产证券化重启以来,已发行的 13 单消费贷款证券化产品中，由消费金融公司作为发起机构的共计3单，由商业银行作为发起机构的为10单。目前银行间市场只有银行和消费金融公司作为消费贷款证券化的发起机构，随着ABN的发展，电商系平台、P2P及小贷公司可以通过发行ABN的方式参与到消费贷款证券化中（见表5）。

表5　消费金融主要提供方概况

服务提供方	产品	客户群体	利率水平
银行	消费贷款；信用卡分期	客户质量较好，一般有固定收入	利率相对较低，为6%～9%
消费金融公司	个人信用借款；分期付款	弱于银行，一般要通过收入审核	利率水平高于银行，为10%～15%
电商系平台	分期付款	购买商品的消费者	利率中等，为8%～20%
P2P及小贷公司	小额信用消费贷款	资质弱于银行和消费金融公司	利率水平高，可达20%以上

资料来源：中诚信国际根据公开资料整理。

消费贷款证券化产品的基础资产分散性极高，入池资产利率较Auto ABS和RMBS高，发起机构的风控能力值得关注。消费贷款的单笔贷款平均本金余额较Auto ABS和RMBS小，2016年发行的8单产品中有2单小于1万元，资产非常分散。同时消费贷款的入池加权平均利率也远高于另外两类产品，最高的为16捷赢1，加权平均利率达21.11%。从剩余期限来看，入池资产的加权平均剩余期限为半年到4年，贷款期限较短。

消费金融机构提供的金融服务以"无抵押担保、贷款审批速度快"为特点，而无抵押担保及贷款审批速度快的结合均会提升风险系数，逾期率与坏账率成为核心问题。制定严格的发起人风控制度并执行以及有完整的数据库有利于控制风险，因此应当成为关注的重点。

具体包括三方面：（1）关注风控模型的建立；（2）制定防范欺诈风险的措施；（3）注重发起机构的贷中管理及不良贷款的催收能力。

目前已兑付完毕的消费贷款证券化产品的基础资产信用表现良好。在银行间市场上共有2笔消费贷款证券化产品兑付完毕，分别为16中赢新易贷1和15交元1。16中赢新易贷1在第9期兑付完毕，资产池的累计违约率为0.87%；15交元1在第10期兑付完毕，资产池的累计违约率为1.08%（见图10）。

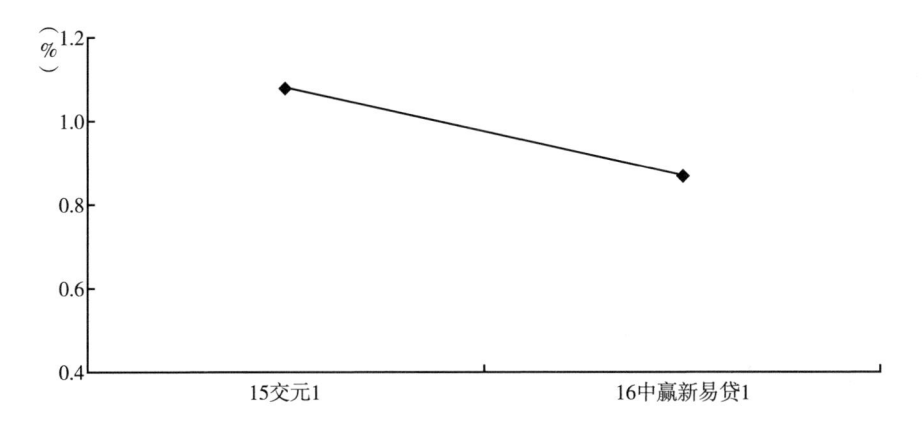

图10　2012～2016年消费贷款证券化已兑付完毕产品累计违约率

资料来源：中诚信国际根据公开信息整理。

总体来看，2016年是零售类贷款证券化快速发展的一年，受益于国家政策的鼓励，预计零售类贷款证券化发展势头将继续保持。但是随着产品规模的不断增长，参与机构的日益增多，交易结构的不断创新，零售类贷款证券化仍面临许多挑战。

发起机构提供的历史数据有限，未经历完整周期，历史数据为评级机构提供资产池未来表现的预测作用有限。由于消费类贷款资产池笔数众多，同质性强，分散性高，评级机构一般通过发起机构提供的历史数据进行统计分析来预测资产池未来的表现。但目前国内消费类贷款证券化产品的历史数据有限，未经历完整的经济周期，甚至部分

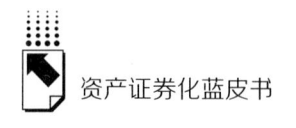

尚未经历完整生命周期，对资产池未来表现的预测作用有限。

国内征信体系尚不完善，获客渠道下沉对发起机构风险控制能力和证券化产品的交易结构设计提出更高要求。随着消费金融市场的扩大和竞争的加剧，消费类贷款客户群体不断扩大，但我国个人征信体系尚不完善，客户质量参差不齐，这对发起机构贷前审查、风险控制、贷后管理和催收提出更高要求，同时也对证券化时进行资产筛选、交易结构设计提出了挑战。

消费类贷款证券化采用循环购买结构的产品增多，新增资产的质量和信用触发机制的保护力度值得关注。除个人住房抵押贷款外，一般消费类贷款具有额度小、期限短的特点，由于入池贷款在金额、期限、利率等方面存在差异，资产端和证券端就会产生不匹配现象，容易造成资金闲置，因此通常通过循环购买解决错配问题。采用循环购买结构的产品，投资人事前无法得知未来新增资产的情况，为保证新增资产的质量不会对优先档证券的偿付产生影响，会设置一定信用触发机制来终止循环购买，因此在循环购买中信用触发机制的设置值得关注。

缺少专业的第三方资产服务机构，产品在一定程度上依赖发起机构的信用质量。目前国内缺少专业的第三方资产服务机构，证券化产品中发起机构和资产服务机构往往是同一家机构，即便资产是优质的，但产品在一定程度上无法与发起机构完全隔离，所以还需依赖发起机构/资产服务机构的信用质量。

作为解决证券化资产端和证券端期限不匹配和资金闲置问题的有效手段，循环购买机制应用逐渐增多，我们应关注合格标准的制定、资产的充足性和退出循环购买机制的设定。

消费贷款具有频次高、额度小的特点，同时每笔入池贷款在金额、期限、利息等方面存在差异，资产端的期限和资产证券化的期限会产生不匹配问题，导致资金闲置。2015年7月，宁波银行发行

"永盈2015年第一期消费信贷资产支持证券"，首次采用了循环购买机制，解决了期限错配问题，开启了循环购买机制在我国信贷资产证券化产品中的实践与探索。随后，循环购买机制在银行间市场汽车贷款和消费贷款证券化中的应用越来越普遍，例如2016年上汽通用汽车金融发行的16融腾2、大众汽车金融发行的16华驭5、招商银行发行的16和享1以及九州通医药发行的16九州通ABN001。

采用循环购买机制的产品，在循环期内当所有现金流归集之后并不偿付证券端，而是再循环购买其他基础资产，通过循环购买解决期限错配的问题。由于未来循环购买资产存在一定不确定性，因此做循环购买设计时，需考虑基础资产的质量、合格资产的充足性以及退出循环购买机制的触发条件。

基础资产质量控制主要取决于合格标准的制定。循环购买区别于传统静态池资产证券化的一点是，不仅要在专项计划设立初期控制初始入池资产的质量，还需要分析循环期新增入池资产，进行后端控制。循环期新入池的基础资产质量的控制主要取决于两点：一是就循环购买的基础资产制定合格标准，资产服务机构应严格按照合格标准筛选基础资产；二是资产服务机构在产品存续期内应该持续关注基础资产违约率、回收率及损失率等触发风险的因素。

根据循环期内合格资产的充足性确定发行规模。循环购买的设计首先要考虑的问题就是循环期内备选合格资产的充足性问题。在循环购买模式中，循环期内资产服务机构可以用信托中可支配的现金持续购买符合入池标准的新增进出资产。信托设立后，若出现了在某个循环购买日合格资产不足购买的情况，就会导致资金闲置，资产池的整体收益率就会下降，进而产生影响优先级利息兑付的风险。

设置合理的退出循环购买的相关机制。如果基础资产的违约率较高，那么循环购买则会累计并叠加基础资产的损失，很可能会对优先档的本金偿付产生不利影响。因此应当给累计违约率设立阈值，当基

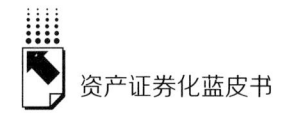

础资产的累计违约率触发该阈值时，资产服务机构应当停止循环购买，进入摊还期。

四 不良贷款证券化产品信用表现

不良贷款证券化试点重启，基础资产更加丰富，产品结构化设计不断完善。

2006年，首批不良资产证券化项目信元2006-1、东元2006-1成功发行，这成为我国首次针对不良资产进行证券化的尝试。2008~2014年，不良贷款余额相对稳定，仅有小幅上涨，进入2015年后，我国商业银行不良贷款持续上升。截至2015年末，商业银行不良贷款余额为1.27万亿元，较2014年末增加4318亿元，增长51.52%，创金融危机后增幅新高；商业银行不良贷款率为1.67%，日趋接近银行业风险2%的警戒线；银行关注类贷款基数也已持续走高。截至2015年末，商业银行关注类贷款余额已经达到2.89万亿元，较2014年末增加了近1万亿元，增长52.91%。由于关注类贷款在一定程度上易向逾期、呆坏账等不良贷款转移，因此关注类贷款的持续上涨也将对商业银行不良贷款的产生造成进一步的压力。

自不良资产证券化重启以来，不良资产证券化成为不良资产处置的重要补充手段之一。从中国银行和招商银行的小规模试水，到农业银行、建设银行、工商银行等的规模化运作，再到江苏银行探索收益权转让，首批6家试点银行中，中国银行发行了首单对公贷款不良资产证券化产品，招商银行发行了首单信用卡和首单小微贷款不良资产证券化产品，农业银行发行了最大规模对公贷款不良资产证券化产品，建设银行发行了首单个人住房抵押贷款不良资产证券化产品。各家银行积极探索不良资产证券化，不仅使交易结构更加创新，而且使得基础资产也从传统的对公不良贷款扩展至信用卡、小微贷款、个人住房抵押贷款等零售类不良贷款。

对比以前的不良资产证券化项目可以发现，重启后的不良资产证券化项目基础资产已涵盖对公、信用卡、小微、房贷等多种类型，发行金额占资产池本金的比例相比之前发行的产品更高，同时优先档规模占产品发行总额的比例也较高。本轮不良贷款证券化发行产品有如下特点。

第一，发起机构以银行为主。从目前已发行的资产证券化项目来看，发起机构全部为银行，银行作为发起机构，同时也是资产服务机构，对入池资产的信息了解深入，能够把握入池资产的最新情况，拥有相对丰富的信贷管理经验，在业务流程、风险控制和信息系统等方面能够满足为入池贷款提供服务的需要，可以为不良贷款的回收提供一定的支持。

第二，基础资产类型丰富并且以抵押为主。此轮不良贷款证券化发行的产品入池资产质量相对较好，次级贷款占比和采用抵质押担保的贷款占比相对较高。中诚信国际通过对资产池中每笔不良贷款进行详尽的实地访谈和调查，结合区域经济和司法环境、借款人/保证人资信情况、抵（质）押物情况、处置策略和进程等对资产的预期回收金额进行估测，并根据所采用的回收策略、与债务人洽商的进展、所处的处置阶段等对回收时间做出判断。在抵质押担保有效的基础上，处置方式以司法处置为主，流程较为标准，回收时间相对确定。

第三，交易结构更加完善。由于不良资产支持证券的基础资产是已经逾期、预期产生损失的贷款，现金流主要为预期处置回收款，不确定性较大，因此不良资产支持证券具有一定的处置风险和流动性风险。为了缓释这些风险，交易结构设计要相对完善。除了采用优先档/次级档支付机制进行增信外，还会采用储备金账户、流动性支持、次级投资人担任资产服务顾问和超额奖励服务费等措施缓释风险。其中，储备金账户和流动性支持机构的设置可以有效地缓释由不良贷款回收不确定性带来的流动性风险。此外，在交易结构中可以安排由次

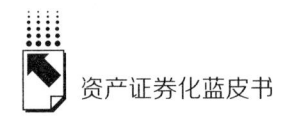

级投资人担任资产服务顾问，赋予其一定的权利和义务并享有相应的超额奖励服务费等，这将有助于提高贷款服务机构资产处置的效率，促进处置回收。

当前国内不良资产证券化仍处于探索期，但是随着去杠杆进程的推进和供给侧结构性改革的落地，不良资产证券化将有利于我国商业银行开展积极的信贷资产组合管理，提高资产负债率管理水平，有利于不良资产"双降"目标的实现。

根据基础资产历史数据的丰富程度采用不同的信用分析方法。对于单户占比较大、笔数较少的资产池，采用逐笔分析法。逐笔分析法是指对资产池中每笔不良贷款进行详尽的实地访谈和调查，通过对影响回收因素的分析，获得每笔不良贷款的预期回收率和回收时间。影响回收的因素比较多，一般从宏观经济及区域环境、借款人资信情况、担保情况、处置情况和逾期时间五个方面进行考察。对于笔数较多、基础资产较分散但发起机构历史数据不足的资产池，采用样本分析法。样本分析法是指依据重要性和代表性原则从资产池中抽取样本池，对样本池进行分析，然后以整个样本池分析结果作为整个资产池分析的基础来测算的方法。对于笔数较多、基础资产较分散同时发起机构可以提供有价值的历史数据的资产池，采用历史数据动态分析法。历史数据动态分析法是依据发起机构提供的历史数据建立回收率分布模型来拟合证券化资产池预期回收的一种方法。

五 信托型 ABN 信用表现

作为有效助力拓宽企业融资的新渠道，信托型 ABN 获得政策支持，将迎来快速增长。

2016 年 12 月 12 日，中国银行间市场交易商协会发布了《非金融企业资产支持票据指引（修订稿）》和《非金融企业资产支持票据公开发行注册文件表格体系》，为企业发行信托型资产支持票据（信托型ABN）提供了政策指导。与2012年8月首次颁布的指引相比，本次修订稿在交易结构中引入了特殊目的载体，有助于实现破产隔离和真实出售；进一步丰富了合格基础资产类型，基础资产可以是企业应收账款、租赁债权、信托受益权等财产权利，以及基础设施、商业物业等不动产财产或相关财产权利，针对已用于抵质押融资但可通过合理安排解除权利限制的优质资产，仍然可以作为ABN的基础资产；明确了包括发起机构、SPV管理机构、资产服务机构等的职责，强化了风险防范和投资人保护规则，操作性及风险防控并重；进一步规范了信息披露要求。

整体来看，修订后的信托型ABN有着区别于传统ABN的两大创新点和优势。第一，由于2012年交易商协会首次发布的ABN指引并没有强制要求设立SPV，因此传统ABN并未设立SPV，仅采取了账户隔离的方式，无法达到资产真实出售和破产隔离的目的，而自2016年6月以来所发行的信托型ABN引入了信托作为SPV载体，有效实现了企业资产出表等功能（见表6）。第二，传统ABN以公共事业收费权为主，而信托型ABN基础资产类型更为广泛，可以是企业应收账款、租赁债权、信托受益权等财产权利以及基础设施、商业物业等不动产财产或相关财产权利等。

表6 信托型ABN发行情况

产品名称	发起机构	类型	发行规模（亿元）	交易结构特征
16远东租赁ABN	远东国际租赁有限公司	租赁	20.68	采用优先级/次级分配顺序
16九州通ABN	九州通医药集团股份有限公司	应收账款	10.00	采用优先级/次级分配顺序、超额覆盖、循环结构

续表

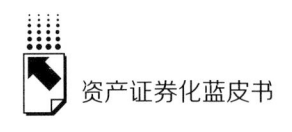

产品名称	发起机构	类型	发行规模（亿元）	交易结构特征
16融和租赁ABN	中电投融和融资租赁有限公司	租赁	16.01	采用优先级/次级分配顺序
16铁塔股份ABN	中国铁塔股份有限公司	应收账款	50.00	采用优先级/次级分配顺序
16中车ABN	中国中车股份有限公司	应收账款	24.12	采用优先级/次级分配顺序,全部出表

资料来源：中诚信国际根据公开资料整理。

从目前已发行的信托型ABN来看，远东租赁和中电投租赁均以租赁债权作为基础资产入池，九州通医药、中国铁塔和中国中车均以应收账款作为基础资产入池。5单产品满足了企业通过资产证券化将资产出表的需求，有利于发起机构在拓宽融资渠道的同时提升存量资产利用效率、调整资产负债结构。同时，5单产品均以特殊目的信托为载体发行，引入特殊目的信托能以《信托法》作为上位法支撑，在我国现有法律框架下实现有效破产隔离。此外，信托型ABN通过分层设计的交易结构可以对优先级票据进行信用增级，有效降低了企业的融资成本及风险。更值得一提的是，九州通医药信托型ABN通过循环购买的设计解决了基础资产期限与产品期限无法一一匹配的问题，为期限可能存在长短不一的基础资产入池提供了技术上的解决方案。

对权益类和债权类两种信托型ABN采用不同的评级方法。对于债权类ABN，与成熟证券化产品的评级方法类似，根据不同资产池在债权人信用等级、基础资产数量和资产集中度等方面存在的差异，使用不同的模型来确定基础资产的组合信用质量。当基础资产笔数较少、财务数据容易获取、逐一评估可以实现的时候，中诚信国际运用蒙特卡洛模拟法进行分析，即利用蒙特卡洛模拟法模拟单笔基础资产的违约情况，从而获得整个资产池的违约情况，再通过大量次数模拟测算得到资产池的违约概率分布和损失概率分布。当基础资产笔数较多、资产分散度较高、相关财务数据获取困难时，则采用静态样本池法进行分析，即通过分析与基础资产池性质相近的样本池的累计违约率数据，从而获得资产池的违约率及损失率的概率分布。对于权益类ABN，中诚信国际采用现金流覆盖倍数法或现金流分布拟合法来分析，现金流覆盖倍数法因其使用方法相对简便，是目前分析收益权类ABN产品使用最广泛的评级方法。基本思路是，每个本息兑付日，其现金流入与优先级现金流出之比需达到一定的覆盖倍数。中诚信国际参照不同收益权类基础资产的历史表现及实践操作经验，对不同类别的收益权类基础资产设定了相应的现金流覆盖倍数区间，再设定不同的压力情景及相应的压力乘数，并将结果与对应的基准相比较，得到满足压力条件的信用等级。现金流分布拟合法是通过分析与基础资产相关的历史现金流数据，选用特定的统计分布来拟合预测未来的现金流，分析其波动性，估计出统计分布的参数。再结合压力情景来调整分布参数，并将结果与对应的基准相比较，从而得到满足压力条件的信用等级。

总体来看，我国ABN市场尚处于探索阶段，创新类型产品不断涌现，信托型ABN的发行有利于扩宽企业融资渠道，盘活资产存量，降低企业融资成本，进一步推动我国资产证券化市场的蓬勃发展。通过引入信托型ABN，在合理设计信用增级措施、风险自留安排等交易结构的基础上，不仅发起人的融资渠道得到拓宽，同时也有利于其提升存量资产利用效率、优化资产负债结构、提升金融服务实体经济效率。

六　展望

本轮资产证券化试点初期，很多金融机构开发证券化产品秉持学习、实践的态度，政策性导向较强。随着近几年的发展，资产证券化进入常态化发展阶段，政策导向型发展将逐步转向内生需求型发展。我国金融机构对资产证券化的内生需要和发行动机，主要表现为以下几个方面。一是解决资产负债期限结构的错配问题。这在存在较长期限信贷资产的金融机构尤为突出。二是降低监管资本的压力。金融机构通过证券化达到出表要求，可以释放出更多的监管资本。三是有利于进行资金筹措。特别是吸收存款方面受到限制的机构，如政策性银行、汽车金融公司、融资租赁公司等，证券化业务为其提供了很好的融资渠道。四是有利于资产行业结构的调整，如国开行通过做铁路专项证券化产品等来调整其铁路行业占比。五是增加盈利，如通过发行Auto ABS 或信用卡等消费类资产支持证券赚取超额利差。未来产品设计，应更关注发起机构的内生需求，以促进业务的可持续发展。

本轮信贷资产证券化试点的发起机构不仅有政策性银行及国有上市商业银行，还有汽车金融公司、外资银行、城商行、农商行和金融租赁公司等金融机构，相比之前的试点发起机构更加多元化。在投资者方面，在前几轮和本轮试点的初期，信贷资产证券化产品"银行互持"的情况十分普遍，这使得通过资产证券化将部分信贷风险转移出银行系统，实现风险的分散化的初衷受到影响。随着证券化产品的不断发展，规模越来越大，已经有更多的投资者参与进来，2016年以前参与银行间信贷资产支持证券投资的机构主要有银行理财、银行自营、公募基金、券商资管、保险机构、QFII、RQFII 等。随着不良资产证券化产品的发行，国有四大资产管理公司、地方资产管理公司和私募基金都积极参与到了各不良资产证券化产品次级档的投资中。保监会于2016 年3 月8 日发布的《关于修改〈保险资金运用管理暂行办法〉的决定（征求意见稿）》中明确规定保险资金可以投资资产证券化产品，保险资金的投资一般具有低风险偏好、长久期的特点，证券化产品中的RMBS 能够很好地匹配保险资金的需求，预计未来随着证券化市场的不断成熟，保险资金的参与也会逐步增多。

2016年是中国银行间市场资产证券化深化发展的一年。随着发行规模累计突破万亿元，银行间市场资产证券化产品类型更加全面，交易结构设计已进行很多创新尝试，参与机构也更加广泛。与此同时，交易商协会发布的非金融企业资产支持票据指引修订稿，为银行间市场信托型ABN的发展将提供了有力支持。总体来看，监管政策和市场环境有利于资产证券化行业的进一步发展，而资产证券化作为盘活存量资产、优化杠杆的重要手段之一，势必得到更广泛的应用。此外，中诚信国际也关注到，随着宏观经济增速放缓，信用违约事件频频爆发，证券化基础资产的信用水平或将有所弱化，此外产品结构设计也越来越多元化，将对投资人判断产品风险能力提出更高的要求。

参考文献

[1]《2016年中国银行间市场资产证券化信用年报及展望》（2016年12月）。

分报告之市场篇

Market Reports

B.8
资产证券化对资本市场的影响

符 健

摘　要： 资产证券化是盘活存量资产的重要手段，将实现存量资产的流动性转换，降低金融风险积聚，并有利于解决企业融资问题，因此，得到监管层的大力推动。资产证券化有利于优化银行等金融机构的资本结构、分散金融行业经营风险，丰富市场投资品种。

关键词： 资产证券化　优化资本结构　分散经营风险　丰富投资品种

一 流程分类：将缺乏流动性的各类资产
打包为可交易证券

资产证券化是将缺乏流动性的资产通过证券化处理使其具有流动性的一种金融工具。资产证券化兴起于美国，在近30年的时间内得到了快速发展。

狭义的资产证券化是指企业或金融机构将其能产生现金收益的资产加以组合，出售给特殊目的载体（SPV），然后由特殊目的载体创立以该基础资产产生的现金流为支持的证券产品，将该证券出售给投资者的过程（见图1）。

在实践中，一般是由银行、信用卡公司或者其他信用提供者提供的贷款协议或者应收账款作为基础资产并承担抵押担保功能，而发行的债权或证券。其范围较广，目前主要有银行信用卡贷款、学生贷款、汽车贷款、企业租赁贷款、旅游贷款、房屋抵押贷款等，其中房屋抵押贷款简称为MBS。主要提供者是商业银行和券商。其余的大多数都归类于ABS。

从本质上讲，资产证券化就是将基础资产产生的现金流包装成为易于出售的证券，将可预期的未来现金流立即变现。所以可以预见的现金流是进行证券化的先决条件。

广义的资产证券化不仅包括传统的资产证券化，而且还将基础资产扩展至特定的收入及企业的运营资产等权益资产，甚至可以进一步与信用衍生品结合，形成合成型的证券化。例如，将证券化与信用违约互换结合起来，可以达到转移银行信用风险的目的，但实际上并没有转移资产本身。银行和SPV进行信用违约互换交易，购买针对一组信用资产（可以包括抵押贷款、消费贷款、企业贷款等）组合的保险，而SPV是保险的出售方，银行需要支付相应的保险费，SPV

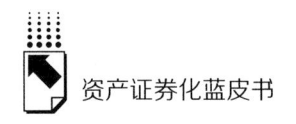

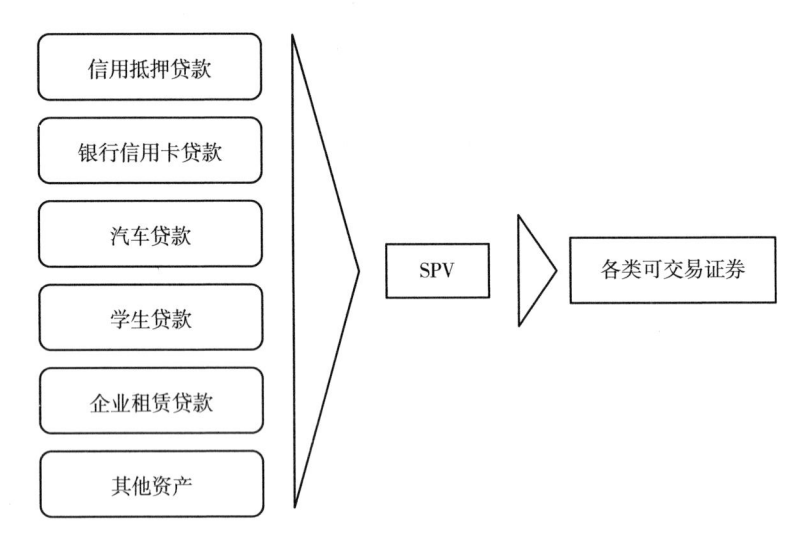

```
┌──────────────┐
│  信用抵押贷款  │──┐
└──────────────┘  │
┌──────────────┐  │
│ 银行信用卡贷款 │──┤
└──────────────┘  │
┌──────────────┐  │   ┌─────┐   ┌──────────────┐
│   汽车贷款    │──┼──▶│ SPV │──▶│  各类可交易证券 │
└──────────────┘  │   └─────┘   └──────────────┘
┌──────────────┐  │
│   学生贷款    │──┤
└──────────────┘  │
┌──────────────┐  │
│ 企业租赁贷款  │──┤
└──────────────┘  │
┌──────────────┐  │
│   其他资产    │──┘
└──────────────┘
```

图1 资产证券化的核心流程

资料来源：上海证券研究所。

发行证券化的产品，将资金用于购买国债、机构 MBS 等信用质量高的债券作为抵押物，发行的债券总量可以低于资产组合的总量。若该组合中的资产未出现违约的情形，则投资者可以获得 SBV 投资抵押物的回报和保险费收入。如果出现违约的资产，则 SPV 必须将必要的抵押物变现，补偿银行的损失，而最终的损失实际是由证券投资者承担。所以证券的收益完全与对应的信用资产组合的信用表现挂钩，同时也受到互换方银行能否履约的影响，并不完全与银行的信用无关。这种结构的证券化产品主要以贷款抵押证券的形式出现（见表1）。

表1 资产证券化的主要类型对比

	传统 ABS/MBS	合成型资产证券化
基础资产	现金流可预测的资产,多为债权资产	信用资产组合
风险隔离	资产真实出售,风险完全隔离	风险基本实现隔离,但资产并没有实现转移,存在信用违约,互换对手违约风险

续表

	传统 ABS/MBS	合成型资产证券化
信用评级	可能高于发行人	可能高于发行人
对发起人的益处	表外融资,实现资产出表	适用于银行及其他金融机构不同类型的风险资产
对投资者的益处	收益高于同信用评级的普通债券	该交易可能带来的更高的潜在回报率

资料来源：上海证券研究所。

二 监管政策：政策层大力推进，监管逐步完善

资产证券化是盘活存量资产的重要手段，将实现存量资产的流动性转换，降低金融风险积聚问题，并有利于解决企业融资问题，因此，受到监管层的大力推动。

资产证券化按照基础资产大致可分为两类，即信贷资产和企业资产，而国内会管单位又分为证监会、银监会和交易商协会。最早的资产证券化尝试是2005年银监会发布信贷资产证券化的试点通知，而企业资产则开始于2009年，至今信贷资产仍属于额度审批制度，由银监会会管，而企业资产在2014年9月26日后实施事后备案制度，从此开启了国内资产证券化的新时代（见表2）。

表2 政策层对三类资产（信贷资产、企业资产和票据）证券化的主要政策

资产类别	时间	会议/文件	主管机构	核心内容
信贷资产证券化	2005年4月20日	《信贷资产证券化试点管理办法》	银监会	我国首个针对资产证券化制定的管理办法，对于信贷资产证券化发起机构、资产支持证券投资机构的权利和义务进行了规定

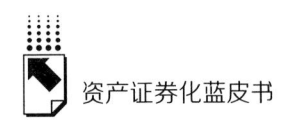

续表

资产类别	时间	会议/文件	主管机构	核心内容
信贷资产证券化	2012年5月17日	《关于进一步扩大信贷资产证券化试点有关事项的通知》	央行、银监会、财政部	标志着自金融危机以来停滞的信贷资产证券化重启,将合规地方政府融资平台公司贷款纳入范围;参与投资机构引入更多的中小型银行及非银行金融机构参与投资
	2013年7月15日	—	央行	表示信贷资产证券化转常规条件已具备,鼓励进一步扩大信贷资产证券化的规模,将其作为"盘活存量"的重要渠道之一
	2013年8月28日	人民银行就进一步扩大信贷资产证券化试点答问	央行	信贷资产证券化是金融市场发展到一定阶段的必然产物;坚持真实出售、破产隔离;以面向机构投资者的银行间市场为主;加大支持铁路等重点行业和消费、保障房建设工程等领域
	2013年12月31日	《进一步规范信贷资产证券化》公告	央行、银监会	发起机构应保留5%全部规模的信用风险,但持有最低次级档的比例不得低于该档次资产规模的5%
企业资产证券化	2009年5月21日	《证券公司企业资产证券化业务试点指引(试行)》	证监会	对券商如何开展企业资产证券化业务进行了细致规定,对申请资格如净资本进行规定

续表

资产类别	时间	会议/文件	主管机构	核心内容
企业资产证券化	2013年2月26日	《证券公司资产证券化业务管理规定(征求意见稿)》	证监会	对资产证券化业务的形式、基础资产、准入门槛等做出了规定;拓宽基础资产范围、降低券商业务门槛、提高资产支持证券流动性
	2013年3月15日	《证券公司资产证券化业务管理规定》	证监会	对商业银行、保险公司等机构开放;专项计划资产的独立性;基础资产删除商业票据、债券及其衍生品、股票及其衍生品;扩大资产支持证券的运用途径,用于交易、继承、转让、质押及回购融资
	2013年4月22日	《深圳证券交易所资产证券化业务指引》	深交所	对该项业务的挂牌、转让、信息披露、纪律处分等方面进行了全面规范
	2014年2月21日	取消专项资产管理计划审批	证监会	根据《国务院关于取消和下放一批行政审批项目的决定》,证监会取消证券公司专项投资业务,以证券公司专项计划为特殊目的载体(SPV)的资产证券化业务行政审批相应取消
	2013年9月26日	《证券公司及基金子公司资产证券化管理规定》	证监会	将资产证券化扩大至基金子公司;对资产支持计划实行事后备案,并对基础资产实行负面清单管理,配套出台信批指引和尽职调查指引

续表

资产类别	时间	会议/文件	主管机构	核心内容
资产支持票据	2008年4月9日	《银行间债券市场非金融企业债务融资工具管理办法》	央行	区分了金融企业和非金融企业；鼓励市场参与主体自主创新，改变政府创新产品并管理产品的模式，但该产品并未实现真实出售，甚至发起人附带第二偿还义务
	2012年8月3日	《银行间债券市场非金融企业资产支持票据指引》	中国银行间市场交易商协会	重点对资产支持票据的资产类型、交易结构、信息披露等进行了规范，尤其强化了对资产支持票据投资人的合理保护机制

资料来源：长江证券研究所。

三 发展现状：信贷资产证券化中银行和信托占主导，企业资产证券化券商参与度将提升

（一）信贷资产证券化中银行和信托占主导

信贷资产证券化由银监会进行额度分配，而且政策倾向于优先政策性银行和国有商业银行。从试点的配额上来看，国开行一直是信贷资产证券化的主力，政府旨在率先证券化国家重点支持的基础设施、基础产业和支柱产业重大项目及配套工程建设的贷款。除五大行外的商业银行因分配的额度较小，参与热情并不高。

试点规模显著扩大将刺激商业银行的参与。此次试点的规模较上次试点扩大了6倍，规模达3000亿元，表明政府加快推进资产证券

化的决心。虽然主力军仍是国开行,但商业银行及其他金融机构也分得2000亿元规模,这将扩大资产证券化业务普及的范围(见表3)。信贷资产证券化的参与金融机构包括银行、信托和券商,但一般来讲,信托是产品发行人,设立SPV,而券商只承担承销角色,因此盈利分配占比较低。

表3 2013年3000亿元信贷资产证券化试点

金融机构	信贷资产证券化试点规模(亿元)
国开行	1000
国有银行	1000
其他金融机构	1000

资料来源:长江证券研究所。

(二)MBS规模较小、ABS占主流

欧美市场均以MBS作为主流证券化产品,MBS在美国和欧洲的市场占比分别为86%和66%。而我国的证券化发行以ABS为主,其市场占比为97%,冷清的MBS市场与欧美市场形成鲜明对比。

住房抵押贷款符合证券化条件。住房贷款限期长、规模大,是商业银行最需要出表的资产之一。近年来,个人住房贷款余额占GDP的比重逐年提高,截至2016年9月底占比达24.5%,并且住房贷款在中长期贷款中的占比也逐步增大。截至2016年11月底,我国个人住房贷款规模为9.5万亿元,占中长期贷款的25%、占总贷款规模的14%,贷款期限大多在10~30年。

(三)交易场所分离

信贷资产企业资产证券化产品分别在银行间债券市场和交易所大宗交易平台交易,其中银行间市场托管67%的证券化产品,交易所

托管余下的33%。

目前银行间市场采用单一交易系统，两套报价方式。根据央行2016年7月9日发布的中国人民银行公告第8号，交易系统为同业拆借中心交易系统。另外，报价方式包括公开报价结合对话报价模式以及点击成交报价模式。银行间市场采用做市商制度。我国银行间市场结构扁平，抑制做市商的功能。以美国为例，交易市场分为两个层次：做市商间市场以及做市商和客户间市场。在做市商间市场上，做市商可通过做市商、经纪商匿名报价、匿名成交，促使债券定价合理化，增加债券的流动性。而国内银行间债券市场缺乏做市商间市场，抑制了做市商报价、交易的功能。

（四）资产证券化将会打开券商创新空间

信贷资产证券化中银行和信托仍将占据主导，而券商是承销角色，但企业资产证券化将以券商为发行人，结合政策导向和业务实践，融资租赁受益权、BT项目债权、两融受益权等成为重要的基础资产类别，尤其是这些资产总体规模均在万亿元级左右，因此规模将十分可观。相应地，券商长期受益于该业务的放量和创新，长期看，一般资产证券化（不包括MBS和信贷资产证券化）规模有望达到4万亿~5万亿元，为券商贡献30%左右的营业收入。

四 核心影响：顺应金融行业及实体产业的发展需求

（一）优化银行等金融机构资本结构

信贷资产证券化将提升存量信贷的流动性，优化银行业的资本结构。近几年我国银行业经历了两次流动性下降，分别是2009年初和

2012年中期。2009年底,通过减缓长期贷款增速以及提高短期贷款比例,流动性逐步回升到正常水平。然而在长期贷款增速维持在较低水平时,2012年中期流动性再次出现下降趋势,其重要原因在于长期贷款存量过大,拉低了资产流动性。

传统的信贷资产证券化产品主要在银行间市场,对银行业系统而言,流动性并未改观,但2014年平安银行尝试发行在交易所交易的信贷资产证券化产品,有利于改变这一局面,实质性推动了信贷资产证券化发展。

(二)分散金融行业经营风险

金融风险积聚是国内金融业发展的一大问题,而资产证券化具备风险转移的功能,有利于解决这一问题。资产证券化将系统性风险分散到产品的投资者,从而降低发起人的资产风险。从资产证券化的运作流程中我们发现,发起人(即原始债权人)将债权出售给债券投资者,提前收回现金,从而将风险分散化,并转移至资本市场。

(三)丰富市场投资品种

资产支持证券的收益率高于相同信用等级的其他类证券产品。信用分级的设计方式创造出不同信用等级、不同收益率的资产证券化产品,既满足了投资者的不同风险偏好,又提高了资产支持证券的绝对收益率。与相同信用等级的企业债和国债相比,资产支持证券具备更高的收益率,从而提升债券投资组合的整体收益。

资产支持证券更受机构投资者的青睐。投资机构的收益来源于两方面:首先,资产支持证券提供可观收益;其次,个人投资者只能通过购买理财或投资产品来分享资产支持证券的收益。资产支持证券这类定价复杂的投资产品可凸显机构投资的优势,增强理财产品、券商资管等集合产品的吸引力。

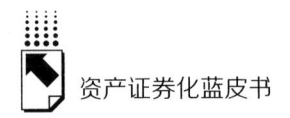

相应地,资产证券化产品能够解决企业融资问题,尤其是转化企业资产的期限,如企业应收款、商业地产租金的资产证券化,均能够提高企业资产的流动性,改善企业融资结构。

参考文献

[1] 林华:《金融新格局:资产证券化的突破与创新》,中信出版社,2014。

[2] Frank J. Fabozzi、Vinod Kothari:《资产证券化导论》,宋光辉、刘璟、朱开屿译,机械工业出版社,2014。

[3] 冯光华:《中国资产证券化市场发展报告》(2016),中国金融出版社,2016。

[4] 长江证券:《资产证券化专题研究:盘活存量资产 释放创新空间》,2014年9月。

[5] 上海证券:《资产证券化:流程、架构设计及历史简介》,2014年12月。

B.9
2016年中国资产证券化的市场分析与展望

郭杰群

摘　要： 2016年资产证券化市场飞速发展，发行量和交易量均明显提升，发行主体更加多元化，基础资产类型更为丰富，创新品种不断涌现。本文简要梳理了2016年资产证券化监管政策，着重对2016年资产证券化的整体市场、ABS产品以及ABS市场特征进行分析，并对我国资产证券化的未来进行展望。

关键词： 资产证券化　监管政策　ABS产品

2016年资产证券化市场飞速发展，发行量和交易量均明显提升，发行主体更加多元化，基础资产类型更为丰富，创新品种不断涌现。

截至2016年底，资产证券化市场存量首次突破万亿元大关。ABS的发行市场依然火爆，由于2015年信贷资产证券化业务的井喷，且近年企业融资速度放缓，导致2016年信贷ABS市场整体放缓。相对信贷资产证券化来说，企业ABS市场潜力巨大，2016年爆发性增长首次超过信贷ABS的发行规模。从ABS产品种类来看，信贷资产证券化不再是企业贷款资产支持证券（CLO）一家独大，个人住房抵押贷款（RMBS）、汽车抵押贷款、个人消费类产品资产证券化的发行量和规模均出现明显的上升。企业ABS基础资产分布较为均匀，其中企业贷款类（小额贷款、购房尾款和消费贷款为主）发行规模猛增。从交易情况来看，资产证券化市场延续快速发展的趋势，随着市场规模的扩大，ABS市场的成交活跃度有所提升；整体来看，目前ABS市场换手率相对于债券市场仍处于较低水平，流动性问题仍然是市场发展的重要课题。资产证券化市场在飞速扩容，信用风险也在逐步积累；尤其是企业ABS产品，由于信息透明度和评级审核要求门槛较信贷ABS低，市场出现2单违约事件。

本文着重对2016年整体市场状况进行数据分析，同时对出现的市场特征进行分析。共分四部分。第一部分简要梳理2016年资产证券化监管政策；第二部分从各方面对ABS产品进行统计分析；第三部分对ABS市场特征进行分析；第四部分展望我国资产证券化未来发展趋势。

一 2016年ABS政策梳理

（一）资产证券化助力供给侧结构性改革

2月14日，中国人民银行、国家发改委、财政部、银监会等八部门联合印发《关于金融支持工业稳增长调结构增效益的若干意见》，提出要加大工业企业直接融资的支持力度，进一步推进住房和汽车贷款资产证券化、不良资产证券化等信贷资产证券化以及应收账款证券化等企业资产证券化业务发展，盘活工业企业存量资产。6月3日，国务院办公厅发布《关于加快培育和发展住房租赁市场的若干意见》，支持符合条件的住房租赁企业发行不动产证券化产品。稳步推进房地产信托投资基金（REITs）试点。10月10日，国务院公布《关于积极稳妥降低企业杠杆率的意见》，提出要按照"真实出售、破产隔离"原则，积极开展以企业应收账款、租赁债权等财产权利和基础设施、商业物业等不动产财产或财产权益为基础资产的资产证券化业务，推动银行不良资产证券化。

（二）不良资产证券化试点重启，配套发布信息披露指引

1月11日，全国银行业监督管理工作会议提出，2016年鼓励银行开展不良资产证券化和不良资产收益权转让试点。2月，工行、农行、中行、建行、交行、招行6家银行确定参与首批不良资产证券化试点，总额度500亿元。4月19日，中国银行间市场交易商协会（简称交易商协会）发布《不良贷款资产支持证券信息披露指引（试行）》及其配套的表格体系，强化不良贷款资产证券化业务的信息披露，增强市场透明度。

（三）证监会、深交所和上交所分别发布监管问答、业务问答和业务指南

5月13日，证监会发布《资产证券化监管问答（一）》，界定了公共产品收费类项目、绿色项目和PPP项目可资产证券化的范围，阐述了单一信托受益权和融资租赁债权资产证券化在基础资产、管理人尽调等方面的关注要点。

8月23日，深交所发布资产证券化业务问答修订版，文件主要根据资产证券化业务特点，新增（1）在深交所挂牌条件确认和挂牌申请核对具体流程、相关申请文件模板；（2）相关参与方涉及过剩产能行业、房地产行业的信息披露要求；（3）基础资产现金流来源于物业服务费收入、多笔信托受益权的关注要点三方面内容。

10月28日，上交所完成了对《上海证券交易所资产证券化业务指南》的修订，此次修订的内容主要围绕ABS的挂牌转让流程的完善，增加特殊情形处理，明确多期、分期、同类项目申报要求，增加发行前备案程序，调整申请材料清单要求，添加附件模板，增加管理

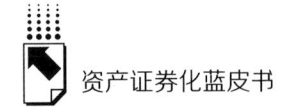

人和律师尽职调查内容要求，优化登记与挂牌流程，调整存续期信息披露条款9项内容。

（四）中国版CDS正式推出

继2010年推出CRM及信用风险缓释合约作为CDS的尝试之后，2016年9月23日，中国银行间市场交易商协会发布了《银行间市场信用风险缓释工具试点业务规则》及配套业务指引文件，第一次在中国正式推出了CDS。10月31日，中国市场首批CDS交易[①]产生，工商银行、农业银行、中国银行、建设银行、交通银行等10家金融机构开展了15笔CDS交易，名义本金总计3亿元，交易期限一年至两年不等。CDS的推出，一方面反映出市场参与者对信用风险管理工具的巨大需求，另一方面也体现了中国完善金融市场产品体系，进一步与全球市场接轨的坚定决心，是中国金融市场发展的又一里程碑。

（五）非金融企业资产支持票据指引（修订稿）公布，ABN"重装上阵"

12月12日，交易商协会公布《非金融企业资产支持票据指引（修订稿）》简称《指引》及《非金融企业资产支持票据公开发行注册文件表格体系》简称《表格体系》。该《指引》指出，ABN在保留"特定目的账户+应收账款质押"的既有操作模式下，在交易结构中可引入特定目的载体（SPV）；明确发起机构、发行载体、主承

---

① 2016年10月31日，经交易商协会金融衍生品专业委员会审议通过，14家机构备案成为信用风险缓释工具核心交易商。当日，银行间市场共有工商银行、农业银行、中国银行、建设银行、交通银行、民生银行、兴业银行、浙商银行、上海银行、中债信用增进10家机构开展了15笔信用违约互换交易，名义本金总计3亿元。交易参考实体涉及石油天然气、电力、水务、煤炭、电信、食品、航空等行业。交易期限一年至两年不等。参见交易商协会网页公告：http://www.nafmii.org.cn/xhdt/201611/t20161101_57874.html。

销商、资产服务机构等业务参与各方的权利与义务,进一步规范业务操作流程;将企业应收账款、租赁债权、信托受益权等财产权利,以及基础设施、商业物业等不动产财产或相关财产权利纳入ABN基础资产范围,丰富合格基础资产类型;从参与主体职责、交易结构设计、基础资产相关要求等方面强化风险防范和投资人保护机制;配套制定的《表格体系》明确了信息披露要求,提升了业务可操作性。

(六)PPP项目资产证券化迎政策风口

12月26日,国家发改委和证监会联合印发《关于推进传统基础设施领域政府和社会资本合作(PPP)项目资产证券化相关工作的通知》简称《通知》。该《通知》明确了重点推动的四类资产证券化PPP项目的范围和标准;规定了国家及各省级发改委和证监会加强沟通协作,推动PPP项目资产证券化稳定运营的工作机制;对做好PPP项目资产证券化审核、风控体系建立、中介机构参与等配套工作提出了要求,并明确要求各省级发改委于2017年2月17日前,推荐1~3个首批拟进行证券化融资的传统基础设施领域PPP项目。这是国务院有关部门首次正式启动PPP项目资产证券化,对盘活PPP项目存量资产,提高PPP项目资产流动性,更好地吸引社会资本参与PPP项目建设,推动我国PPP模式持续健康发展具有重要意义。

二 市场概览

(一)发行统计

截至2016年12月31日,市场共发行信贷ABS产品308支,约1.18万亿元;企业ABS产品626支,约7210.06亿元;31支资产支持票据（ABN），约395.77亿元。其中2016年发行信贷ABS产品108支，约3868.73亿元；企业ABS产品377支，约4385.21亿元，8支ABN，约166.57亿元（见图1、图2）。

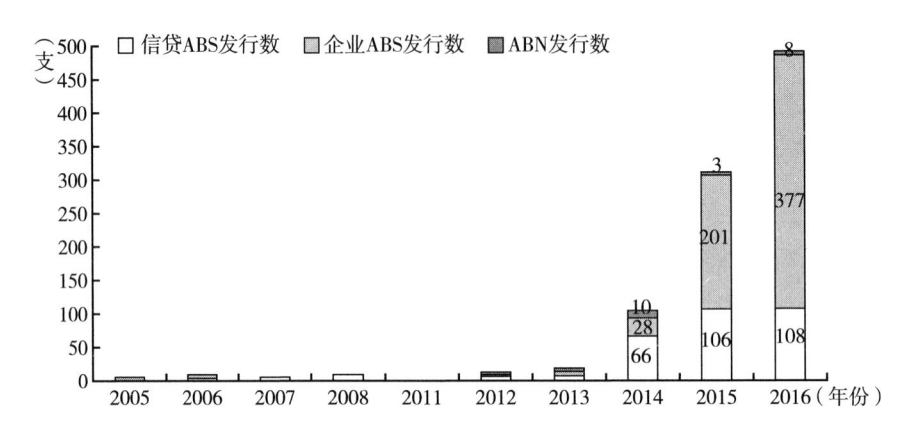

图1 ABS历年产品发行数量

资料来源：国金ABS云数据库（https://www.abscloud.com/）。

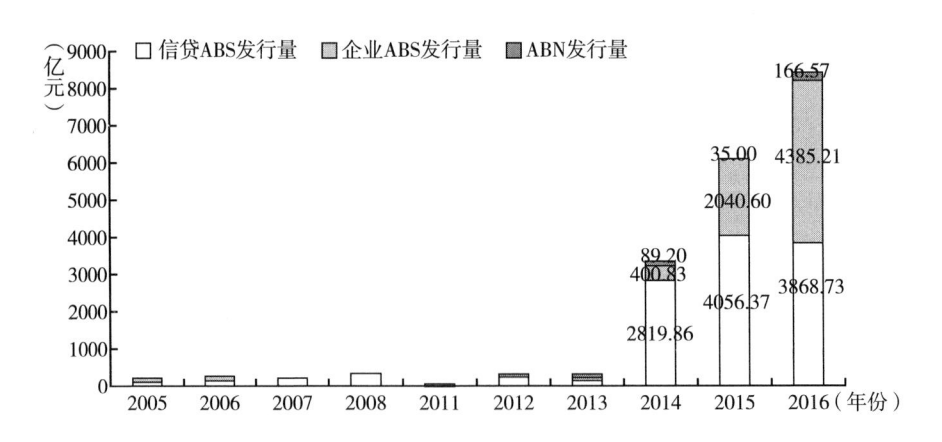

图2 ABS历年产品发行规模

资料来源：国金ABS云数据库（https://www.abscloud.com/）。

目前我国资产证券化市场的发行规模，从项目数量上看，企业ABS较信贷ABS多，这主要是受2014年政策松绑，推出备案制，自

2015年企业ABS大规模发行的影响。从发行规模方面看，企业ABS增长速度和发行规模翻倍，发行规模超过了信贷ABS，成为ABS市场中的绝对主力。从单支产品发行额度来看，信贷ABS较企业ABS额度大（见表1）。

表1 ABS产品发行规模大小分布

单位：亿元

	统计值	2014年	2015年	2016年	总计
信贷ABS 发行规模	平均值	42.73	38.27	36.19	39.06
	25%百分位	12.87	17.17	10.36	13.47
	中值	30.51	29.95	27.41	29.29
	75%百分位	60.00	48.77	45.48	51.42
企业ABS 发行规模	平均值	14.32	9.83	12.29	12.15
	25%百分位	5.00	4.41	4.62	4.68
	中值	8.93	6.80	8.65	8.13
	75%百分位	20.25	11.88	15.00	15.71
ABN 发行规模	平均值	3.54	3.89	20.83	9.42
	25%百分位	1.75	3.00	10.53	5.09
	中值	3.00	4.00	18.35	8.45
	75%百分位	5.00	5.00	29.10	13.03

资料来源：国金ABS云数据库（https://www.abscloud.com/）。

如图1和图2所示，自2012年以来我国信贷及企业ABS产品的发行数量和总金额呈逐年上涨趋势。特别是在2014年之后，产品发行总量出现几何增长；2016年产品发行数量为493支，发行金额超过8400亿元。

如表2所示，从发行的交易流通场所来看，资产支持票据（ABN）全部发行于银行间债券市场；信贷ABS除2014年发行的平安银行1号小额消费贷款证券化信托资产支持证券发行于上海证券交易所外，其他产品全部发行于银行间债券市场；企业ABS的发行分布在上海证券交易所、深圳证券交易所、机构间私募产品报价与服务系统三个交易流通场所。

表2 ABS产品流通市场分布（截至2016年12月31日）

单位：支

交易场所	信贷ABS	企业ABS	ABN	总计
银行间债券市场	312		32	344
上海证券交易所	1	429		430
深圳证券交易所		182		182
机构间私募产品报价与服务系统		40		40
总　计	313	651	32	996

资料来源：国金ABS云数据库（https://www.abscloud.com/）。

从ABS产品发行数量上或发行规模上来看，各交易场所的ABS发行数量在2015年均有显著增长。在2015年之前，银行间债券市场在发行规模和数量上始终占有最大比重；深交所也比上交所吸引了更多企业ABS产品。随着2015年备案制的实行，企业ABS的快速发展，上交所在数量上有了急速发展，拥有最大的产品发行数量，占比达到了53%。从发行规模来看，银行间债券市场仍是最大市场，2016年发行规模依然维持在2015年的水平，约4000亿元，占全市场发行规模的48%；上海交易所的企业ABS市场发行规模在2016年翻倍，跨上3000亿元的台阶，占比达到了36%；深圳证券交易所的ABS发行规模较2015年小幅增加7.1%，达到737亿元，占比达到了9%；机构间私募产品报价与服务系统增幅高达722.86%，达到576亿元，占比达到7%（见表3）。

表3 不同交易场所 ABS 发行规模和发行数量统计
（截至 2016 年 12 月 31 日）

单位：亿元，支，%

交易场所	2014年 发行规模	占比(%)	发行支数	占比(%)	2015年 发行规模	占比(%)	发行支数	占比(%)	2016年 发行规模	占比(%)	发行支数	占比(%)
银行间债券市场	2883	87	75	72	4091	67	109	34	4063	48	115	24
上海证券交易所	177	5	12	12	1282	21	133	42	3044	36	253	53
深圳证券交易所	250	8	17	16	688	11	70	22	737	9	78	16
机构间私募产品报价与服务系统	0	0	0	0	70	1	8	3	576	7	29	6
总计	3310	100	104	100	6131	100	320	100	8420	100	475	100

资料来源：国金 ABS 云数据库（https://www.abscloud.com/）。

（二）存量统计

由于 ABS 本金具有定期偿还的特性，再加上我国 ABS 产品的期限短，ABS 存量与发行总量有较大差距。截至 2016 年底，信贷 ABS 的存量规模为 6137.67 亿元，远低于发行总量的 11763.13 亿元，但由于企业 ABS 产品的主要发行始于 2015 年（2015~2016 年发行量占企业 ABS 历年发行总量的 89.1%），因此企业 ABS 存量（5506.04 亿元）与发行总量（7210.06 亿元）的差别并不十分显著（见图3）。

从 ABS 存量产品数量上看，存量产品数与发行总数也差别不大（见图4）。

表4显示，2016 年，16 个信贷 ABS 产品、28 个企业 ABS 以及 2 个 ABN 产品得到了清算。

从 2016 年资产证券化存量类型上看，信贷 ABS 存量中企业贷款资产最多，企业 ABS 存量中租赁租金资产最多，ABN 存量中各类型相对平均（见图5、图6、图7）。

资产证券化蓝皮书

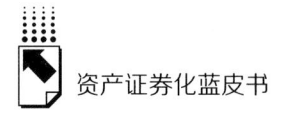

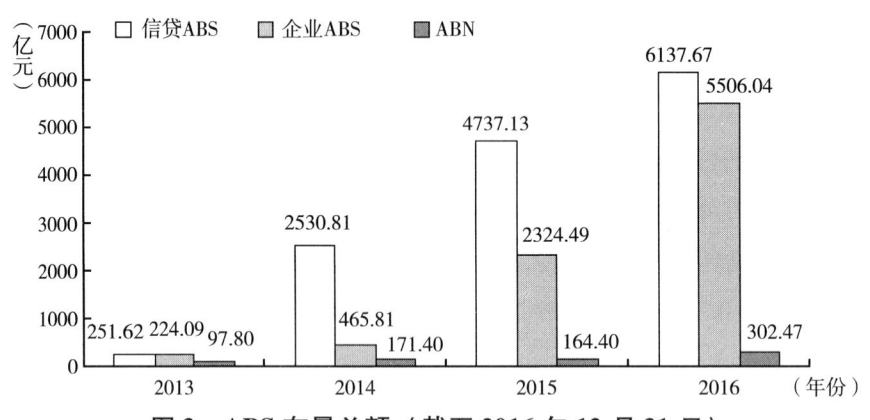

图3 ABS存量总额（截至2016年12月31日）

年份	信贷ABS	企业ABS	ABN
2013	251.62	224.09	97.80
2014	2530.81	465.81	171.40
2015	4737.13	2324.49	164.40
2016	6137.67	5506.04	302.47

资料来源：国金ABS云数据库（https://www.abscloud.com/）。

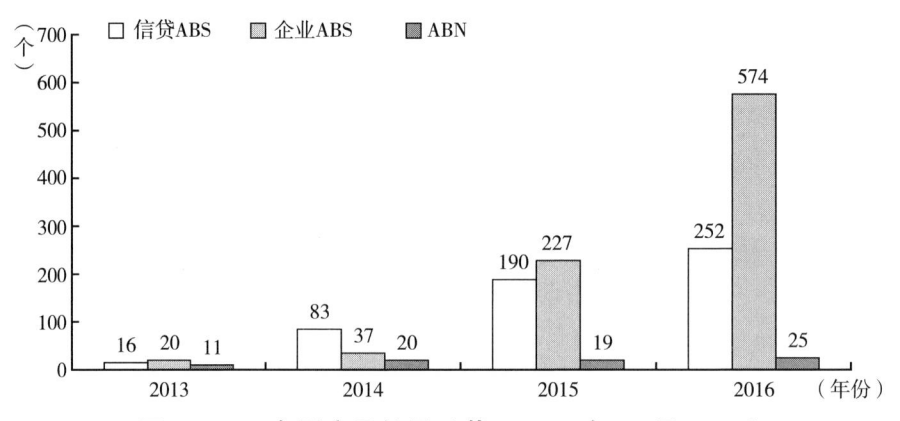

图4 ABS存量产品数量（截至2016年12月31日）

年份	信贷ABS	企业ABS	ABN
2013	16	20	11
2014	83	37	20
2015	190	227	19
2016	252	574	25

资料来源：国金ABS云数据库（https://www.abscloud.com/）。

表4 2016年ABS清算率

单位：个，%

	信贷ABS	企业ABS	ABN	总计
存续期	252	574	25	851
已清算	16	28	2	46
暂无信息	—	7	—	7
总 计	268	609	27	904
清算率	5.97	4.60	7.41	5.09

资料来源：国金ABS云数据库（https://www.abscloud.com/）。

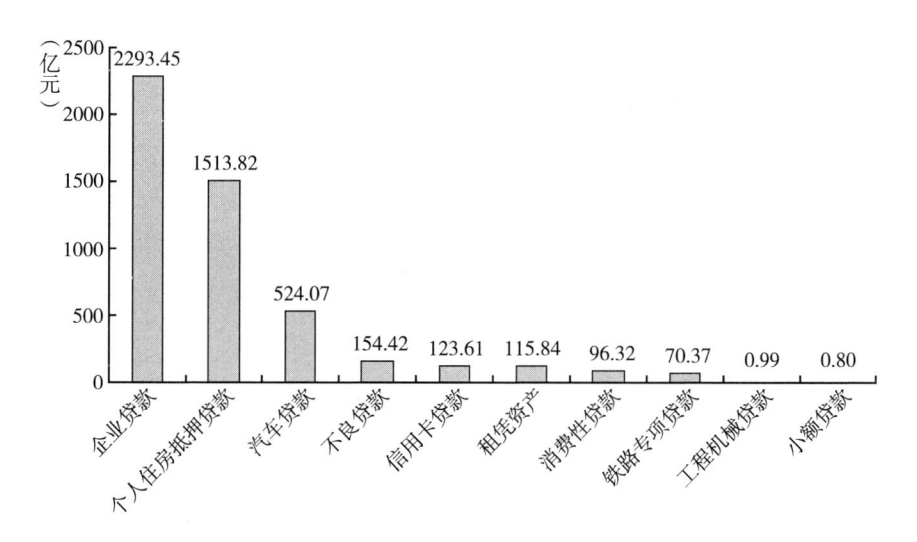

图5 2016年信贷ABS存量金额（截至2016年12月31日）

资料来源：国金ABS云数据库（https：//www.abscloud.com/）。

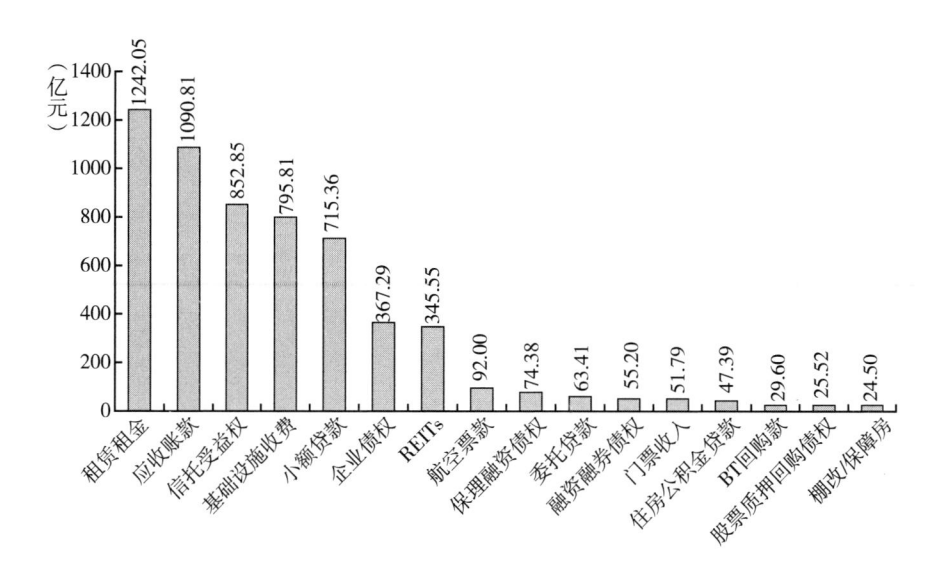

图6 2016年企业ABS存量金额（截至2016年12月31日）

资料来源：国金ABS云数据库（https：//www.abscloud.com/）。

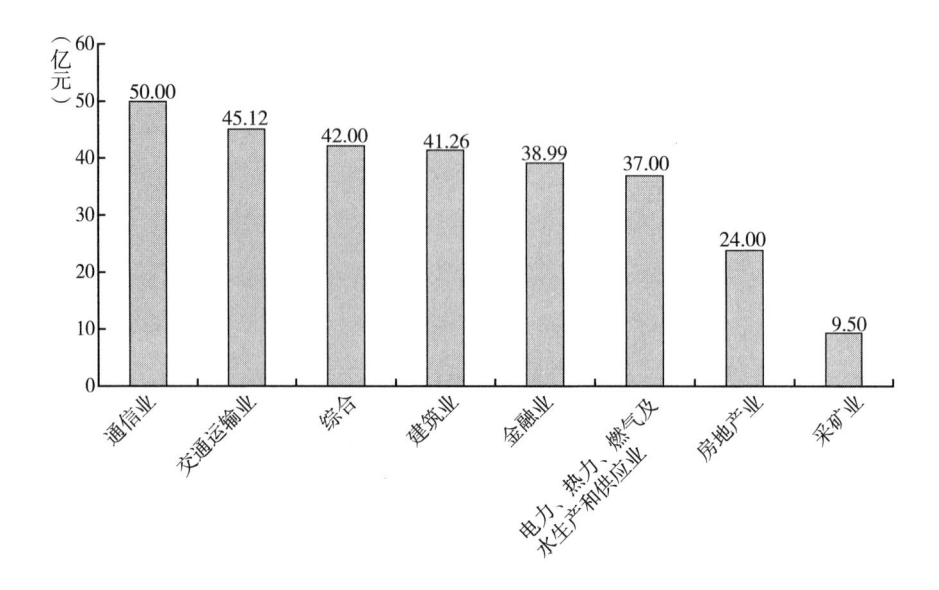

[图表：2016年ABN存量金额柱状图]
- 通信业：50.00
- 交通运输业：45.12
- 综合：42.00
- 建筑业：41.26
- 金融业：38.99
- 电力、热力、燃气及水生产和供应业：37.00
- 房地产业：24.00
- 采矿业：9.50

图7　2016年ABN存量金额（截至2016年12月31日）

资料来源：国金ABS云数据库（https：//www.abscloud.com/）。

（三）基础资产分析

从基础资产类型来看，截至2016年12月31日，信贷资产证券化基础资产整体上呈现多元化发展趋势，各类基础资产首单项目频出。

从发行数量来看，2016年信贷ABS、企业ABS、ABN的发行数量分别为历年最大（见图8）。从基础资产类型集中度来看，整体上资产证券化逐步趋于分散。信贷ABS基础资产类型自发展以来企业贷款一直占据主导地位；2016年企业ABS基础资产类型主要偏向于融资租赁，发行主体也以租赁公司为主；2016年ABN基础资产类型品种繁多，各类型占比分散金融业相对较多（见图9）。

图10展示了历年信贷ABS、企业ABS、ABN三个品种的发行规

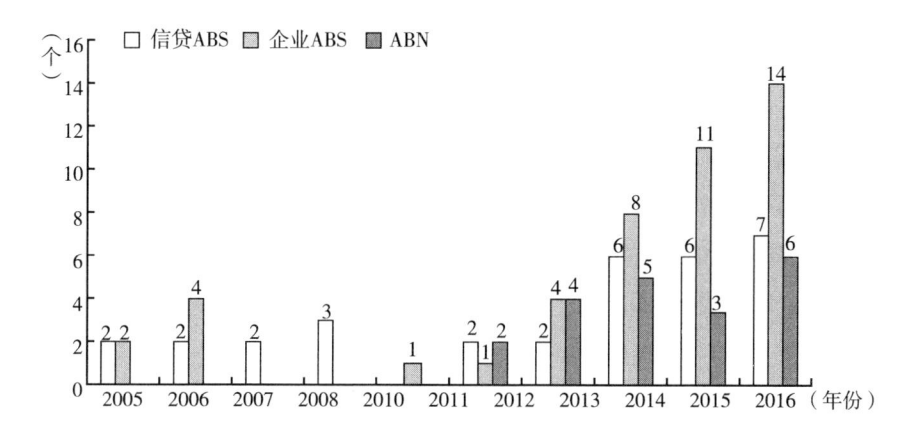

图 8 ABS 基础资产不同类型数量

资料来源：国金 ABS 云数据库（https://www.abscloud.com/）。

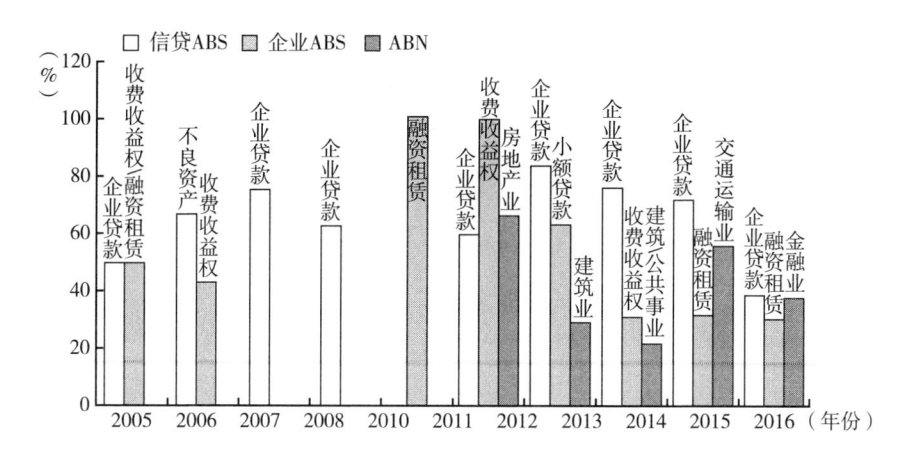

图 9 ABS 历年最大发行数量资产类型与比重

资料来源：国金 ABS 云数据库（https://www.abscloud.com/）。

模最大的基础资产类型及其所占比重。从发行金额集中度来看，2016年，信贷 ABS 基础资产类型依然是企业贷款占据主导；企业 ABS 基础资产类型则略偏向于融资租赁；ABN 基础资产类型发行规模相对平均，其中通信业发行总额居首。

图 10 ABS 历年最大发行规模基础资产类型与比重

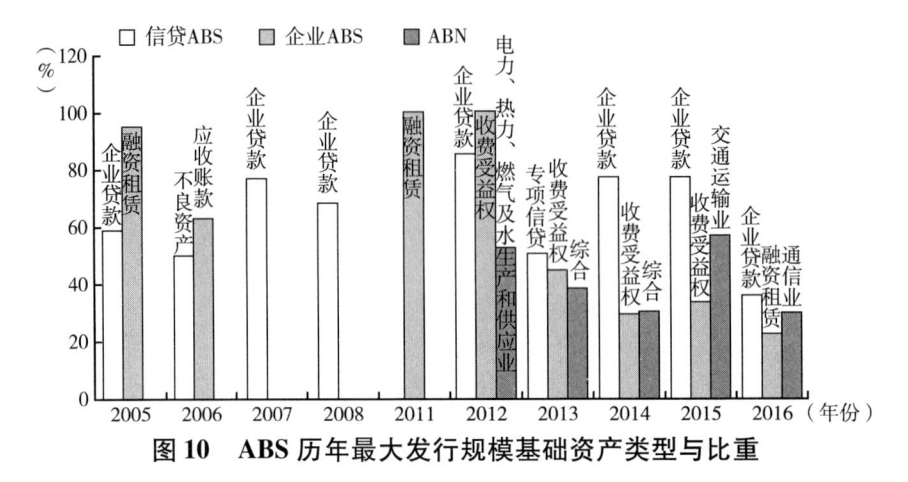

资料来源：国金 ABS 云数据库（https://www.abscloud.com/）。

（四）产品规模分析

在 2016 年发行的 108 支信贷 ABS 产品中，有 67 支规模在 30 亿元以内，约占信贷 ABS 发行总数的 62.04%，较 2015 年的发行规模呈现下降趋势；23 支产品规模位于 30 亿~60 亿元，占比约 21.30%；另有 2 支产品规模超过 120 亿元。在 2016 年发行的企业 ABS 产品中，有 92.04% 的产品规模位于 30 亿元以内，其中低于 10 亿元的产品数量占比 61.54%。2016 年的 ABN 产品规模呈现平均分布，最大的产品规模高达 50 亿元。信贷 ABS 发行规模，呈现逐年下降趋势；企业 ABS 整体规模明显小于信贷 ABS 规模，但 2016 年规模整体呈现井喷；资产支持票据 ABN 则一直保持小规模发行。

（五）发行利率分析

2016 年，除信用卡贷款外，其他信贷 ABS 品种发行利率都持续下行。整体来说，2012 年资产支持证券恢复发行以来，信贷 ABS 债券的利率经历了先上升后下降的过程，尤其是在 2014 年以后，受降准降息政策影响，信贷 ABS 债券发行利率出现明显下降趋势（见图 12）。

信贷ABS

- (120亿~170亿元] 1.85%
- (90亿~120亿元] 11.11%
- (60亿~90亿元] 3.70%
- (30亿~60亿元] 21.30%
- (0~30亿元] 62.04%

企业ABS

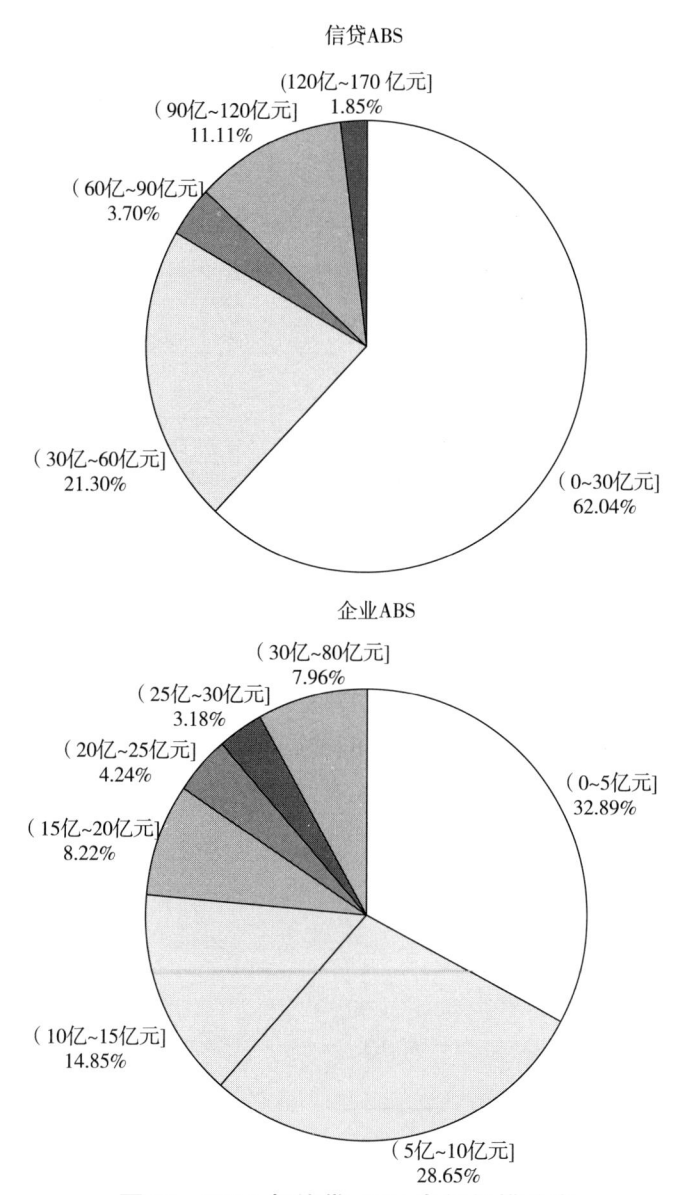

- (30亿~80亿元] 7.96%
- (25亿~30亿元] 3.18%
- (20亿~25亿元] 4.24%
- (15亿~20亿元] 8.22%
- (10亿~15亿元] 14.85%
- (5亿~10亿元] 28.65%
- (0~5亿元] 32.89%

图 11　2016 年信贷 ABS 发行规模分布

资料来源：国金 ABS 云数据库（https://www.abscloud.com/）。

同时如图 13 所示，2015 年，AAA 级信贷 ABS 债券相对于同期发行的 AAA 级企业债的发行溢价也有所收窄。

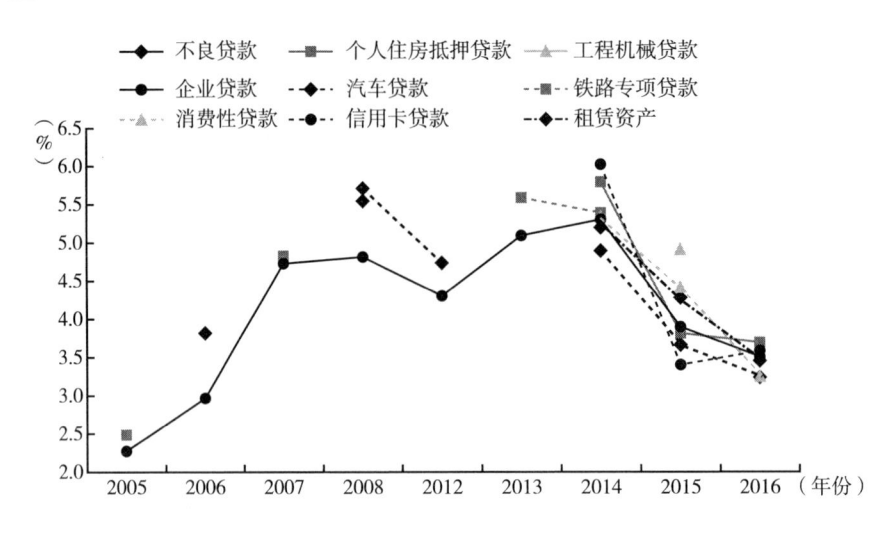

图 12　信贷 ABS 产品加权平均利率统计

资料来源：国金 ABS 云数据库（https：//www.abscloud.com/）。

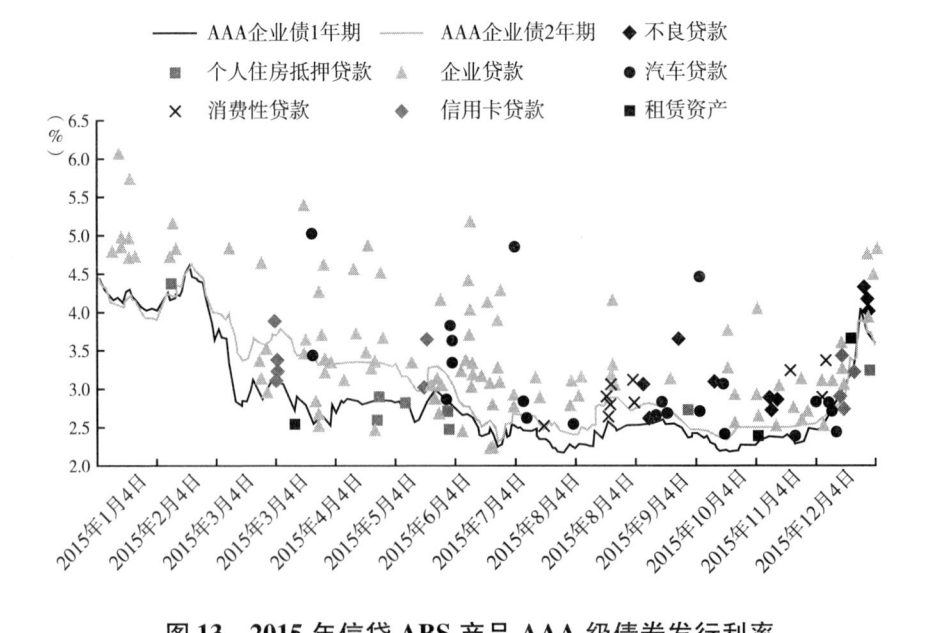

图 13　2015 年信贷 ABS 产品 AAA 级债券发行利率与同级企业债利率对比

资料来源：国金 ABS 云数据库（https：//www.abscloud.com/）。

2015~2016年数据显示,我国企业ABS产品的发行利率普遍高于信贷ABS产品,相对同期发行的一年期、两年期AAA级企业债收益率保持着较大利差(见图14)。

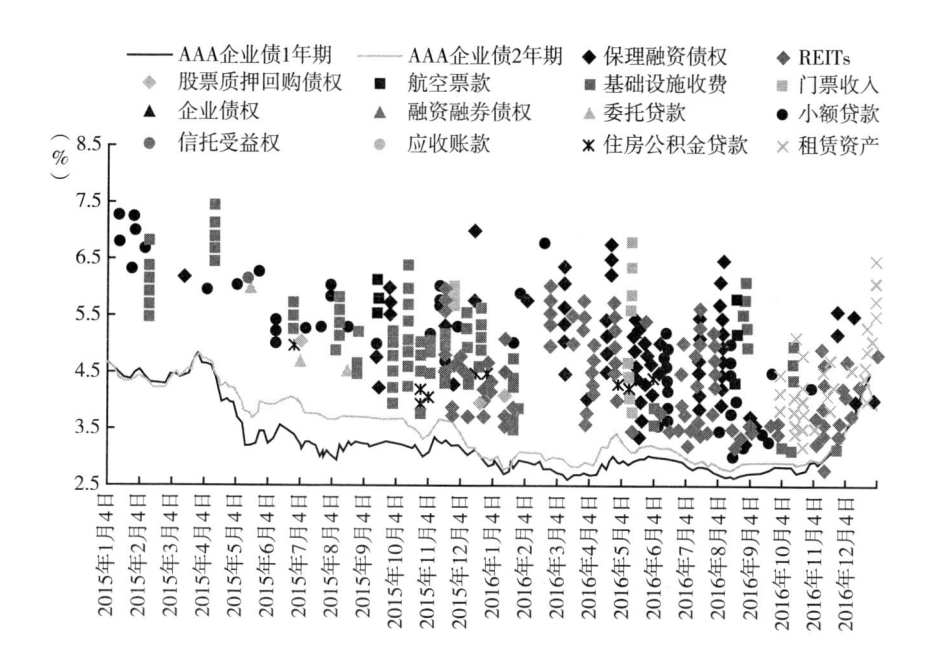

图14 2015~2016年企业ABS产品AAA级债券发行利率与同级企业债利率对比

资料来源:国金ABS云数据库(https://www.abscloud.com/)。

(六)初始评级分析

1.债券评级情况

截至2016年末,信用评级为AAA级的债券产品发行总额达到14268.66亿元(占债券发行总额的73.66%);其中信贷ABS AAA级别产品的发行额为9866.44亿元(占信贷ABS发行总额的83.87%),企业ABS AAA级别产品的发行额为4402.22亿元(占企业ABS发行总额的61.06%)。总体来看,我国资产证券化产品信用等级普遍偏高。

资产证券化蓝皮书

2016年，信用等级AA级别以上信贷ABS发行3427.07亿元，占信贷ABS发行总额的89.67%；AA级别以上企业ABS产品发行3427.96亿元，占比高达90.17%。除次级档以外，所有ABS产品的信用等级都在A级以上评级。2016年资产证券化产品的基础资产类型和分层机构更加多样化，但仍然以AAA、AA+和AA等高信用等级为主。历年信贷ABS和企业ABS产品信用等级分布见图15、图16。

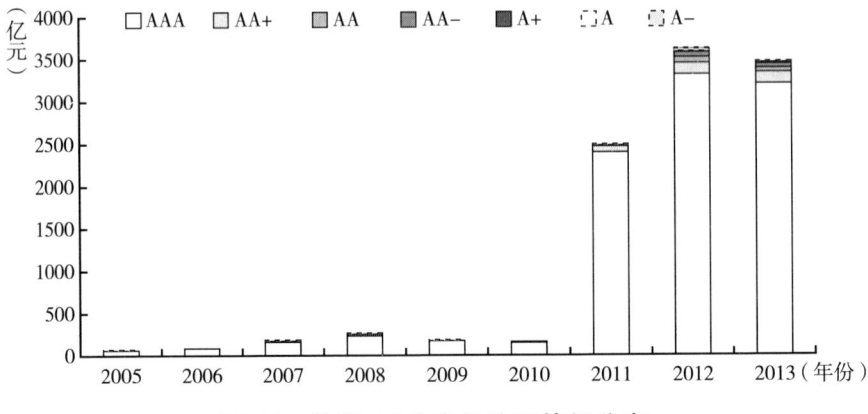

图15 信贷ABS产品信用等级分布

资料来源：国金ABS云数据库（https://www.abscloud.com/）。

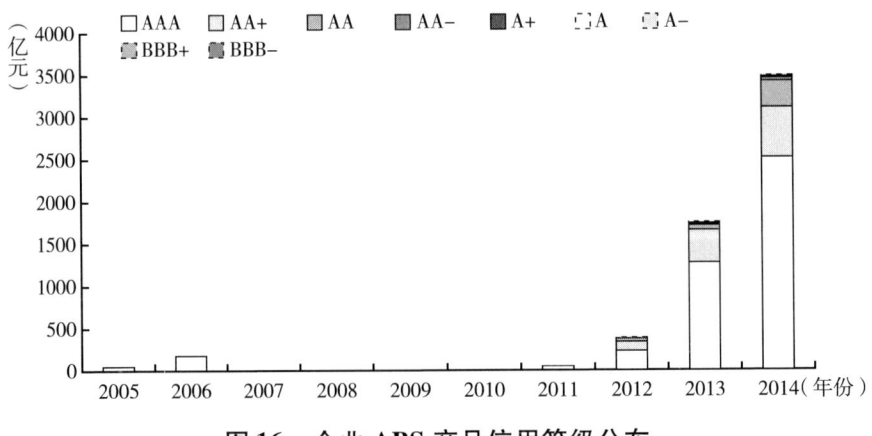

图16 企业ABS产品信用等级分布

资料来源：国金ABS云数据库（https://www.abscloud.com/）。

2. 评级机构

2016年，经信用评级机构评级的信贷ABS债券达到235支。在评级机构中，以中债资信发行的债券数量最多，达到114支；中诚信国际和联合资信次之，分别发行74支和31支债券（见表5）。

表5　2016年信贷ABS评级机构市场份额统计

单位：支，%

评级机构	发行支数	占比	评级机构	发行支数	占比
中债资信	114	48.51	大公国际	6	2.55
中诚信国际	74	31.49	东方金诚	4	1.70
联合资信	31	13.19	合　计	235	100.00
上海新世纪	6	2.55			

资料来源：国金ABS云数据库（https://www.abscloud.com/）。

其中，联合资信与中债资信共同评级31支债券，中诚信国际和中债资信共同评级76支债券，中债资信相比中诚信国际对同一债券的评级普遍偏低（见表6）。

表6　2016年中债资信与中诚信国际评级情况对比

单位：支

评级		中诚信国际						
		AAA	AA+	AA	AA-	A+	A	A-
中债资信	AAA	49						
	AA+	1	4	5				
	AA		1	2	1			
	AA-		1	2	2	1		
	A+				2	1		
	A					2		
	A-					1	1	

资料来源：国金ABS云数据库（https://www.abscloud.com/）。

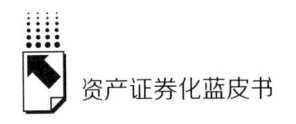

对同一信贷ABS债券的双评级结果进行对比,可见在多数情况下,评级机构会对债券给出较为一致的评价。但同时,也有部分债券的评级结果存在较大差异(见表7)。

表7　2016年信贷ABS产品双评级结果对比

单位:支

评级		较高评级						
		AAA	AA+	AA	AA-	A+	A	A-
较低评级	AAA	160						
	AA+	6	16					
	AA		11	13				
	AA-		1	6	5			
	A+		1		7	7		
	A							
	A-					1	1	

资料来源:国金ABS云数据库(https://www.abscloud.com/)。

(七)参与机构

1. 发起机构

从信贷ABS发起机构来看,发行规模排在前十位的机构中,有八个是银行。从单个主体的发行规模来看,发行总额最大的是国开行,共发行4个项目,总额为410.67亿元,占总发行规模的比例为10.62%,单个项目的平均规模高达102.67亿元;中国建设银行以390.05亿元的发行总额位居第二,占总发行规模的比例为10.08%,排在第十位的是大众汽车金融,共发行3个项目,总额为99.50亿元,占比2.57%,具体情况如表8所示。

2. 发行机构

从信贷ABS发行机构来看,中信信托的发行总额遥遥领先,共发行14个项目总额760.53亿元，占比19.66%，单个项目的平均规模为54.32亿元；上海国际信托以565.78亿元的总额位居第二，占比14.63%，单个项目的平均规模为40.41亿元（见表9）。

表8　2016年信贷ABS发起机构排名（按发行总额排名前十位）

排名	发起机构	发行总额（亿元）	占比（%）	项目个数	平均规模（亿元）
1	国家开发银行股份有限公司	410.67	10.62	4	102.67
2	中国建设银行股份有限公司	390.05	10.08	7	55.72
3	中国银行股份有限公司	318.58	8.24	5	63.72
4	上海市公积金管理中心	311.59	8.06	2	155.80
5	中国民生银行股份有限公司	213.51	5.52	4	53.38
6	华夏银行股份有限公司	165.31	4.27	3	55.10
7	中国工商银行股份有限公司	157.63	4.08	4	39.41
8	招商银行股份有限公司	150.43	3.89	6	25.07
9	恒丰银行股份有限公司	107.34	2.78	2	53.67
10	大众汽车金融(中国)有限公司	99.50	2.57	3	33.17

资料来源：国金ABS云数据库（https://www.abscloud.com/）。

表9　2016年信贷ABS发行机构排名（按发行总额排名前十位）

排名	发行机构	发行总额（亿元）	占比（%）	项目个数	平均规模（亿元）
1	中信信托有限责任公司	760.53	19.66	14	54.32
2	上海国际信托有限公司	565.78	14.63	14	40.41
3	建信信托有限责任公司	553.22	14.30	8	69.15
4	交银国际信托有限公司	287.02	7.42	10	28.70
5	中国金谷国际信托有限责任公司	264.78	6.85	4	66.20
6	中国对外经济贸易信托有限公司	208.29	5.39	8	26.04
7	华能贵诚信托有限公司	177.19	4.58	7	25.31
8	中粮信托有限责任公司	176.48	4.56	5	35.30
9	北京国际信托有限公司	165.31	4.27	3	55.10
10	华润深国投信托有限公司	158.90	4.11	6	26.48

资料来源：国金ABS云数据库（https://www.abscloud.com/）。

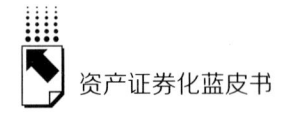

3. 原始权益人

企业ABS原始权益人的排名，重庆市阿里小微小额贷款有限公司的发行总额遥遥领先，共发行23个项目，总额457.80亿元，市场占有率为9.98%，单个项目的平均规模为19.90亿元；远东国际租赁有限公司以201.15亿元的总额位居第二，占4.38%的市场份额，单个项目的平均规模为28.74亿元（见表10）。

表10 2016年企业ABS原始权益人排名（按发行总额排名前十位）

排名	原始权益人	发行总额（亿元）	占比（%）	项目个数	平均规模（亿元）
1	重庆市阿里小微小额贷款有限公司	457.80	9.98	23	19.90
2	远东国际租赁有限公司	201.15	4.38	7	28.74
3	华能贵诚信托有限公司	147.35	3.21	5	29.47
4	重庆市阿里巴巴小额贷款有限公司	135.00	2.94	6	22.50
5	平安国际融资租赁有限公司	114.73	2.50	6	19.12
6	北京京东世纪贸易有限公司	101.00	2.20	8	12.63
7	中国民生银行股份有限公司	96.91	2.11	17	5.70
8	增城市碧桂园物业发展有限公司	93.30	2.03	3	31.10
9	深圳市思道科投资有限公司	88.61	1.93	2	44.31
10	平安银行股份有限公司	87.25	1.90	3	29.08

资料来源：国金ABS云数据库（https://www.abscloud.com/）。

4. 计划管理人

德邦证券在2016年企业ABS计划管理人的发行总额排名第一，共发行23个，项目总额608.32亿元，市场发行总额占比13.26%，单个项目的平均规模为26.45亿元；排名第二至第五的分别为中信证券、华泰证券（上海）、国金证券以及广发证券，发行总额都超过了200亿元（见表11）。

表11　2016年企业ABS计划管理人排名（按发行总额排名前十位）

排名	计划管理人	发行总额（亿元）	占比（％）	发行项目总数	平均规模（亿元）
1	德邦证券股份有限公司	608.32	13.26	23	26.45
2	中信证券股份有限公司	250.85	5.47	13	19.30
3	华泰证券（上海）资产管理有限公司	248.55	5.42	25	9.94
4	国金证券股份有限公司	236.25	5.15	23	10.27
5	广发证券资产管理（广东）有限公司	209.92	4.58	25	8.40
6	上海国泰君安证券资产管理有限公司	195.07	4.25	12	16.26
7	上海东方证券资产管理有限公司	168.87	3.68	6	28.15
8	招商证券资产管理有限公司	151.36	3.30	9	16.82
9	上海富诚海富通资产管理有限公司	135.68	2.96	10	13.57
10	长城嘉信资产管理有限公司	123.42	2.69	6	20.57

资料来源：国金ABS云数据库（https://www.abscloud.com/）。

（八）市场交易分析

2016年，资产证券化产品的市场交易量明显上升。2016年交易所市场中资产支持证券的总交易量达到285.47亿元；交易所ABS产品月平均交易量达到23.79亿元，其中3月份交易量达到全年最高，为41.74亿元，占年交易总额的14.62%（见图17）。

2016年，信贷ABS现券交易量为1435.28亿元，较2015年394.29亿元的交易量有着巨大增长；同时，2016年银行间市场交易在季度之间存在较为明显的差异。第四季度银行间市场交易额为402.86亿元，占全年交易额的28.07%；4月份单月交易量为463.18亿元，占全年交易额的32.27%（见图18）。

质押式回购对债券的流动性有重要影响。如图19所示，2016年银行间市场资产支持证券质押回购交易量为1345.31亿元，较2015

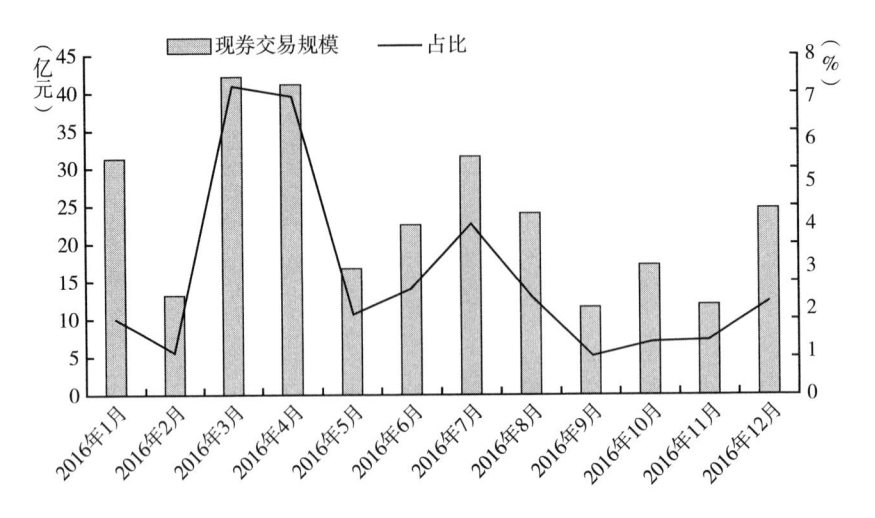

图17 2016年交易所ABS产品交易量及占交易所债券交易总量的比重

资料来源：厦门国金研究部、交易所。

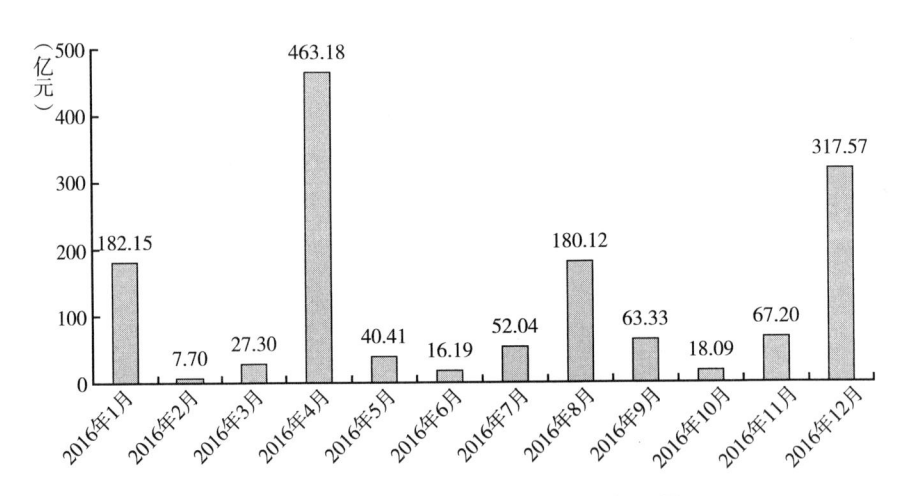

图18 2016年银行间市场ABS交易量

资料来源：厦门国金研究部、Chinabond。

年的769.31增长74.87%，单月交易量呈上升趋势，2016年12月单月交易量达到208.61亿元。

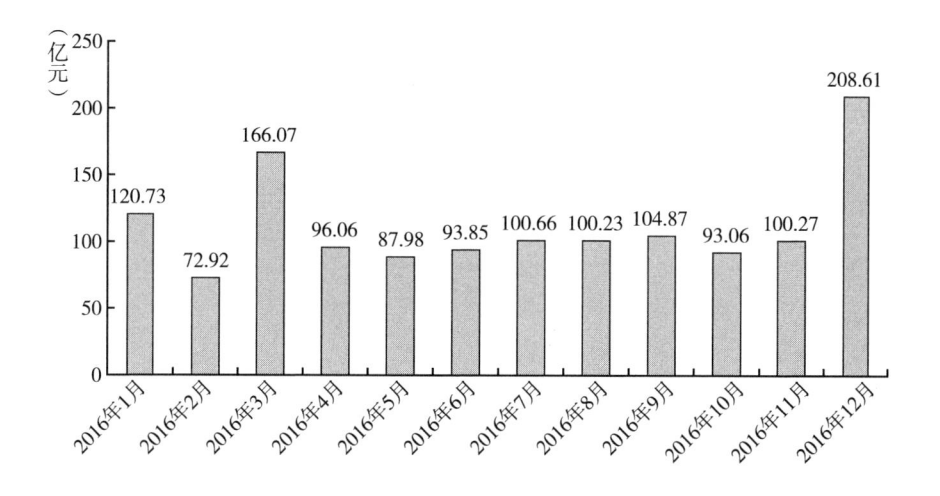

图19　2016年银行间市场ABS质押回购交易量

资料来源：厦门国金研究部、Chinabond。

2016年，信贷ABS现货交易占比有了显著提升，现货交易笔数由质押回购笔数的59.46%上升到154.18%（见图20）；交易量由质押式回购交割量的51.25%上升到106.69%（见图21）。

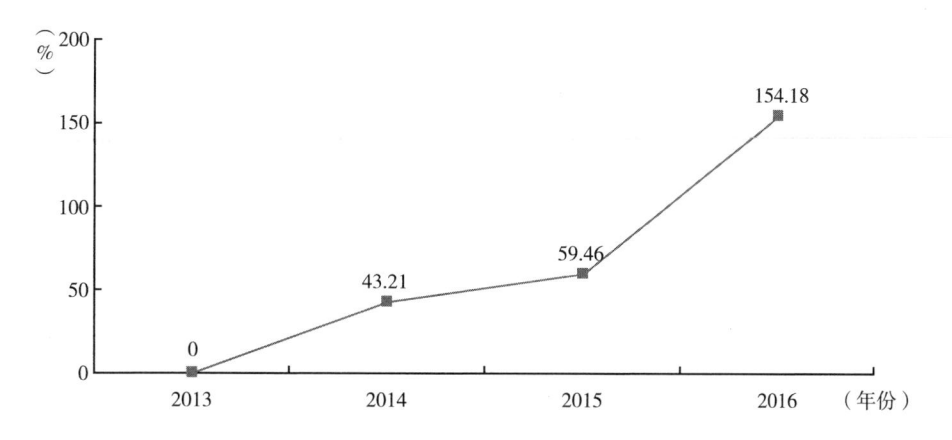

图20　信贷ABS现货交易笔数/质押式回购笔数

资料来源：厦门国金研究部、Chinabond。

219

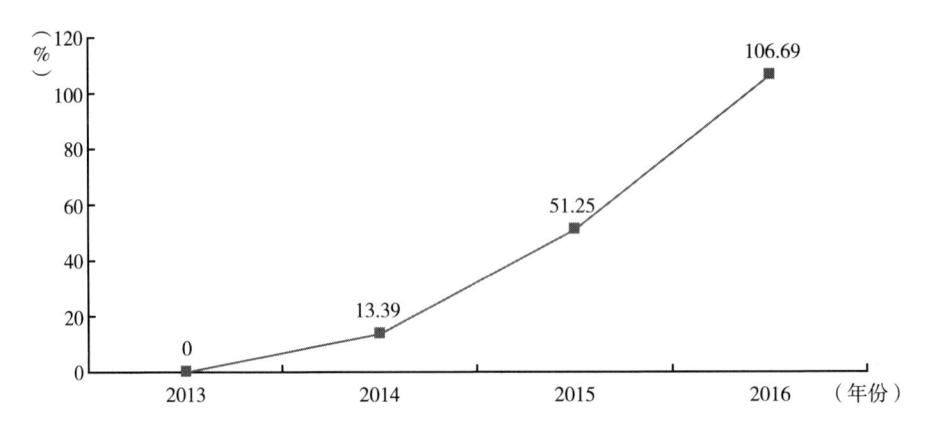

图 21　信贷 ABS 现货交易量/质押式回购交割量

资料来源：厦门国金研究部、Chinabond。

三　市场特征分析

（一）资产证券化基础资产多元化

1. 不良资产证券化的重启

2015年，银监会公开表示支持通过资产证券化、银行业信贷资产登记流转平台等途径，盘活存量资金，处置不良资产，这预示着自2009年叫停的不良资产证券化再次走向试点。2016年，我国经济增速下调、银行不良贷款率不断攀升。商业银行改善资产负债表，降低不良资产率，减轻拨备的压力增加。在这个大环境下，我国重启暂停了近八年的不良资产证券化业务。2016年2月，银监会、中国人民银行等监管部门召开会议部署了不良资产证券化的相关工作，并指定工行、农行、中行、建行、交行和招行作为不良资产证券化的首批试点机构，试点总额度为500亿元。在不良资产证券化信息披露要求方面，银行间市场交易商协会于2016年4月19日发布《不良贷款资产支持证券信息披露指引（试行）》，对基础资产的信息披露、参与机构信息披露、不良信贷资产支持证券存续期信息披露做了要求。2016年5月11日，交易商协会发布《信贷资产支持证券信息披露工作评价规程（征求意见稿）》，对不良资产贷款资产支持证券的发行环节、存续期定期、存续期重大事件的信息披露以及信息披露评价与反馈机制进行了明确的规定。这也是监管机构在信息披露的规范性和真实性方面构建的评价机制。

2016年，上述六家试点商业银行在银行间市场总计发行了14支不良资产证券化产品，发行规模总计约156.10亿元。14支产品的债券未偿本息余额约为510.20亿元，即发行产品的折扣率约为30.60%，具体情况如表12所示。从基础资产类型来看，我国不良资产证券化项目可大致分为：对公（企业）不良贷款资产证券化、个人（经营、消费、住房）不良贷款资产证券化以及信用卡不良贷款资产证券化三大类。不良资产证券化的重启发行，标志着商业银行不良资产处置渠道进一步拓宽。

表12 2016年银行间市场不良资产证券化概况

序号	项目名称	债权银行	债权类型	发行规模（亿元）	债权未偿本息余额（亿元）	发行规模/债权未偿本息余额（%）	发行时间
1	和萃一期	招行	个人信用卡不良贷款	2.33	20.97	11.11	2016/5/26
2	中誉一期	中行	企业不良贷款	3.01	12.54	24.01	2016/5/27
3	和萃二期	招行	个人经营不良贷款	4.70	11.55	40.68	2016/6/29
4	农盈一期	农行	企业不良贷款	30.64	107.28	28.56	2016/8/3
5	建鑫一期	建行	企业不良贷款	7.02	24.45	28.71	2016/9/23
6	工元一期	工行	企业不良贷款	10.77	45.21	23.82	2016/9/27
7	建鑫二期	建行	个人住房不良贷款	15.60	29.93	52.13	2016/9/27
8	和萃三期	招行	企业不良贷款	6.43	23.62	27.22	2016/9/28

续表

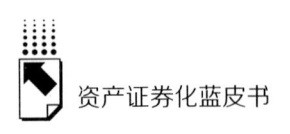

序号	项目名称	债权银行	债权类型	发行规模（亿元）	债权未偿本息余额（亿元）	发行规模/债权未偿本息余额（%）	发行时间
9	交诚一期	交行	企业不良贷款	15.80	56.90	27.77	2016/11/15
10	中誉二期	中行	企业不良贷款	6.15	31.52	19.51	2016/12/16
11	和萃四期	招行	个人经营不良贷款	4.60	11.54	39.86	2016/12/20
12	工元二期	工行	个人信用卡不良贷款	3.51	31.28	11.22	2016/12/22
13	建鑫三期	建行	个人信用卡不良贷款	4.74	28.10	16.87	2016/12/22
14	工元三期	工行	个人混合不良贷款	40.80	75.30	54.18	2016/12/26

资料来源：国金ABS云数据库（https://www.abscloud.com/）。

2. 企业ABS基础资产创新

在企业ABS快速扩容的同时，基础资产的类型也随之丰富，各类"首单"产品不断涌现，产品创新加速。2016年，消费金融、融资租赁等基础资产的ABS项目发行规模快速增长。

表13 2016年各类"首单"ABS一览

序号	首单类型	项目名称	基础资产	流通场所
1	首单光伏发电ABS	中银证券－深能南京电力上网收益权资产支持专项计划	基础设施收费	深交所
2	首单保单质押贷款ABS	太平人寿保单质押贷款2016年第一期资产支持专项计划	融资融券债权	上交所
3	首单互联网保理ABS	京东金融－华泰资管2016年第一期保理合同债券资产支持计划	保理融资债券	上交所
4	首单景区门票ABS	云南文昌巴拉格宗入园凭证资产支持专项计划	门票收入	深圳
5	首单信托发起类REITs	天风－中航红星爱琴海商业物业信托受益权资产支持专项计划	REITs	上交所

续表

序号	首单类型	项目名称	基础资产	流通场所
6	首单医疗行业应收账款ABS	国药器械应收账款一期资产支持专项计划	应收账款	上交所
7	首单票据收益权ABS	华泰资管-江苏银行融银1号资产支持专项计划	企业债权	上交所
8	首单抵押型REITs	北京银泰中心资产支持专项计划	信托受益权	上交所
9	首单CMBS	高和招商-金茂凯晨资产支持专项计划	信托受益权	上交所
10	首单水电行业绿色ABS	华泰资管-葛洲坝水电上网收费权绿色资产支持专项计划	基础设施收费	上交所
11	首单银行保贴类票据ABS	中信证券-民生银行票据收益权1号资产支持专项计划	融资融券债权	机构间市场
12	首单双SPV教育类ABS	阳光学院一期资产支持专项计划	收费收益权	深交所
13	首单演出票款收益权ABS	曼听公园资产支持专项计划	演出票款收入	上交所

资料来源：公开报道。

（二）企业ABS爆发性增长原因分析

2016年资产证券化规模快速增长，尤其是企业资产证券化创新产品层出不穷，增长速度和发行规模翻倍，发行规模超过了信贷资产证券化，成为ABS市场的绝对主力。

企业资产证券化大跨步发展有多方面的原因：第一，2014年政策松绑——备案制的推出，为企业ABS注入了新的活力。备案制的推出，简化了发行流程，大幅提升了发行效率，减少了发行机构的限制，发行人参与项目的积极性也大为提高。受益于政策的呵护，企业ABS市场经过2015年的磨合，2016年迎来了爆发式的增长。

第二，在经济下行趋势下，企业ABS促进了企业优质资产的融资。在宏观经济下行、银行信贷政策趋紧、信用债市场风险加剧的背景下，企业的融资需求较大，资产证券化能够盘活存量资产，打通实体经济和资本市场，增加经济的流动性，为企业融资提供了新的选择。此外，企业ABS通过结构化的设计，为一些主体资质评级不高、发债困难的企业盘活优质资产，缓解优质中小企业融资难，助力经济结构调整和经济发展。

第三，机构参与度加大。券商风控指标的实施，非标资产、通道业务大幅受限，券商被迫进行业务结构的调整，ABS业务类型类似于投行功能，对券商资管来说是进入投行业务的突破口。2016年，多数券商新增和加码了ABS业务（2014年20家，2015年46家，2016年84家），尤其是企业ABS业务的开发和投入。

第四，在企业ABS快速扩容的同时，基础资产的类型也随之丰富，各类"首单"产品不断涌现，产品创新加速。2016年，消费金融、融资租赁等基础资产的ABS项目发行规模快速增长（见图22）。

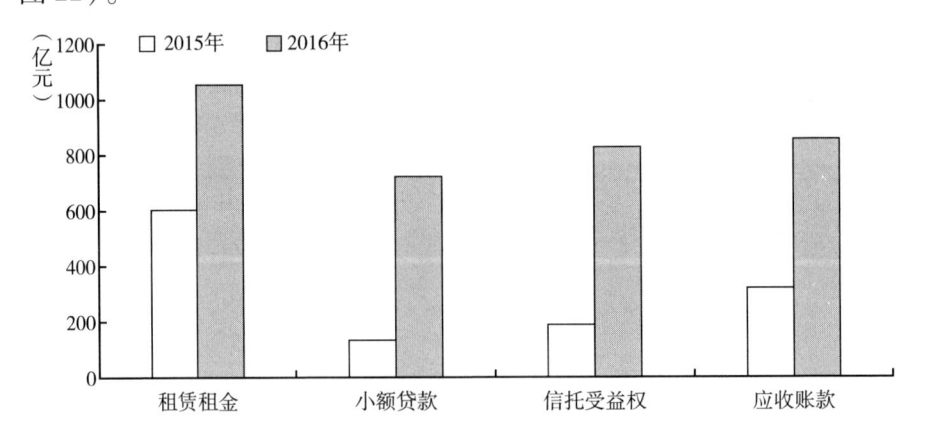

图22 主要基础资产产品发行规模

资料来源：国金ABS云数据库（https://www.abscloud.com/）。

第五，企业 ABS 相比信贷 ABS 的收益率具有一定的吸引力。2016 年，企业 ABS 与企业债的息差在 120 个到 270 基点之间，较信贷 ABS（与企业债的息差在 15 个~60 个基点之间）的投资吸引力更大（见图 23）。

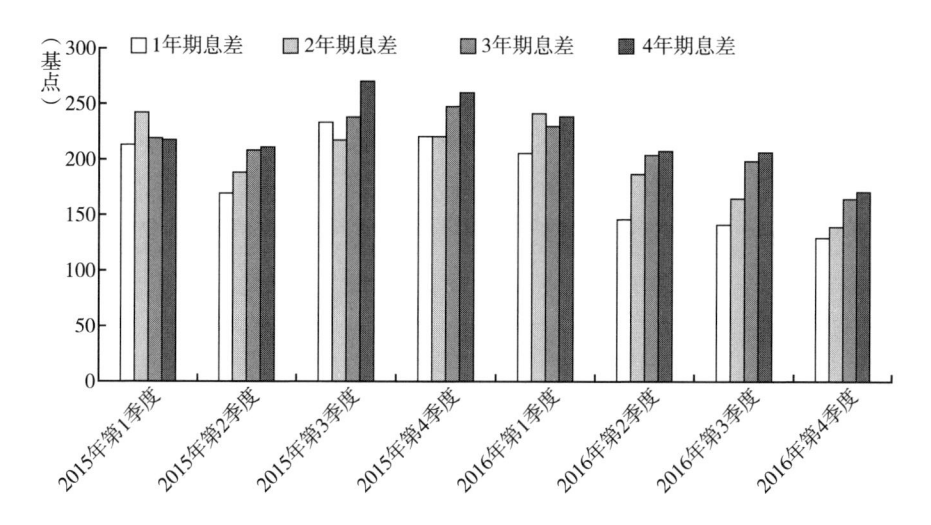

图 23　2015~2016 年 AA+级别企业 ABS 与企业债息差

资料来源：国金 ABS 云数据库（https://www.abscloud.com/）。

（三）ABS 风险显现——负面事件点评

近年来 ABS 市场受政策利好而不断扩容、产品创新不断；不过快速增长的同时，信用风险也在逐步积累。企业 ABS 发行时，信息透明度和评级审核要求等门槛较信贷 ABS 低，且多为私募发行。2016 年，企业 ABS 出现 2 单违约事件。同时，2016 年 12 月债券市场的剧烈波动，导致 4 笔信贷 ABS 取消发行。

1."大成西黄河大桥通行费收入收益权专项资产管理计划"违约

2016 年 5 月 29 日，大成西黄河大桥通行费收入收益权专项资产管理计划（见表 14）优先 A 档"14 益优 02"到期但未发布兑付公告，成为国内 ABS 首单违约案例。该产品于 2014 年 5 月 29 日设立，原始权益人为鄂尔多斯市益通路桥有限公司，发行规模 5.3 亿元。其中，优先级分为 6 档，规模 5.0 亿元，占比 94.34%；次级 0.3 亿元，占比 5.66%，由原始权益人持有。基础资产为自专项计划成立起未来 6 年内特定时期的大桥通行费收入收益权。特定时期是指 2013 年 10 月 1 日~2019 年 9 月 30 日 6 个完整年度内每年 10 月 1 日~12 月 31 日和 3 月 1 日~9 月 30 日两个时期。

表 14　大成西黄河大桥通行费收入收益权专项资产管理计划要素

证券简称	发行年限	票面利率（%）	付息频率	评级	到期日	规模（亿元）
14 益优 01	1.00	8.20	按年付息到期还本	AA+	2015/5/29	0.5
14 益优 02	2.00	8.30	按年付息到期还本	AA	2016/5/29	0.7
14 益优 03	3.00	8.50	按年付息到期还本	AA	2017/5/29	0.8
14 益优 04	4.00	8.90	按年付息到期还本	AA	2018/5/29	0.9
14 益优 05	5.00	9.20	按年付息到期还本	AA	2019/5/29	1.0
14 益优 06	6.00	9.50	按年付息到期还本	AA	2020/5/29	1.1
14 益通次	6.01	—	到期一次还本付息	—	2020/5/29	0.3
合　　计						5.3

资料来源：国金 ABS 云数据库（https://www.abscloud.com/）。

大成西黄河大桥 ABS 违约背后主要存在以下几个问题：

（1）原始权益人自持劣后级 ABS 的增信效果有限。该专项计划的基础资产是大成西黄河大桥通行费收入，属于未来债权，并没有明确的债务人和可预测的稳定现金流。所以投资者面临的主要是基础资产的持续经营风险，并非原始权益人的信用风险，原始权益人自持 5.66% 的次级 ABS 对证券偿付的实际支持作用有限。

（2）差额支付安排形同虚设。在该专项计划中，原始权益人提供了差额支付承诺，但是大成西黄河大桥通行费收入作为原始权益人的全部营业收入来源,其差额支付能力和基础资产的未来收益是正相关的。在这种情况下,所谓的差额支付安排形同虚设。

(3)第三方的担保能力减弱。原始权益人母公司东达集团(内蒙古东达蒙古王集团有限公司)为专项计划提供不可撤销连带责任保证的外部担保,但是东达集团作为内蒙古当地的民营企业,其外部评级仅为AA-。且2014年东达集团的财务数据显示,其主营的三大板块业务收入都出现了同比下滑。所以,东达集团的担保效力、缓释基础资产风险的能力都在减弱。

(4)基础资产集中度风险较高。基础资产未来6年的收益与当地煤炭行业发展息息相关,客户群体单一,经营风险和集中度风险高。随着近年来煤炭行业景气度的下降,大成西黄河大桥通行费收入自2013年也开始下降。2015年5月,14益优01最终采取差额支付才得以如期兑现。联合评级在2015年的跟踪评级报告中就表明原始权益人的收入规模有所下降,收益前景存在一定的不确定性。

2. "渤钢租赁资产支持专项计划"违约

2016年10月19日,联合评级发布渤钢租赁资产支持专项计划2015年8月25日~2016年9月13日基础资产的跟踪表现情况,下调优先级渤钢租02、渤钢租03的信用等级至A级(原评级均为AAA)。原因为原始权益人/差额支付承诺人渤钢租赁资产规模增长较快,整体赢利能力较弱,偿债压力加大。自2016年5月以来,基础资产承租人无法偿还租金,由原始权益人代偿,后期租金的租赁偿付面临较大不确定性。与此同时,担保人渤钢集团自2016年初以来被巨额债务缠身(负债1920亿元),但债务重组迟迟没有结果,其总资产大幅缩水,担保能力存在较大的不确定性。

2016年10月31日,渤钢租赁资产支持专项计划第三次召开持有人大会,经持有人审议表决,专项计划启动加速清偿程序。11月7日,联合评级再次下调渤钢租02、渤钢租03的信用等级至BB级,并列入负面观察名单（见表15）。11月22日，渤钢租赁资产支持专项计划第四次召开持有人大会，专项计划持有人审议通过变更优先档资产支持证券兑付日安排的议案。《渤钢租赁资产支持专项计划资产服务机构报告第六期报告》显示，截至2016年12月31日，违约基础资产占基准日资产池余额的比例达44.26%。

表15　渤钢租赁资产支持专项计划要素

证券简称	发行年限	票面利率(%)	付息频率	发行时评级	最新评级	起息日	规模（亿元）
渤钢租01	0.88	5.5	按季付息到期还本	AAA	已兑付	2015/8/25	0.2
渤钢租02	1.38	5.7	按季付息到期还本	AAA	BB	2015/8/25	1.9
渤钢租03	2.13	5.8	按季付息到期还本	AAA	BB	2015/8/25	1.9
渤钢租次	2.13	—	—	—		2015/8/25	0.124
合计							4.124

资料来源：国金ABS云数据库（https://www.abscloud.com/）。

该专项计划主要存在的问题为：

（1）基础资产集中度极高。该项目的基础资产只有两位承租人，分别为天津钢铁和天津铁厂。其中，天津钢铁涉及入池资产4笔，占资产池未偿租金余额的73.41%，天津铁厂涉及入池资产1笔，占资产池未偿租金余额的26.59%。2015年天津钢铁资产负债水平达66.34%，其债务负担加重，赢利能力大幅下滑，租金支付面临较大不确定性。

（2）承租人、原始权益人、担保人之间利益相关性较大。该专项计划的担保人为渤钢集团，为渤钢租赁的实际控制人，持股75%。承租人天津钢铁和天津铁厂均为渤钢集团的二级子公司。受渤钢集团债务重组的严重影响，承租人的整体经营面临较大不确定性。

3. 信用评级变动

2016年，信贷ABS债券发生了97次评级变动，其中评级下调的债券仅湘元1B一支，信用等级由AAA调降至AA+，中债资信调低的理由为该债券的基础资产池的集中度过高。

企业ABS信用等级变动为18次，整体少于信贷ABS；但调低次数高达6次，远高于信贷ABS（见表16），且评级下调幅度大（见表17）。

表16　2016年ABS信用评级变动情况

信用等级变动方向	信贷ABS	企业ABS	合计
调高	96	12	108
调低	1	6	7
合计	97	18	115

资料来源：国金ABS云数据库（https：//www.abscloud.com/）。

表17　2016年企业ABS信用评级下调明细

时间	债券简称	评级调整	项目名称	原始权益人	评级机构	调降理由
2016/9/29	PR租02	AAA→A	渤钢租2015-1	渤海钢铁集团（天津）融资租赁有限公司	联合资信	债务重组导致原始权益人信用恶化
	PR租03	AAA→A				
2016/8/23	永利电05	AA+→AA	永利热电2015-1	浙江永利热电有限公司	鹏元资信	核心客户搬迁或需求减少导致基础资产收入大幅下降；担保人增信能力恶化
	永利电03	AA+→AA				
	永利电04	AA+→AA				
	永利电06	AA+→AA				

资料来源：国金ABS云数据库（https：//www.abscloud.com/）。

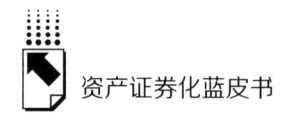

4. 信贷 ABS 产品取消发行

由于 2016 年底债券市场波动剧烈，发起机构评估发行成本和公司资金需求，共有 4 支信贷资产证券化产品取消发行。其中，有 2 支基础资产为金融租赁，1 支为企业贷款，1 支为个人消费贷款。有 2 支产品的发行人为华润信托。

表 18　取消发行信贷资产证券化产品

产品名称	发起机构	发行人	发行规模（亿元）	基础资产
贸租优选 2016 年第一期租赁资产支持证券	中国外贸金融租赁	五矿信托	18.66	租赁租金
招金 2016 年第二期租赁资产支持证券	招银金融租赁	华润信托	56.36	租赁租金
旭越 2016 年第三期信贷资产支持证券信托	浙商银行	长安信托	28.23	企业贷款
臻元 2016 年第一期个人消费贷款资产支持证券	广发银行	华润信托	20.27	个人消费贷款

资料来源：国金 ABS 云数据库（https://www.abscloud.com/）。

四　市场展望

2016 年，企业 ABS 爆发，不良资产证券化重启，各类创新新产品出现，发行主体多元化，中介机构专业化程度不断提高，各市场监管主体也根据市场发展需求不断创新监管，资产证券化市场流通有所增加，市场进入了飞速发展的阶段。2017 年，资产证券化的快速发展依然可以期待。资产支持票据重装上阵，PPP 项目资产证券化创新推出，消费金融资产证券化产品市场强劲，不动产类 ABS 项目将会有较大的发展。

未来资产证券化市场依旧处于大跨步发展时期，机遇大于风险。在宏观经济下行、银行信贷政策趋紧、信用债市场风险加剧的背景下，企业的融资需求较大，资产证券化依然是缓解企业融资难，盘活企业资产的有效手段之一。对于发起机构而言，在金融去杠杆的大背景下，券商风控指标实施，非标资产、通道业务大幅受限，资产证券化将是金融机构转型主动管理的重要手段。ABS平台化管理可以为资产证券化从业者扫清障碍，搭建专业的资产证券化产品全流程共享工作平台。通过金融科技手段，推动多层级资本市场建设，围绕商业银行、非银行金融机构、资产管理机构等，更多的金融机构和企业将进入资产证券化市场，充分利用资产支持证券的转换、组合、融资功能，盘活存量，用好增量，在资产出表、融资、处置方面，在调整机构资产结构方面发挥更大作用。

我国资产证券化的发展虽然面临诸多亟待解决的问题，但发展前景依然十分光明。我国资产证券化市场从2005年发展至今，在基础资产类型丰富、信息披露透明、投资者群体扩大、市场体量扩容等方面均有所突破，但同时信用风险问题也逐步暴露。此外，市场割裂、资产评估非标准化、定价机制不完善、缺乏精细化风险管理、产品流动性不足、业务成本高等问题，需要监管当局以及市场参与各方群策群力去协同攻关，推动发展。未来资产证券化有光明的前景。从绝对数字上来看，美国资产支持证券规模达到近10万亿美元，而中国当前仅为1700亿美元；从相对数字上来看，美国资产支持证券规模相当于其GDP的60%，而在中国，此比例不到2%。因此，从绝对与相对两个维度，中国资产证券化市场有巨大的市场潜力。

Abstract

From the experience of the world's major financial markets, asset securitization is an important factor in promoting the development of the financial market. After more than 10 years of development, the issuance of asset securitization market in China is becoming more and more normalized, the types of underlying assets remain abundant, the participants are more diverse, and the liquidity is significantly improved, The ability to serve the real economy has been increasing and asset securitization has become an important part of the bond market in china.

With the rapid development of asset securitization market in 2016, both circulation and trading volume have been improved significantly, and the stock of asset securitizationmarket has exceeded trillion mark for the first time. Innovative varieties of asset securitization continue to emerge. In terms of ABS product categories, corporate loan asset securities (CLO) are no longer the only big ones, the issuance volume and scale of individual housing mortgage loans (RMBS), auto mortgage loans and personal consumption products have increased significantly.

With the continuous optimization of the system, asset securitization market is expected to continue to deepen in 2017, market participation and market maturity are constantly rising. In addition to the underlying asset type, asset backed bills have been restarted. PPP project asset securitization has been introduced innovatively. The development of consumer financial asset securitization is very strong and real estate category ABS project will have greater development. The diversified pattern of asset securitization is coming into being.

Keywords: Asset Securitization; Basic Asset; Asset-backed Securities; Consumer Finance

Contents

Ⅰ General Report

B. 1 Development and Prospect of Asset Securitization
in China *Ji Zhihong, Majie* / 001

1. Practice and Significance of Asset Securitization
in China / 002
2. Overall Development of Asset Securitization Market
in 2016 / 016
3. Asset Securitization Market Outlook in 2017 / 030

Abstract: After more than ten years of exploration, China's credit asset securitization market has established a system framework and market system suitable for national conditions. The market size has increased significantly, the supervision mechanism has been improved, the product design has become more mature, and the credit asset securitization market has gradually entered the normalized development stage. At the same time, with the continuous expansion of connotation, China's asset securitization market is developing rapidly, market participants' recognition of asset securitization products has gradually improved and the overall market maintain a good momentum of development. On the basis of summing up the development experience, in order to promote the next step better, we should understand the inherent logic of the development of asset securitization market comprehensively and rationally, explore the future development direction and further develop the positive role of asset securitization in the service entity economy.

Keywords: Asset Securitization; Credit Asset Securitization; Development Effectiveness; Latest Practice

Ⅱ Asset Reports

B.2 The Development of Major Formats of Asset
　　　Securitization in 2016

Liu Lanbiao, Guo Zirui and Liu Liang / 038

Abstract: Asset securitization refers to the technology and process that issuing subject package the illiquid assets by a series of special purpose vehicle, which makes the group of assets have a relatively stable cash flow in the future, and then improve the quality of credit rating or asset level through a series of methods such as credit grading, etc. Finally, the expected cash flow return of the group assets is converted into bonds that can be traded on the financial market. Asset securitization can help the issuer to recover the funds and reduce the asset risk of the issuer and improve the market activity level. With the deepening of China's economic transformation, the financial risk has become more prominent. With the flourishing development of the real estate market, the rising non-performing loan ratio of banks, the breaking rigid payment of bond defaults and the innovation of Internet financial products, the asset securitization market has developed rapidly. From the point of view of issue size and financial market transaction volume, China's asset securitization developed rapidly in 2016. The basic asset types are diverse, and the products are becoming more and more abundant. The transaction structure is becoming more and more perfect. The typical representatives include the securitization of non-performing assets, the securitization of consumer financial assets, the securitization of real estate assets and quasi asset securitization.

Keywords: Asset Securitization; Bad Assets Securitization; Consumption Financial Asset Securitization; Real Estate Asset Securitization; Quasi Asset Securitization

B. 3 Asset Securitization Innovation and Standardized Provident Fund MBS Development

Chen Jian, Weng Wenchen and Liu Yu / 065

Abstract: With the rapid development of China's urban housing market in recent years, the problem of insufficient liquidity of housing accumulation fund has become increasingly apparent. In order to revitalize the stock assets, provident fund center trying to issue housing accumulation fund loan securitization products in many places. Thus, housing provident fund loans has become a new type of basic assets of asset securitization market. However, there are still some problems in the securitization of provident fund loans, such as higher issuance costs, inadequate standardization of products and independent issuance of provident fund management centers.

The main purpose of this research project is to combine the experience and lessons of the construction of policy financial institutions and the securitization of mortgage loans in the housing sectoring developed countries, especially the United states, and to study the current situation of China's housing financial market and asset securitization, and to explore the standardization of asset securitization for housing provident fund suited to

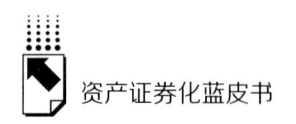

China's national conditions in response to the central requirements on "dissolving real estate inventory".

The main recommendations of this paper are: China should build a policy oriented housing financial institution with Chinese characteristics to provide loan insurance, bond guarantee、asset securitization, financing and other financial services. Relying on such institutions, China can actively promote standardized asset backed securities based on provident fund loans. So that the purpose of stabilizing the real estate market, dissolving the current high inventory of real estate, promoting the construction of the rental housing market and developing the Chinese asset securitization market can be realized.

Keywords: Provident Fund Loans; Basic Assets; Policy Oriented Housing Financial Institutions

B.4 The Impact of Asset Securitization on the Financial Performance of Commercial Banks in China

Wang Fang and Peng Cenyu / 090

Abstract: Since the resumption of asset securitization business in 2012, the securitization of credit assets has been developing very rapidly. As of 2016, the total issue size has been reached 12228 billion yuan. In 2016, the people's Bank of China carried out the MPA examination on commercial banks, called "macro prudential evaluation system". It is possible for banks to choose the structural financing instruments such as asset securitization to liquidate their non-performing assets to meet the requirements of MPA assessment Credit asset securitization is likely to usher in a development peak.

Under this background, this paper takes the impact of credit asset securitization on the financial performance of commercial banks as the research objective, This paper quantifies the impact of this financial performance from an empirical perspective, It has important realistic meaning and innovation meaning. What impact does the securitization of credit assets have on the financial performance of commercial banking institutions? Previous theoretical analysis basically believes that credit asset securitization will improve the financial performance of commercial banks, but empirical studies are rare. Therefore, this article attempts to use the financial data of listed banks in China's A share market before and after asset securitization, using factor analysis method to study this issue.

Commercial banks are divided into two types: large and medium-sized joint-stock commercial banks and urban and agricultural firms in this paper. We select 11 financial indicators according to security, liquidity, profitability and growth, which are the four important aspects of commercial banks. Capital adequacy ratio, liquidity ratio, asset yield earnings per share, growth rate, capital adequacy ratio and liquidity index (the most important assessment index in MPA system) are included in the selected indicators. The study was divided into short-term and long-term two study periods. The short-term research selects the quarterly data and the quarterly data before the issuance of the credit asset-backed securities, Long term research selects the quarterly data before the issuance of credit asset-backed securities and the quarterly data issued after one year. Factor analysis was used to compare the changes in financial performance. The empirical results show that credit asset securitization can significantly improve the financial performance of city and agricultural firms in the short and long term. However, the short-term effect of credit asset securitization on the financial performance of large and medium-sized commercial banks is not obvious. In the long run, it may even have a negative impact on the financial performance of large and medium-sized commercial banks.

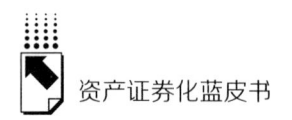

Keywords: Credit Asset Securitization; Commercial Banks; Financial Performance; Factor Analysis

Ⅲ Law Reports

B.5 Legal Environment for Asset Securitization

Fan Xiaoyun , Zou Hao and Li Yueqi / 110

Abstract: Asset securitization is an important part of building a multi-level capital market, it is a combination of resources embodied in the perfect legal system, and it is also a major financial innovation. With the continuous development of asset securitization business, the continuous improvement of the legal framework, the legal environment has also been changing. From 2004 to 2014, the regulatory authorities have promulgated a number of regulations, the legal environment for the development of asset securitization gradually mature, and promote the healthy and orderly development of the domestic asset securitization business. Beginning with the legislative evolution of asset securitization, this part briefly reviews the laws and regulations of asset securitization, and analyzes the current regulatory environment from the perspective of issuing system. On this basis, we analyzes the legal obstacles to the development of securities business assets from the perspective of legal system construction, risk isolation, information disclosure and supervision system to solve the contradiction between asset securitization practice and legal coordination, and puts forward the corresponding policy recommendations.

Keywords: Asset Securitization; Risk Isolation; Information Disclosure; Supervision System

B. 6 Analysis of Asset Securitization Regulatory

　　　Framework and Policy　　　　　　　*Huang Yusong* / 134

Abstract: This paper explains the development background and development process of asset securitization industry in china, and discusses the basis, asset type and regulatory framework of asset securitization in china. It also points out the main trading market and related trading rules of China's asset securitization products on the basis of sorting out the relevant meeting and document instructions of China's asset securitization. Finally, this paper forecasts the future development of asset securitization in China from the aspects of basic asset supply, demand, policy guidance and market transaction rules.

Keywords: Asset Securitization; Regulatory Framework; Supervision Spirit

B. 7 Credit Rating in Asset Securitization

　　　　　　　　　　　　　　Li Yan and Wang Xiaoyu / 157

Abstract: This paper introduces the key points to credit rating of corporate credit asset securitization, retail asset securitization, non-performing loan securitization and trust-type ABN, etc., from the perspective of issuance and credit performance of various types of products in the inter-bank market asset securitization and. With the Chinese economy into the new normal, corporate loan demand declined and the inclusive finance concept concept prevailed and the scale of issuance of securitized products based on corporate credit assets is slowed down, while retail asset securitization products grew rapidly. With the deepening development of asset securitization market, increasingly rich base assets and complex transaction structure design put more demands on credit rating.

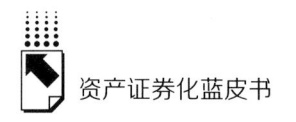

Keywords: Asset Securitization; Credit Rating; CLO; ABS; NPL; ABN; Transaction Structure

Ⅳ Market Reports

B. 8 The Impact of Asset Securitization on Capital Market

Fu Jian / 184

Abstract: Asset securitization is an important means of revitalizing assets, which will realize the liquidity conversion of stock assets, reduce the accumulation of financial risks and help solve the problem of corporate financing. Therefore, it is vigorously promoted by regulators. Asset securitization is conducive to optimizing the capital structure of banks and other financial institutions. It also helps to spread the financial industry operating risks and rich market investment varieties.

Keywords: Asset Securitization; Optimization of Capital Structure; Decentralize Operational Risk, Rich Investment Varieties

B. 9 Market Analysis and Prospect of China's Asset
Securitization in 2016 *Guo Jiequn* / 195

Abstract: With the rapid development of asset securitization market in 2016, both circulation and trading volume have been greatly improved. The subjects of the issue have become more diversified, and the types of underlying assets have become more abundant and innovative varieties continue to emerge. This paper briefly reviews the regulatory policies of asset securitization in 2016, and focuses on the analysis of overall market, ABS products and ABS market characteristics of asset securitization in 2016, and then looks into the future of asset securitization in china.

Keywords: Asset Securitization; Regulatory Policy; ABS Products

中国皮书网

（网址：www.pishu.cn）

发布皮书研创资讯，传播皮书精彩内容
引领皮书出版潮流，打造皮书服务平台

栏目设置

关于皮书：何谓皮书、皮书分类、皮书大事记、皮书荣誉、
皮书出版第一人、皮书编辑部

最新资讯：通知公告、新闻动态、媒体聚焦、网站专题、视频直播、下载专区

皮书研创：皮书规范、皮书选题、皮书出版、皮书研究、研创团队

皮书评奖评价：指标体系、皮书评价、皮书评奖

互动专区：皮书说、社科数托邦、皮书微博、留言板

所获荣誉

2008年、2011年，中国皮书网均在全国新闻出版业网站荣誉评选中获得"最具商业价值网站"称号；

2012年，获得"出版业网站百强"称号。

网库合一

2014年，中国皮书网与皮书数据库端口合一，实现资源共享。

社会科学文献出版社　　　　　　　　　　　　　　　　**皮书系列**

✤ 皮书起源 ✤

"皮书"起源于十七、十八世纪的英国，主要指官方或社会组织正式发表的重要文件或报告，多以"白皮书"命名。在中国，"皮书"这一概念被社会广泛接受，并被成功运作、发展成为一种全新的出版形态，则源于中国社会科学院社会科学文献出版社。

✤ 皮书定义 ✤

皮书是对中国与世界发展状况和热点问题进行年度监测，以专业的角度、专家的视野和实证研究方法，针对某一领域或区域现状与发展态势展开分析和预测，具备原创性、实证性、专业性、连续性、前沿性、时效性等特点的公开出版物，由一系列权威研究报告组成。

✤ 皮书作者 ✤

皮书系列的作者以中国社会科学院、著名高校、地方社会科学院的研究人员为主，多为国内一流研究机构的权威专家学者，他们的看法和观点代表了学界对中国与世界的现实和未来最高水平的解读与分析。

✤ 皮书荣誉 ✤

皮书系列已成为社会科学文献出版社的著名图书品牌和中国社会科学院的知名学术品牌。2016年，皮书系列正式列入"十三五"国家重点出版规划项目；2013~2018年，重点皮书列入中国社会科学院承担的国家哲学社会科学创新工程项目；2018年，59种院外皮书使用"中国社会科学院创新工程学术出版项目"标识。

权威报告・一手数据・特色资源

皮书数据库
ANNUAL REPORT(YEARBOOK) DATABASE

当代中国经济与社会发展高端智库平台

所获荣誉

- 2016年，入选"'十三五'国家重点电子出版物出版规划骨干工程"
- 2015年，荣获"搜索中国正能量 点赞2015""创新中国科技创新奖"
- 2013年，荣获"中国出版政府奖・网络出版物奖"提名奖
- 连续多年荣获中国数字出版博览会"数字出版・优秀品牌"奖

成为会员

通过网址www.pishu.com.cn或使用手机扫描二维码进入皮书数据库网站，进行手机号码验证或邮箱验证即可成为皮书数据库会员（建议通过手机号码快速验证注册）。

会员福利

- 使用手机号码首次注册的会员，账号自动充值100元体验金，可直接购买和查看数据库内容（仅限使用手机号码快速注册）。
- 已注册用户购书后可免费获赠100元皮书数据库充值卡。刮开充值卡涂层获取充值密码，登录并进入"会员中心"—"在线充值"—"充值卡充值"，充值成功后即可购买和查看数据库内容。

卡号：735221786462
密码：

数据库服务热线：400-008-6695
数据库服务QQ：2475522410
数据库服务邮箱：database@ssap.cn
图书销售热线：010-59367070/7028
图书服务QQ：1265056568
图书服务邮箱：duzhe@ssap.cn

S 基本子库
SUB DATABASE

中国社会发展数据库（下设 12 个子库）

全面整合国内外中国社会发展研究成果，汇聚独家统计数据、深度分析报告，涉及社会、人口、政治、教育、法律等 12 个领域，为了解中国社会发展动态、跟踪社会核心热点、分析社会发展趋势提供一站式资源搜索和数据分析与挖掘服务。

中国经济发展数据库（下设 12 个子库）

基于"皮书系列"中涉及中国经济发展的研究资料构建，内容涵盖宏观经济、农业经济、工业经济、产业经济等 12 个重点经济领域，为实时掌控经济运行态势、把握经济发展规律、洞察经济形势、进行经济决策提供参考和依据。

中国行业发展数据库（下设 17 个子库）

以中国国民经济行业分类为依据，覆盖金融业、旅游、医疗卫生、交通运输、能源矿产等 100 多个行业，跟踪分析国民经济相关行业市场运行状况和政策导向，汇集行业发展前沿资讯，为投资、从业及各种经济决策提供理论基础和实践指导。

中国区域发展数据库（下设 6 个子库）

对中国特定区域内的经济、社会、文化等领域现状与发展情况进行深度分析和预测，研究层级至县及县以下行政区，涉及地区、区域经济体、城市、农村等不同维度。为地方经济社会宏观态势研究、发展经验研究、案例分析提供数据服务。

中国文化传媒数据库（下设 18 个子库）

汇聚文化传媒领域专家观点、热点资讯，梳理国内外中国文化发展相关学术研究成果、一手统计数据，涵盖文化产业、新闻传播、电影娱乐、文学艺术、群众文化等 18 个重点研究领域。为文化传媒研究提供相关数据、研究报告和综合分析服务。

世界经济与国际关系数据库（下设 6 个子库）

立足"皮书系列"世界经济、国际关系相关学术资源，整合世界经济、国际政治、世界文化与科技、全球性问题、国际组织与国际法、区域研究 6 大领域研究成果，为世界经济与国际关系研究提供全方位数据分析，为决策和形势研判提供参考。

法律声明

"皮书系列"(含蓝皮书、绿皮书、黄皮书)之品牌由社会科学文献出版社最早使用并持续至今,现已被中国图书市场所熟知。"皮书系列"的相关商标已在中华人民共和国国家工商行政管理总局商标局注册,如LOGO( )、皮书、Pishu、经济蓝皮书、社会蓝皮书等。"皮书系列"图书的注册商标专用权及封面设计、版式设计的著作权均为社会科学文献出版社所有。未经社会科学文献出版社书面授权许可,任何使用与"皮书系列"图书注册商标、封面设计、版式设计相同或者近似的文字、图形或其组合的行为均系侵权行为。

经作者授权,本书的专有出版权及信息网络传播权等为社会科学文献出版社享有。未经社会科学文献出版社书面授权许可,任何就本书内容的复制、发行或以数字形式进行网络传播的行为均系侵权行为。

社会科学文献出版社将通过法律途径追究上述侵权行为的法律责任,维护自身合法权益。

欢迎社会各界人士对侵犯社会科学文献出版社上述权利的侵权行为进行举报。电话:010-59367121,电子邮箱:fawubu@ssap.cn。

社会科学文献出版社